LA PSICOLOGIA
MODERNA

EL SUEÑO Y LOS SUEÑOS

Mensajero

LA PSICOLOGIA
MODERNA

EL SUEÑO Y LOS SUEÑOS

por
Simon Monneret

Versión española
por Jesús Mendibelzúa de la obra francesa
titulada: LE SOMMEIL ET LES REVES.

4ª Edición

Apartado 73 - 48080-BILBAO
I.S.B.N.: 84-271-1187-8
Depósito Legal: BI-2689-95
Printed in Spain.

Imprime: Grafman S.A. • Gallarta (Vizcaya).

SUMARIO

1
Los laboratorios del dormir

Las investigaciones y los métodos

En 1900, el sueño desplegaba sobre el dormir su manto protector y parecía que su estudio era la única aproximación científica posible a la vida nocturna•. En 1950, se han trocado los papeles: el dormir pasa a ocupar el primer plano dentro de las investigaciones científicas en tanto que los sueños ya no se consideran más que como uno de los aspectos de las manifestaciones neurofisiológicas del hombre que duerme. El contenido de los sueños ya no será tomado en consideración de forma directa por los estudios experimentales y clínicos, que revolucionarán nuestros conocimientos acerca del dormir. Freud no conocía al hombre que duerme sino a través del relato que éste le hacía de sus sueños; cualquier médico de los años 50, en cambio, velará a la cabecera del durmiente. En consecuencia, se han efectuado una serie de experiencias de laboratorio no ya desde una perspectiva psicológica, como ocurría en el siglo XIX, sino dentro de una dimensión biológica.

• Véase el capítulo Freud y los sueños.

El espectacular desarrollo que ha cobrado la biología del dormir y de los sueños ha sido posible gracias a la aplicación de nuevas técnicas de medición y al descubrimiento de los fenómenos de periodicidad biológica.

EL ELECTROENCEFALOGRAFO

Las primeras investigaciones sobre el dormir se valían tan sólo del «actograma», aparato mecánico que, situado por lo común debajo de la cama, permitía detectar los diferentes movimientos que se producían durante la noche por el cuerpo del durmiente. Tomando eso como punto de partida, se postulaban burdamente distintas fases de profundidad en el dormir. Los nuevos laboratorios del sueño se caracterizan por poseer un equipo mucho más preciso, destinado a registrar las variaciones eléctricas del cerebro humano. Lo esencial de dicho equipo está constituido por un electroencefalógrafo, máquina que amplifica las menores variantes que se producen en los potenciales eléctricos del cerebro. En efecto, nuestro cerebro posee ciertos impulsos eléctricos que proceden del tránsito dentro de las células de cargas positivas a cargas negativas. Estas diferencias de energía, es decir esas oscilaciones eléctricas, serán transmitidas a una cinta magnética, unida a su vez a una serie de plumas que irán subiendo o bajando según que la carga sea negativa o positiva.

El electroencefalograma permite descubrir los diferentes estados del dormir

Para poder llevar a cabo tales experiencias, el sujeto queda unido al electroencefalógrafo mediante una serie de electrodos que se fijan con unos esparadrapos a la superficie de su cráneo. Estos electrodos varían en cantidad y van situados en emplazamientos distintos según sea el objeto del estudio. Una grabación normal del dormir de un adulto durante una noche requiere tres electrodos situados sobre su cráneo, otros dos que midan los movimientos de los ojos, dos más neutros como referencia, que se colocan encima de las sienes, detrás de las orejas, y finalmente otros dos destinados a evaluar la tensión de los músculos del mentón.

Podría pensarse que semejantes adornos habrían de turbar el sueño del que duerme. En realidad, después de dos o tres días de adiestramiento, en los que se manifiesta cierto «efecto de laboratorio» debido al «stress» o emoción, el sujeto duerme según tenga por costumbre hacerlo. La carencia de información hace que algunos de los voluntarios crean que el electroencefalógrafo sirve para enviar una corriente eléctrica a la cabeza•. En realidad lo que ocurre es todo lo contrario: la electricidad que se desprende del cerebro es la que proporcionará toda una serie de trazos. Al concluir una noche de grabación, se puede constatar que nuestro cerebro ha escrito más de seiscientos metros de papel milimetrado. Estos trazos tendrán la forma de ondas cerebrales.

• En los primeros tiempos, la tosquedad propia del material que se empleaba produjo a veces minúsculos incidentes tales como corto circuitos eléctricos que hacían huir al durmiente.

Como cualquier onda eléctrica, las ondas cerebrales se caracterizan, por una parte, por su longitud, es decir la mayor o menor altura de las oscilaciones —que permitirá saber cuál es el voltaje que procede de una determinada región del cerebro—, y, por otra parte, por su frecuencia, o aproximación más o menos estrecha que guardan las sucesivas oscilaciones; éstas indicarán la rapidez con que se producen en el cerebro las diferencias de energía.

La lectura simultánea de los rasgos procedentes de las distintas zonas del cerebro indicará si éste emite de una forma sincrónica y regular, con voltajes elevados —cosa que, muy en esquema, puede caracterizar lo que es un trazado de dormir—, o si tales emisiones son desincronizadas, irregulares —lo que se puede atribuir a un rasgo propio del estado de vigilia—.

El electroencefalógrafo no queda colocado en la habitación del durmiente, sino en alguna otra cercana. En ella, el investigador vigila la evolución de las ondas a fin de intervenir, si es preciso, mientras el sujeto sigue dormido, bien despertándole y haciéndole que diga si soñaba o no, o empleando tal o cual estímulo.

OTROS MEDIOS DE INVESTIGAR EL DORMIR

También se emplean otros instrumentos para observar el dormir, como cámaras que vigilen al sujeto que duerme, magnetófonos para registrar sus sueños y termizadores, que son unos minúsculos aparatitos que permitirán seguir la evolución de su temperatura. Se medirán asimismo las alteraciones que puedan darse en la respiración, la tensión arterial, el pulso y la resistencia de la piel. De este modo, al final de la noche, el investigador poseerá una visión global de las modificaciones que le han sobrevenido al organismo del sujeto.

LOS SUJETOS SOMETIDOS A EXPERIENCIA

La mayoría de los durmientes suelen ser voluntarios, elegidos entre los estudiantes, pero no pocas veces se hace su reclutamiento por medio de propaganda y los candidatos son retribuidos. Así se consigue contar con una muestra más diferenciada.

Eso no obstante, el análisis del dormir en laboratorio no carece de inconvenientes. En primer lugar, hay peligro de que comprenda a una clase de durmientes profesionales atraídos por la remuneración. Además, al ser el marco del laboratorio muy diferente del de la vida diaria, se advierte que cierto número de manifestaciones de dormir se producen con mucha menor frecuencia en el laboratorio. Así, se dan pocos casos de enuresia y sonambulismo. Y, por fin, todos los preparativos de la experiencia acarrean en el durmiente cierto estado de bienestar o de torpeza que hacen que a veces se duerma más pronto de lo que sería normal.

Los informes subjetivos de una persona a la que se le ha despertado mientras dormía son los que han posibilitado, según eso, hacer que evolucionara cuanto conocíamos acerca del dormir y los sueños. Pero hay algunas clases de experiencias que son difíciles, y hasta a veces imposibles, de realizar en el hombre. Por lo mismo, se han empleado con profusión animales en estas investigaciones. El dormir del gato ha sido uno de los más estudiados. En efecto, en el animal es factible instalar bajo anestesia microelectrodos en el interior del cerebro. Esto permitirá una gran precisión al medir las relaciones específicas de la actividad eléctrica de las distintas zonas del cerebro; hasta incluso se podrá someter a prueba a una sola neurona•. De este modo será posible estudiar los estados de vigilia de animales a los que previamente se les haya seccionado ciertas partes del sistema nervioso, cosa que no resultaría viable hacer en el hombre, salvo en caso de lesión accidental.

• *neurona:* célula nerviosa.

Los laboratorios del dormir multiplican y varían sus investigaciones

Hemos hecho hincapié en la técnica de relaciones electroencefalográficas del dormir porque ésta fue la base de los nuevos descubrimientos sobre los ciclos del sueño. Pero, hoy en día, los laboratorios del dormir se han convertido en centros pluridisciplinares en los que trabajan a un mismo tiempo neurofisiólogos, farmacólogos, histoquímicos, especialistas en informática, electrotécnicos, genetistas y, por supuesto, médicos. Unos estudian la acción de las drogas sobre el dormir y sobre el metabolismo• de las células durante la vigilia o el sueño; otros, la evolución del dormir según las edades o las especies; y, por fin, otros, las relaciones que median entre los trazados anormales del electroencefalograma y las enfermedades orgánicas o mentales.

• *metabolismo:* conjunto de transformaciones químicas que se desarrollan en el organismo.

De este modo, el estudio del dormir y de sus funciones va cobrando cada vez mayor importancia dentro de la biología humana y animal. En la actualidad existen una docena de laboratorios del dormir en Estados Unidos, de entre los cuales los más célebres son los de N. Kleitman y E. Aserinsky, W. C. Dement, A. Rechtschaffen y D. Foulkes, en Chicago, así como también el de H. Magoun, en Los Angeles. En Francia, M. Jouvet creó en Lyon, en 1955, un importante centro de investigaciones sobre el dormir. Gracias a las noches que los estudiosos han consagrado a la ciencia, sabemos hoy en día un poco más acerca de uno de los ritmos más fundamentales de la vida.

LOS RELOJES BIOLOGICOS

No supone ninguna novedad la constatación de que en la naturaleza hay determinados ritmos. Ya los antiguos conocían la importancia de las alternancias noche-día sobre las plantas, así como el influjo del día lunar sobre las mareas. El ciclo sueño-vigilia es un ciclo general que se puede hallar casi por todas partes dentro de la naturaleza. Tanto los vegetales como los animales pasan por un período de reposo que se les impone aproximadamente cada veinticuatro horas. A este período aproximado de veinticuatro horas Franz Halberg le dio el nombre de «ritmo circadiano». También se le suele llamar «ciclo nictemeral». Las flores cierran sus pétalos, los peces se acuestan sobre un costado o flotan en la superficie del agua... Pero, mientras que durante mucho tiempo se creyó que los ritmos biológicos estaban condicionados por el medio ambiente o por el aprendizaje, hoy en día se tiende a considerar que tales ritmos vienen impuestos desde el interior del propio organismo. De ahí que se le haya dado el nombre de reloj interno a esa facultad que parece que posee la mayor parte de los organismos de regular por sí mismos sus principales mecanismos biológicos.

LOS DIFERENTES RITMOS DEL CUERPO HUMANO

Hay ritmos de alta, de media y de baja frecuencia.
El período de los ritmos de alta frecuencia va escalonado desde una fracción de segundo hasta varios minutos. Son, por ejemplo, los ciclos químicos de las membranas celulares, el ciclo

del pulso que dura casi un segundo o incluso el ritmo respiratorio que lo hace con duraciones de varios segundos.
En las frecuencias medias, las de los ciclos circadianos, entrarán toda suerte de manifestaciones endocrinas o de secreciones del organismo. Así, F. Halberg, que consagró sus investigaciones a los ritmos biológicos, descubriría que ciertas partículas de sangre, las eosinófilas, estaban sujetas a variaciones de veinticuatro horas. Hacia 1950, A. Reinberg y sus colaboradores iban a demostrar que existe una «variación estadísticamente significativa, regular y previsible en las excreciones urinarias de agua, potasio, cloro y sodio•».
Los ritmos de baja frecuencia, en fin, tienen períodos superiores a varios días y duran en torno a una semana, un mes o un año... El más conocido de ellos es el ciclo menstrual de veintiocho días. También se dan entre los animales ciclos más amplios, como el de la migración o la hibernación.

• A. Reinberg: *Des rythmes biologiques à la chronobiologie* (París, Gauthier Villars, 1974).

Algunos ciclos biológicos del ser humano•

Ciclo	*Duración aproximada del ciclo de un adulto*
Ciclo de pulsación cardíaca (E.C.G.)	0,9 segundos
Ciclo respiratorio	3 - 4 segundos
Ciclo dormir-sueños	90 minutos
Ciclo de determinadas enfermedades mentales y físicas	2, 7, 9, 14... días
Ciclo menstrual	28 días

• Según E. Hartmann, en *Biologie du rêve* (Bruselas, Dessart y Mardaga, 1970).

LA REGULACION INTERNA Y EXTERNA DE LOS RELOJES HUMANOS

La mayoría de los ritmos circadianos varían dentro del ciclo vigilia-sueño, pero en términos generales se muestran más o menos independientes respecto a la supresión de dicho ciclo y de su modificación. El hombre duerme todos los días, por término medio, de seis a nueve horas y suele realizar tales horas de sueño entre las once de la noche y las ocho de la mañana. Por lo mismo, se pensó en un principio que desplazando sus horas de dormir, o suprimiéndolas por completo, surgirían modificaciones en los ritmos circadianos que acompañan al dormir. De hecho, se pudo constatar que no mediaba una correlación estricta y que los ritmos circadianos podían desarrollarse con normalidad tanto si uno duerme como si no.

Los ritmos corporales obedecen a leyes internas...

J. Aschoff, en Munich, que fue llevado al descubrimiento de los ritmos biológicos mientras estudiaba el problema de la adaptación del organismo al frío, realizó numerosas experiencias que han demostrado la independencia de los distintos ritmos corporales. Observó, entre otras, las variaciones en la temperatura rectal, en el tiempo de adaptación a un sonido y a un ritmo motor automático (se trataba de golpear un objeto metálico con un lapicero), tanto en un día normal, en el que los estados de vigilia y sueño se alternaban, como durante veinticuatro horas sin dormir. Las pruebas tenían lugar cada tres horas. Ahora bien, se pudo comprobar que las curvas obtenidas eran idénticas en ambos casos•. Por lo tanto, las variantes de temperatura, de adaptación acústica y de respuesta motriz tenían que estar reguladas por algún mecanismo interno independiente del dormir. El cúmulo de estudios llevados a cabo en este sector induce, pues, a concluir, con A. Reinberg, que «los fenómenos bioperiódicos, en todos los niveles de organización, tienen carácter hereditario, salvo raras excepciones•».

• J. Aschoff: «Circadiane Periodik», en W. Baust: *Ermüdung, Schlaf und Traum* (Stuttgart, Wissenschaftliche Verlagsgesllschaft, 1970).

• A. Reinberg: *Des rythmes biologiques à la chronobiologie* (París, Gauthier-Villars, 1974).

... Ciertos factores externos pueden influir sobre ellos, pero no cambiarlos

Ahora bien, a pesar de todo lo anterior hay que añadir al punto que se dan una serie de factores del entorno que pueden influir sobre los ritmos. Aschoff llamó a estos factores «Zeitgeber» (donantes de tiempo) y Halberg los denominará «sincronizadores». La alternancia entre luz y oscuridad será uno de los más poderosos sincronizadores; pero no cabe duda de que, en el hombre, los factores sociales ocupan un puesto de privilegio•.

• Véase las correlaciones entre el trabajo y el dormir, pág. 90.

Parece que la luz actúa a modo de despertador tanto en el mono como en el hombre, mientras que la oscuridad, por el contrario, desencadenará la actividad del murciélago, la rata, la lechuza o la mariposa nocturna. Eso no obstante, un hombre que sólo estuviera expuesto a la luz sin que llegara a conocer la noche seguiría teniendo un ritmo alternante de vigilia-sueño. Los habitantes del norte de Noruega, que gozan de un día continuo en el verano, duermen normalmente de siete a ocho horas durante esa época, contra lo que algunos parecen pensar.

No se pueden alterar impunemente nuestros ritmos

Durante largo tiempo, se pensó que era imposible, o al menos muy difícil, cambiar los ritmos circadianos. La necesidad de conocer cómo podía reaccionar el organismo de los cosmonautas en ausencia de las referencias espacio-temporales ordinarias impulsó a efectuar una serie de estudios más esmerados en este campo. Pero se intentó muy pronto indagar cómo varían los ritmos circadianos en el caso en que nos veamos privados de toda referencia respecto al día y a la noche. En 1938, N. Kleitman debía descender a la gruta de Montmouth, en Kentucky, junto con uno de sus estudiantes•. Al no poder contar allá dentro más que con luz eléctrica, intentaron primero vivir jornadas abreviadas de veintiuna horas: una semana así, de ocho días, sería aceptada fácilmente por su organismo. Por el contrario, cuando intentaron después pasar a días alargados de veintiocho horas, o sea una semana de seis días, Kleitman, de más edad que su alumno, no pudo adaptarse y siguió desfa-

• N. Kleitman: *Sleep and Wakefulness* (Chicago, University of Chicago Press, 1939).

sado: conservó los ritmos de reposo, levantarse y acostarse que eran propios de una jornada de veinticuatro horas. En otras experiencias llevadas a cabo más tarde en Noruega, en Spitzberg, durante el período de luz continua, se contentaron con ofrecer una serie de relojes trucados a los estudiantes•. Se pudo comprobar, al analizar la orina de aquellos que se habían adaptado mejor, que cierta cantidad de secreciones tales como el sodio o el calcio habían cambiado sus ritmos, en tanto que otras como el potasio seguían conservando el de veinticuatro horas. Semejante desfase posible en los ritmos internos abre un problema a nivel de las consecuencias patológicas que podría acarrear.

• P. R. Lewis y M. C. Lobban: «The effects of prolonged periods of life on abnormal time routines upon excretory rhytms in human subjects», en *Quart. J. Exp. Physiol.*, n.º 42.

Se han multiplicado las experiencias intentando marginar el tiempo. En Francia, en 1962, el espeleólogo Michel Siffre permaneció cincuenta y ocho días en la sima de Scarasson. J. Aschoff hizo construir en su laboratorio un bunker aislado por completo. En casi todas las experiencias da la sensación de que el tiempo del hombre, cuando queda privado de puntos de referencia, se alarga. Por otro lado, cabe sacar de aquí la conclusión de que la plasticidad de los ritmos biológicos no es infinita por encima de determinados límites y condiciones.

LA NATURALEZA CICLICA DEL DORMIR

Hasta llegar a los años 50, no se tomaba en consideración más que la alternancia vigilia-sueño. Sin embargo, los estudios electroencefalográficos iban a hacer que aparecieran diferentes perídos dentro de un mismo dormir.

Según lo que antecede, el electroencefalograma, comúnmente designado como E.E.G., registra las manifestaciones eléctricas de las células del cerebro. Uno de los primeros descubrimientos realizados en este campo fue el de Hans Berger, psiquiatra de Breslau, quien, por la década de los 30, cayó en la cuenta de que cuando un sujeto cerraba los ojos producía un trazado de ondas específicas, diferente del que ofrecía uno despierto activo. Estas ondas fueron denominadas en un principio ondas de Berger, u ondas de reposo; hoy en día se las conoce más bajo el nombre de ondas alfa.

LAS ONDAS ALFA

Las ondas alfa son, pues, una manifestación de cierto estado de vigilia sosegado y se oponen a los momentos de atención o estimulación sensorial. Dichas ondas se caracterizan por una frecuencia de aproximadamente 10 ciclos al segundo, quedando fijado por lo común su límite entre 8 y 13 c/s; se manifiestan principalmente en la parte posterior de la cabeza (región occipital) y su voltaje es de unos 30/50 μv (microvoltios), pero puede llegar hasta los 150 μv. El ritmo que caracteriza la actividad de vigilia es mucho más rápido, de 20 a 30 c/s, y de una amplitud reducida. Hay algunas personas que prácticamente no tienen ondas alfa.

Despierto - ojos cerrados

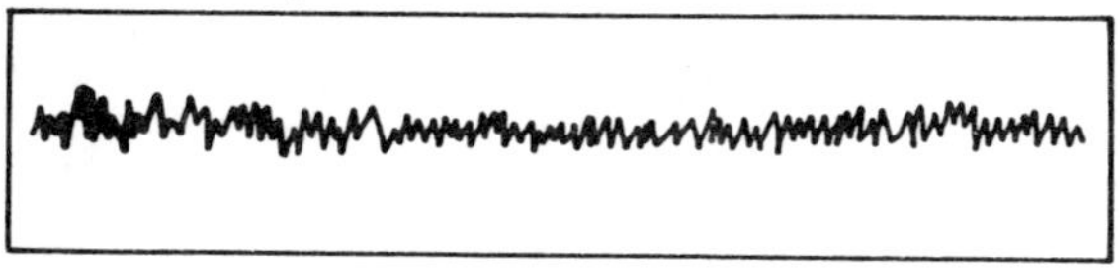

Lo que interesa, dentro de la aparición de un ritmo alfa, no es tanto el descenso de una determinada intensidad —por ejemplo la luminosa—, sino su uniformidad. Así, la oscuridad completa provoca la aparición de ondas alfa. Ya hacia 1934, Adrian y Matthews• habían demostrado que un disco de vidrio mate uniformemente iluminado no impedía al ser mirado que se produjeran ondas alfa. Por el contrario, si una mosca se posaba sobre el disco, la onda alfa desaparecía. Ian Oswald hace notar que cuando aparece la onda alfa acaso sea difícil afirmar, fuera del contexto, si «el individuo está ahora bien despierto o si, por el contrario, está adormilado•».

• Adrian y Matthews, B.M.C. Brain, 1934.

• I. Oswald: *le Sommeil et la Veille* (París, P.U.F., 1962).

LOS PIONEROS DEL E.E.G. DEL DORMIR

Los primeros estudios importantes acerca del E.E.G. en el dormir fueron llevados a cabo por Loomis (especialista en fenómenos eléctricos del cerebro), Harvey y Hobart hacia 1927•. Elaboraron estos autores una clasificación de los distintos estadios del dormir en función de su creciente profundidad. Dichos estadios se escalonaban de la A a la E, por lo que no había más que cinco. El estadio A era característico de la fase de somnolencia, el B del sueño ligero, el C de un dormir de mediana profundidad, en tanto que los estadios D y E correspondían al dormir profundo.

• A. Loomis, E. Harvey y G. Hobart: «Cerebral States during sleep as studied by human brain potentials», en *J. Exp. Psychol.*, n.º 21 (1937).

La grabación continua de lo dormido durante una noche por un hombre había inducido a Loomis, Harvey y Hobart a advertir que el sueño no es progresivo, y que los distintos estadios descritos se repiten una serie de veces a lo largo de la duración del dormir. En efecto, el sueño retorna súbitamente al estadio más ligero durante la noche. Semejante clasificación iba a seguir siendo clásica todavía por casi veinte años. Será puesta en cuestión con el descubrimiento por parte de Aserinsky y Kleitman, en 1953, de una nueva fase del dormir. Como esta fase no cabía dentro de la clasificación existente, fue al punto tratada aparte. Pero este descubrimiento debía conducir a W. C. Dement y N. Kleitman a proponer, en 1957, una nueva clasificación para los estadios del dormir•. La nueva fase no forma parte de esta clasificación, pero, como veremos más adelante, surge periódicamente detrás del primer estadio descrito por los autores.

• W. C. Dement y N. Kleitman: «Cyclic variations in EEG during sleep and their relation to eye movement body, motility and dreaming», en *Electroenc. Clin. Neurophysiol.* n.º 9 (1957).

LOS ESTADIOS DEL DORMIR

En 1957, Dement y Kleitman definieron, pues, cuatro estadios de profundidad creciente en el dormir.

1. El estadio 1 corresponde a los estadios A y B de Loomis. Se trata de un período de somnolencia y de sueño ligero. El ritmo alfa tiende a desaparecer, luego vuelve a surgir, hasta que al

Estadio 1

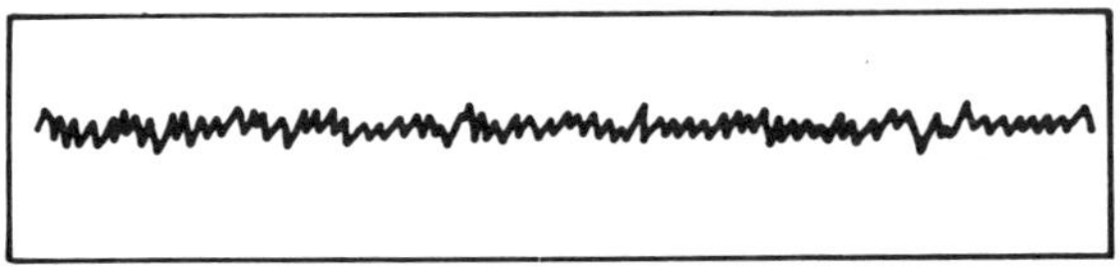

final queda anulado de forma gradual. Cada vez que desaparece el alfa, el sujeto siente que le invade la somnolencia. El voltaje es reducido, y la actividad eléctrica desincronizada tiende a ser reemplazada por otra regular de ondas medianamente lentas de 4 a 6 c/s (ritmo zeta).

2. El estadio 2 sobreviene pocos segundos o minutos más tarde. Conserva un fondo de ondas lentas de 3 a 6 c/s de bajo voltaje, sobre el que irán apareciendo lo que se llamarán los husos («spindle») de dormir, o bocanadas («burst»). Son otros tantos trazos frecuentes en forma de husos de 12 a 15 c/s (u ondas beta). Estas bocanadas se pueden advertir en especial en las derivaciones frontales, es decir sobre las partes anteriores de la cabeza; varían considerablemente de un individuo a otro.

Estadio 2

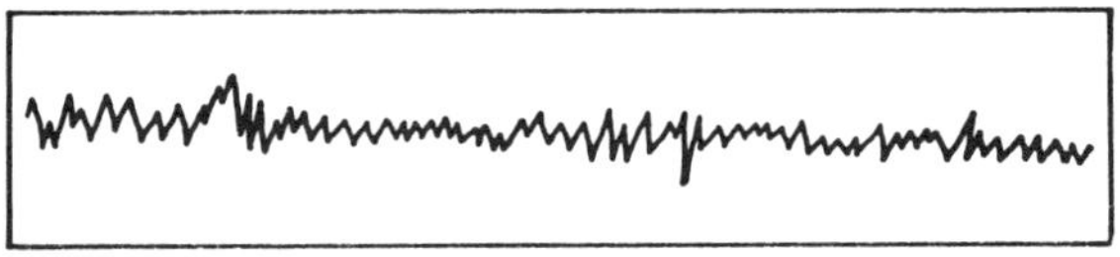

Finalmente, durante este estadio pueden también surgir lo que se suele llamar los «complejos K». Según Roth•, están formados por tres elementos: una pequeña onda aguda que dura en torno a un cuarto de segundo, grandes ondas lentas de bajo voltaje y otras ondas más rápidas de 12 c/s. El complejo K se manifiesta sobre todo en la región frontal de la cabeza, y puede ser desencadenado no sólo por un ruido o cualquier otro estímulo externo, sino también por estimulaciones internas del propio organismo. Ha dado lugar a múltiples experiencias acerca de los umbrales de la percepción. En términos generales, los autores se inclinan a considerarlo como «una respuesta parcial de dormir parcial».

• M. Roth, S. Shaw y Green: «The form volta distribution and psysiological signifiance of K complex», en *Electroenc. Clin. Neurophysiol.* n.º 8 (1956).

En el estadio 2, los ojos del sujeto giran lentamente en sus órbitas. Puede incluso tener los ojos abiertos, pero no ve. Con todo, cualquier ruido liviano es capaz de despertarlo y hay peligro de que se figure que no ha dormido del todo. Sin embargo es posible que haya pasado hasta diez minutos adormilado.

3. Momentos más tarde aparecen unas ondas delta de 0,5 a 3 c/s y de alto voltaje. Pueden llegar a alcanzar de 200 a 300 μv (el ritmo alfa de vigilia giraba en torno a los 60 μv). Persisten los husos, pero son más espaciados. Este tercer estadio supone una transición hacia el dormir profundo.

Estadio 3

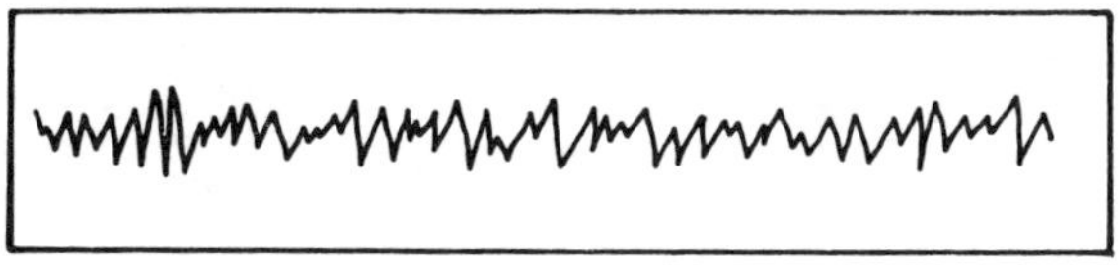

4. Es éste el estadio del dormir profundo. Dominan en él las ondas lentas o delta de 0,5 a 1 c/s, y el voltaje es elevado. Se requiere un estímulo externo fuerte para modificar el E.E.G. y no se advierten los complejos K.

Estadio 4 (S.O.L.)

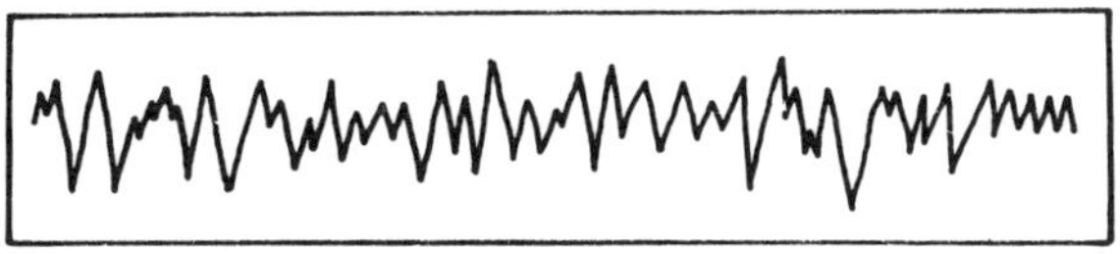

De este modo, el tránsito desde el adormecimiento al sueño profundo va globalmente señalado por un aumento de amplitud de ondas y por la disminución de su frecuencia. El trazado del dormir profundo es mucho más amplio y espaciado que el de la vigilia, que era estrecho y rápido. Estos cuatro estadios suponen, en realidad, una clasificación práctica, sin que correspondan a barreras auténticas dentro del dormir. Hoy en día sabemos que existen divisiones en cada uno de tales estadios, pero estas divisiones no se distinguen a simple vista y requieren cintas magnéticas y calculadoras electrónicas para su localización. Cuando eso se haga, tal vez se llegue a conocer en qué medida el contenido de los sueños ha hecho variar el E.E.G.•

• Gay Gaer Luce y Julius Segal cuentan que M. Klynes y sus colaboradores, en el hospital de Rockland States, eran capaces de saber, con sólo estudiar su E.E.G., si ciertos sujetos veían un color rojo o un color azul. G. Gaer y J. Segal: *le Sommeil* (París, Fayard, 1969).

EL SUEÑO TIENE UNOS MOVIMIENTOS OCULARES RAPIDOS

Por la década de los 50, Eugène Aserinsky era ya ayudante de N. Kleitman en la universidad de Chicago. Aserinsky estudiaba por entonces los períodos de dormir apacible y de dormir agitado en los bebés. Cayó en la cuenta de que los períodos de calma eran seguidos regularmente por fases agitadas. Observando más tarde a los adultos, Aserinsky advirtió asimismo el giro periódico de movimientos rápidos de ojos durante el sueño. Dichos movimientos eran diferentes de los que se daban en el dormir lento. Mientras estos últimos consisten en un simple desplazamiento circular o en un balanceo pausado del glóbulo de izquierda a derecha o de arriba abajo, siguiendo a veces ambos ojos una dirección asimétrica, estos otros movimientos son todavía rápidos, bruscos y se producen simultáneamente en los dos ojos. Recibieron el nombre de «R.E.M.» (rapid eye movement).

Los rasgos del dormir comprenden un trazado parecido al de la vigilia

Cuando, en 1953•, estudió junto con Kleitman los electroencefalogramas de dichos períodos R.E.M., advirtieron que aquéllos contenían un trazado muy parecido al de la vigilia. En efecto, el E.E.G. presentaba unas ondas rápidas, desincronizadas y de bajo voltaje. Además, ese trazado específico iba precedido de ondas «en forma de sierra», procedentes de las regiones anteriores del cuero cabelludo. Entonces se comprendió que el trazado R.E.M. no era idéntico al del sueño ligero de la fase 1. La confusión entre estos dos tipos de trazados de baja tensión era lo que hasta ese momento había llevado a creer que, después del estadio del dormir profundo, éste volvía al estadio 1. Se comprobaba, en realidad, que tras el estadio 4 sobreviene un nuevo tipo de trazado.

• E. Asorinsky y N. Kleitman: «Regulary occuring period of eye motility and concomitant phenomena during sleep», en *Science*, n.º 118 (Chicago, 1953).

Fase paradójica (S.O.R.)

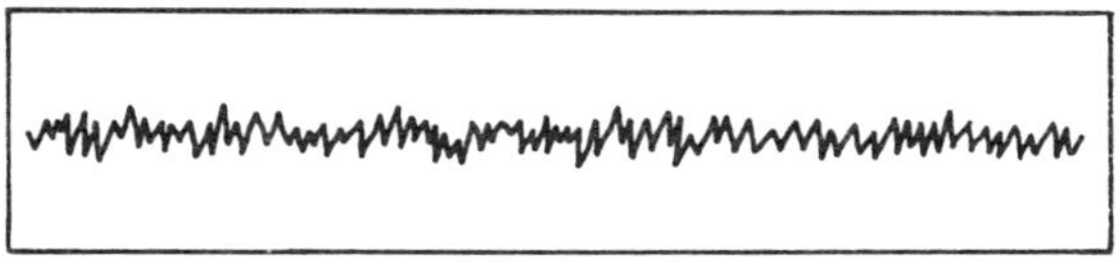

LA DOBLE NATURALEZA DEL DORMIR

El descubrimiento de unos rasgos de la vigilia que aparecían mientras se dormía hizo por entonces correr no poca tinta. El problema principal radicaba en saber si hacía falta convertir a esta fase en un nuevo estadio del dormir que fuera continuación del profundo y que no se diferenciaba de él más que en la cantidad, o si, por el contrario, la fase R.E.M. se distinguía también en calidad y constituía una nueva clase de sueño, ignorado hasta ese instante. Numerosas investigaciones sobre las manifestaciones del organismo que acompañan a la producción del R.E.M. y estudios con animales inducirían a optar por la segunda solución. A partir de entonces, este segundo estadio del dormir, o este tercer estado de nuestra existencia junto al de la vigilia y al sueño, recibió diferentes nombres: dormir R.E.M., dormir de ondas rápidas (S.O.R.), estado D —de «desincronizado»—, o «dream», según Hartman, porque en él es donde se manifiestan los sueños, y hasta, incluso, sueño paradójico según M. Jouvet porque, siendo así que el electroencefalograma muestra un trazado como el de vigilia, resulta particularmente difícil el despertarle a un sujeto que esté en fase R.E.M. En relación con este dormir rápido, a las cuatro fases precedentes se las denominará: dormir de ondas lentas (S.O.L.) o dormir sincronizado (S).

Cuando estudiemos los centros del dormir o las manifestaciones fisiológicas que acompañan a dicho estado, nos veremos, en consecuencia, obligados a hacer una distinción entre el dormir paradójico y el dormir lento.

EL CICLO DORMIR-SUEÑOS

Ya hemos visto como Loomis y sus colaboradores descubrieron cierto retroceso cíclico en los distintos estadios mientras dormimos. En lo sucesivo esa distinción entre dormir lento y dormir paradójico será la que centrará el estudio principal de la periodicidad en el dormir.

En el adulto, la primera fase de dormir paradójico aparece en torno a los 90 a 110 minutos después del primer estadio de adormecimiento. Después la fase R.E.M. volverá cada 90 minutos, aproximadamente unas cuatro o cinco veces a lo largo de la noche. El primer período R.E.M. suele ser, por lo común, el más breve, viniendo a durar de 5 a 6 minutos. En el transcurso de la noche, tiende a irse alargando y puede durar hasta unos 20 ó 40 minutos; por el contrario, el estadio 4 del dormir lento aparece particularmente en el primer tercio de la noche. Esta suele concluir con frecuencia durante un período R.E.M., pero no parece que alcance esto por encima de un 50 % de los casos poco más o menos. Finalmente, la proporción de tiempo

E. Hartmann: Las funciones del sueño fisiológico (Barcelona, Labor, 1976)

DORMIR TIPICO DE UN ADULTO JOVEN DURANTE UNA NOCHE

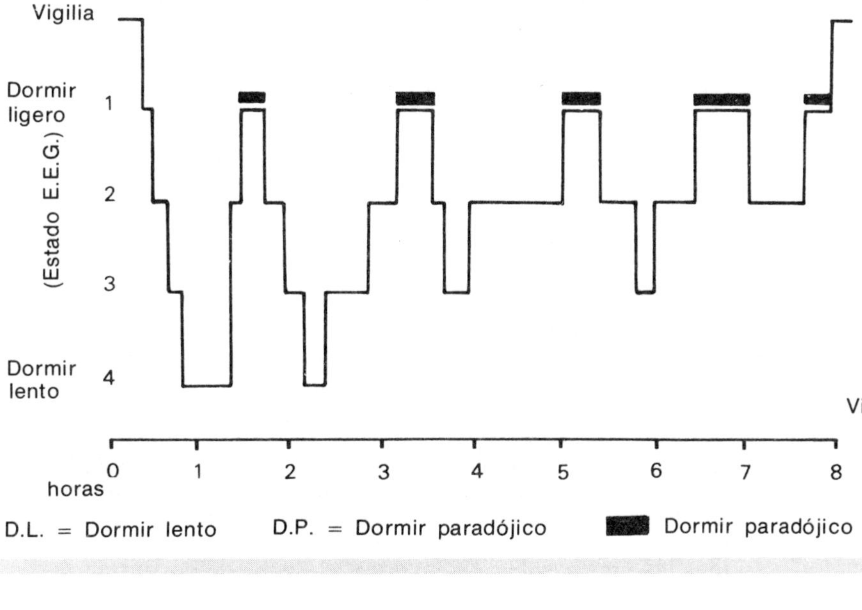

de dormir paradójico con lo que dura el dormir total es de un 20 %.

LOS ASPECTOS CONCOMITANTES DEL DORMIR LENTO

Henri Piéron formuló una distinción dentro del dormir que separaba el debilitamiento que sufren las funciones sensoriomotrices del cerebro de las variantes de orden fisiológico que acompañan al dormir•. En términos generales son éstas una serie de funciones vegetativas, como el ritmo respiratorio o el cardíaco, que, en su mayoría, están sujetas al ritmo circadiano y pasan por un mínimo nocturno.

• H. Piéron: *le Problème physiologique du sommeil* (París, Masson y Cía., 1912).

No pocas de estas manifestaciones eran ya conocidas antes de aplicarse el E.E.G., y vamos a recoger aquí las más notorias.

LAS FUNCIONES SENSORIOMOTRICES

El dormir lento se caracteriza, en primer lugar, por cierta cantidad de fenómenos que pueden ser observados, por así decirlo, de modo indirecto. Así, se llega a constatar que:

1. Los movimientos del durmiente van disminuyendo poco a poco.

2. El tono muscular tiende a reducirse en relación con el que mantenía durante el estado de vigilia, sin que, a pesar de ello, queden relajados todos los músculos. Así, uno que duerma sentado sobre una silla, mientras permanezca en estado de dormir lento, podrá conservar la cabeza erguida.

3. Los reflejos de los tendones disminuyen o se invierten. En consecuencia, en vez de flexionar el dedo gordo cuando se le hacen cosquillas en el pie, lo estirará.

4. Los glóbulos oculares se ponen en blanco, mientras que en la pupila se opera un apretamiento o constricción•.

• Cosa que se llama *miosis*.

LAS FUNCIONES VEGETATIVAS

Menos aparentes son los cambios que afectan a las grandes funciones del metabolismo vital•. Así:

• Véase la nota sobre el metabolismo en la página 13.

1. El electroencefalograma pone de manifiesto una notable disminución en el ritmo cardíaco que se sitúa en torno a las 30 a 60 pulsaciones por minuto.

2. Disminuye igualmente la presión sanguínea.

3. La respiración desciende asimismo y se torna tranquila y regular. Por lo común se suele creer que ésta se hace más profunda cuando dormimos. Según parece, tal cosa sólo es debida al hecho de que en este tiempo pasa a ser más ruidosa. Esta sonoridad más recia provendría de que el tono muscular de las vías respiratorias superiores ha disminuido. De ordinario, el ronquido suele producirse durante el semisueño o el dormir profundo y es debido a que se respira por la boca y están obstruidas las vías nasales. Lo favorece el hecho de dormir de es-

paldas, haciendo que caiga hacia atrás la parte posterior de la lengua.
Los resoplidos o gruñidos, al igual que el ronquido, pueden hacer que se produzcan los complejos K sobre el E.E.G. Ahora bien, en caso de que persistan los ronquidos, los complejos K desaparecen, dando la impresión de que nuestro cerebro se ha habituado a ello.

4. Por fin, es cosa sabida que la temperatura pasa por un mínimo que se sitúa entre las dos y las cinco de la mañana. Volverá luego a ascender durante ésta, para alcanzar su cota más alta por la tarde y bajar nuevamente a la noche. Este descenso de temperatura durante la noche se debe al aumento de la transpiración: el agua expulsada con este motivo se evapora y, al hacerlo, enfría el cuerpo.

5. Finalmente, parece que el consumo de oxígeno se mantiene inalterable, cosa que induce a pensar que el cerebro sigue trabajando mientras dormimos.

LAS SECRECIONES

Tampoco las secreciones de nuestras principales glándulas quedan sin alterarse mientras dormimos.

1. Así, las secreciones salivares de la boca, al igual que las de la nariz y la garganta, disminuyen. De suerte que, a diferencia de los rumiantes, nosotros no tragamos durante el sueño.

2. Es cosa de sobra conocida que hay niños a los que «se les pasa el sueño» en cuanto se adormilan un poco. En efecto, al disminuir la secreción lacrimal•, los ojos se quedan secos.

• *lacrimal:* relativo a las lágrimas.

3. Los jugos gástricos y biliares decrecen también.

4. La resistencia cutánea de la piel aumenta. Dicha resistencia depende de la actividad de las glándulas sudoríparas, y, por lo común, suele ser medida en la palma de la mano. Cae bruscamente tras cualquier estímulo que nos sorprenda o cualquier emoción. Es lo que se ha llamado el reflejo psicogalvánico.

5. En fin, el flujo urinario se hace más lento durante el sueño.

LOS EFECTOS DEL DORMIR PARADOJICO

No cabe duda de que las características del dormir paradójico cuando más han sido estudiadas ha sido en estos últimos años. En términos generales, invierten o modifican los concomitantes del dormir lento. Brooks y Bizzi, así como Moruzzi, propusieron la distinción de los efectos del dormir paradójico en componentes tónicos y componentes fásicos: los primeros son aquellos que se prolongan durante toda la fase del dormir paradójico, en tanto que los segundos son discontinuos y breves y se manifiestan de forma esporádica. Vamos, pues, a estudiarlos por separado, y luego reservaremos un lugar aparte para ver la relación que guarda el sueño con el dormir paradójico.

COMPONENTES TONICOS

Algunos de los componentes tónicos muestran un aumento de actividad, en tanto que otros la disminuyen●.

Entre esos componentes se hallan:

● Ya veremos cómo, ho en día, se piensa que este descenso es debido una inhibición activa más que a una simple carencia negativa.

1. Una caída de la energía muscular más acusada que la del dormir lento●. Este fenómeno específico del dormir paradójico basta a veces para determinarlo con independencia del E.E.G. En tales casos, por lo común se suelen tomar los músculos del vértice del mentón como índice del dormir paradójico.

● Este dato fue observado al principio e los músculos dorsales d cuello del gato. La nuca llegaba entonce a quedar carente por completo de tono. Semejante atonía de los principales músculos de posición explica por qué todos los mamíferos deben, en un momento dado, acostarse para dormir.

2. Conforme hemos visto, el trazado del E.E.G. desincronizado aparece a lo largo de todo el estado paradójico.

3. Con ayuda de unos electrodos colocados en el interior de un gato, se ha descubierto en la región del hipocampo un ritmo zeta de 5 a 6 c/s. Dicho ritmo surge también en el hombre, al igual que en el gato, durante el dormir paradójico.

COMPONENTES FASICOS

Los componentes fásicos, que se manifiestan de forma esporádica, son múltiples.

1. Los movimientos R.E.M. —de los que ya hemos hablado— aparecen como en sacudidas. La fase rápida dura de 100 a 200 milésimas de segundo. Son semejantes a los movimientos de fijación que hacen los ojos durante el estado de vigilia, y podrían estar relacionados con la visión del sueño.

2. Acompañando a los movimientos R.E.M., se advierte asimismo la actividad esporádica de todo un conjunto de pequeños músculos como los de crispación del rostro, visajes... así como contracciones de los músculos laríngeos, de los dedos y de los pies o del oído medio. También en este caso se estima que puede mediar cierta relación con los sueños.

3. Los estudios llevados a cabo sobre el ritmo cardíaco en fase paradójica han detectado tan pronto un acrecentamiento de aquél como un descenso en relación con el dormir lento. Así se advierte que las fluctuaciones del ritmo cardíaco son una característica del dormir paradójico. En el hombre la variación oscila entre las 40 y las 100 pulsaciones por minuto. Esta variante se asemeja a la que se puede apreciar en un sujeto despierto que se halle dominado por cualquier actividad que le apasione. Dentro del dormir lento, las variantes no pasaban de unas pocas pulsaciones por segundo.

4. La presión sanguínea padece las mismas variaciones de intensidad de un momento a otro.

5. La respiración, a su vez, se torna irregular. Hasta ahora, tales variantes solían ser consideradas como algo debido al azar. Pero Hartmann hace notar, siguiendo a Aserinsky, que «la irregularidad de los datos procedentes de las funciones au-

tónomas puede encubrir cierta regularidad•». Así, daría la impresión como de que la respiración pasa de forma constante por una fase fuerte cuando los ojos se mueven con rapidez, y luego por otra fase débil. También es de notar que no aparece el ronquido en la fase R.E.M.

• E. Hartmann: *Biologie du rêve* (Bruselas, Dessart y Mardaga, 1970).

6. El sistema nervioso en su conjunto es una zona de gran actividad. La temperatura del cerebro se eleva y tanto el caudal sanguíneo cerebral como el consumo de oxígeno aumentan. Este último es superior al que tenemos en estado de vigilia cuando estamos descansados. Todas estas alteraciones químicas atestiguan un acrecentamiento del metabolismo.

7. Unos diez años antes del descubrimiento de Aserinsky y Kleitman, o sea en 1944, Ohlmeyer y Brilmayer• habían constatado un ciclo de erecciones del pene mientras se dormía. La presencia de tales erecciones tenía lugar de hora a hora y media después de empezar a dormir, en tanto que las otras se sucedían cada diecinueve minutos aproximadamente. Dichas erecciones podían durar una media hora. Fisher, Gross y Zuch siguieron adelante con estas experiencias en el hospital del Monte Sinaí de Nueva York. Demostraron cómo la mayoría de las fases R.E.M. iban precedidas de una erección que se podía prolongar durante todo ese período•. El sueño R.E.M. sin erección parecía que era algo excepcional. Se supone que algún estímulo del hipotálamo (que, entre otros elementos, es el que controla la conducta sexual) tiene que ser el responsable de tales erecciones.

• P. Ohlmeyer y H. Brilmayer: «Periodische Vorgänge im Schlaf», en *Pflüger Arch. Ges. Psycol.*

• C. Fisher, J. Gross y Zuch: «Cycle of penile erection synchronous with dreaming (R.E.M.) sleep», en *Arch. Gen. Psychiat.* (Chicago), n.º 12.

8. El último componente fásico conocido del dormir paradójico es la aparición de impulsos nerviosos llamados «spikes» o «pointes» (puntas) que, por lo común, anteceden entre 10 y 90 segundos a la aparición del trazado propio del dormir paradójico sobre el E.E.G.• Las puntas P.G.O.• son otras tantas manifestaciones de las vías ópticas centrales, como lo demuestran las zonas en que surgen, en tanto que la retina y el nervio óptico no reaccionan. Se cree que tales puntas desempeñan un papel muy importante dentro de la organización de los distintos fenómenos característicos del dormir paradójico, y acaso también en la explicación de las relaciones que median entre los sueños y este modo de dormir.

• Estas descargas de spikes aparecen simultáneamente en tres zonas del cerebro: al nivel del puente de Varole, en los cuerpos articulados y en el córtex visual occipital.

• Llamadas así en función de las regiones en que aparecen (ponto-genículo-occipitales Véase la nota precedente.

El sueño paradójico: un estado que participa del dormir profundo y de la actividad de la vigilia

Puede concluirse esta descripción del dormir rápido con la siguiente definición de Hartmann: «Es un estado que en apariencia se caracteriza por una intensa activación del sistema nervioso autónomo y de ciertos músculos finos, combinada con una inhibición tónica casi total de la musculatura somática•.»

• E. Hartmann: *Biologie du rêve* (Bruselas, Dessart y Mardaga, 1970).

Por lo tanto, el dormir paradójico es a la vez el sueño más profundo, aquél en que resultará más difícil despertarle al que duerme, y el estado más próximo a la actividad del tiempo de vigilia. En cierto sentido viene a equivaler a un estar despierto y a cierta vida interior.

SUEÑOS Y DORMIR PARADOJICO

Aserinsky y Kleitman, y más tarde Demont, juzgaron durante mucho tiempo que los sueños no se presentaban más que durante el domir paradójico. El método más sencillo para verificar semejante hipótesis consistía en despertarle al sujeto durante las diferentes fases de su dormir y hacerle que relatara cuanto obraba en su memoria. Cabría pensar que un estudio estadístico como éste hubiera tenido que ofrecer una respuesta simple a la cuestión planteada. En realidad, no ocurrió nada de eso; y las respuestas aducidas sucesivamente por distintos investigadores fueron distribuyéndose desde un 0 a un 54 % de sueños que aparecían durante el dormir lento. Las dos posturas extremas tuvieron sus defensores: por un lado W. C. Dement y por el otro Foulkes. Parece que las divergencias obtenidas por ambos especialistas se debían al método que cada uno de ellos empleaba. Los porcentajes dependen, en efecto, del sujeto estudiado, de los momentos elegidos para despertarlo en el transcurso del dormir lento y de los criterios sostenidos al definir en qué consiste un sueño.

Para algunos investigadores, no existen sueños fuera del dormir paradójico...

Para Dement y Kleitman el sujeto «será considerado que sueña tan sólo si puede dar una descripción coherente y suficientemente detallada del contenido de dicho sueño. Una respuesta afirmativa, pero sin recordar el contenido del sueño, o que contenga nada más que unas cuantas impresiones vagas y fragmentarias, será clasificada como negativa•.» De entre 191 sujetos despertados en la fase paradójica, encontraron 152 respuestas afirmativas, es decir una proporción de un 80 % de sueños. En términos generales, el relato de dichos sueños consistía en largas aventuras ricas en pormenores, acontecimientos y emociones. Por el contrario, sobre 160 sujetos despertados en una fase no paradójica tan sólo 11 respuestas, o sea un 7 %, se ajustaban a los criterios sostenidos. Cierta cantidad de evocaciones de sueños pertenecientes al dormir lento podía ser debida a la confusión provocada por un despertar brusco o al recuerdo de ciertos sueños que habían tenido lugar en otro momento. Por tanto, Kleitman y Dement concluyeron de todo ello que los sueños no se producían más que durante la fase de dormir paradójico.

• W. C. Dement y N. Kleitman: «The relation of eye movement during sleep to dream activity; an objective method for the study of dreaming», en *J. Exp. Psychol.* n.º 53 (1657).

... para otros, no se excluye que se sueñe durante el dormir lento

Ahora bien, Foulkes, en 1962, iba a demostrar cómo ciertos recuerdos de sueños aparecen también durante el dormir lento. Eso no obstante, la definición que él daba de sueño era mucho más amplia que la de los primeros investigadores. En efecto, consideraba como sueño «toda experiencia que suponga impresiones visuales, auditivas o cinestésicas•» y «todo fenómeno carente de imágenes durante el cual el sujeto o bien

• *cinestésico:* sensación de movimiento de las partes del cuerpo.

adopta una identidad distinta a la propia o siente que piensa dentro de un mundo físico ajeno al que de hecho le rodea•». De este modo Foulkes halló hasta un 54 % de sueño durante el dormir lento.

• W. Foulkes: «Dream reports from different stages of sleep», en *J. Abn. Soc. Psychol.*, n.º 65 (1962).

Son teorías más complementarias que contradictorias

En realidad, esos resultados dispares no son tan contradictorios como podrían parecerlo. Foulkes se opone a una teoría radical que reduciría toda actividad mental durante el dormir a la fase paradójica, en tanto que Demont asienta el aspecto específico del sueño. Finalmente, estas investigaciones lo que demuestran es que el sueño, como fenómeno alucinante, cuenta con las máximas posibilidades de aparecer durante alguna fase del dormir rápido, y, como algo que se asemeja a un pensamiento abstracto a ciertas imágenes indeterminadas y sin orden, se manifestará en el dormir lento. Por tal motivo, se suele denominar con frecuencia a los estudios sobre el dormir rápido la «biología del sueño».

LOS CENTROS DE LA VIGILIA Y DEL DORMIR

Acabamos de recorrer unos cuantos descubrimientos derivados de la psicofisiología del dormir. ¿Confirmarían o invalidarían los neurofisiólogos esas hipótesis sobre un doble estado en el dormir y sobre un dormir no pasivo sino activo? Lo que ahora vamos a presentar son las investigaciones acerca de las vías del sistema nervioso que intervienen en los mecanismos del dormir y de la vigilia. Veremos que han conocido distintos vaivenes.

LAS ESTRUCTURAS DEL ESTADO DE VIGILIA

Los primeros trabajos sobre la anatomía del dormir intentaban descubrir unos centros semejantes a los de la visión o audición. En efecto, habían caído en la cuenta de que al estimular distintas partes del cerebro se podía provocar el que uno se durmiera. Así, fueron considerados sucesivamente como centros del dormir: el tálamo, o lechos ópticos•, y más tarde el hipotálamo y otras regiones del tronco cerebral. Mas pronto se comprendió que el voltaje empleado en la estimulación del cerebro tenía mayor importancia que la misma zona elegida. Por otra parte, una estimulación eléctrica de zonas muy próximas producía también efectos de hipnosis.

• El tálamo está formado por dos a modo de nueces grises simétricas situadas en el centro del cerebro.

La aportación de Bremer

En Bélgica, en 1935, Frédéric Bremer, con objeto de distinguir las estructuras del estado de vigilia de las del dormir, realizó una serie de experiencias con gatos. En una primera, seccionó el cerebro de un gato por entre la medula espinal y el bulbo raquídeo, es decir por la parte más baja del cerebro, logrando así «el encéfalo aislado»; pudo constatar que el animal, preparado de este modo, seguía pasando por una alternancia de vigilia y sueño. En una segunda experiencia, hizo un corte en el extremo opuesto del tronco cerebral, en lo más alto, entre los tubérculos cuatrigéminos, consiguiendo esta vez un «cerebro aislado»; el animal cayó entonces en un estado letárgico que duró hasta su muerte. Bremer concluyó de ahí que la vigilia se debía a una convergencia de influjos sensoriales procedentes de la medula espinal, en tanto que el dormir se manifestaba durante la privación de tales estimulaciones sensoriales. Según eso, el estado de vigilia sería debido a una suma de excitaciones, mientras que el de sueño no pasaría de ser un proceso pasivo.

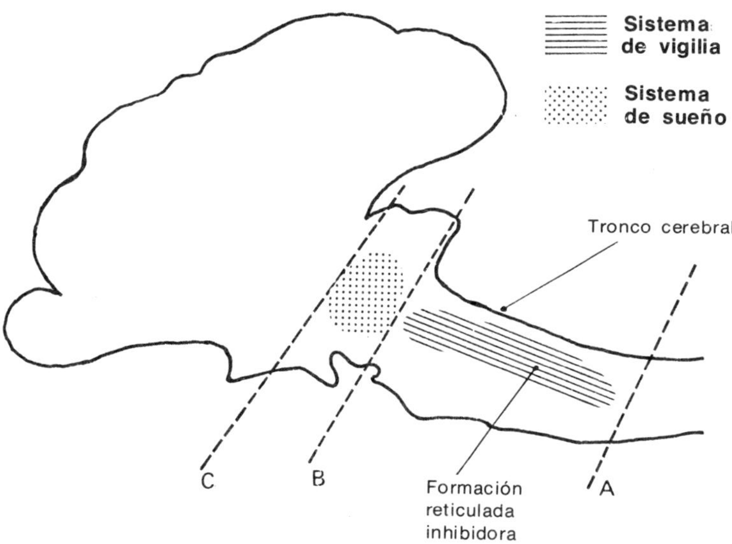

Esquema de los cortes del tronco cerebral que han permitido precisar los sistemas de vigilia sueño

A. Sección baja, «encéfalo aislado», con conservación de la vigi y el sueño.

B. Sección media «mediopóntica», con vigilia permanente.

C. Sección alta, «cereb aislado», con sueño continuo.

P. Passouant y A. Rechniewski: *Le Somme un tiers denotre vie* (Par Stock, 1976).

Las conclusiones de Magoun y Moruzzi: los mecanismos de la vigilia

En 1949, Magoun y Moruzzi iban a demostrar que el estado de vigilia no es debido a una simple convergencia de influjos nerviosos ascendentes, que van de la medula al córtex, sino a un proceso activo del cerebro. Su principal aportación consistió en poner en claro el papel que ejerce una formación cerebral antaño despreciada: la formación del tronco cerebral•. Bremer había cortado a la vez las fibras sensoriales que venían de la medula y la formación reticular. Magoun y Moruzzi demostraron que la interrupción de las grandes vías sensoriales es compatible con un determinado estado de vigilia, en tanto que basta con seccionar la formación reticular para obtener el estado letárgico que Bremer había logrado mediante el «cerebro aislado». Estos resultados quedaban confirmados

• Véase la figura anterior.

por el hecho de que la estimulación eléctrica de dicha zona reticular provocaba el despertar.

El estado de vigilia era, según eso, producto de una actividad rítmica permanente de la formación reticular, o sea el resultado de los influjos reticulares ascendentes. Además, dicha actividad reticular se veía reforzada con diversas acciones: las de las vías sensoriales, las de las condiciones humorales o sustancias químicas y las de ciertas estructuras nerviosas como el hipotálamo, sin olvidar las del córtex (o corteza cerebral). Esta acción del cerebro lógica en la vigilia no es extraña, puesto que cualquier esfuerzo consciente le basta a uno para mantenerse despierto. Por otro lado, el córtex junto con la formación reticular conserva una especie de regulación dentro de la vigilia, ya que aquélla excita al córtex y éste, por retroacción, modela o inhibe la actividad de la propia formación reticular.

DEL DORMIR PASIVO AL DORMIR ACTIVO

Si bien se había dado un paso en el descubrimiento de los mecanismos de la vigilia, con todo seguían viendo en el dormir un fenómeno pasivo, una disminución de la actividad de la formación reticular. La concepción pasiva del dormir convertía a éste en un estado de fatiga cumulativa que hacía cada vez más difíciles las vinculaciones entre las diferentes neuronas. Poco a poco —se pensaba—, una región determinada del cerebro se iba adormeciendo y comunicaba el sueño a un territorio vecino, y así sucesivamente. Hoy en día se pone en tela de juicio semejante concepción.

Debemos a Moruzzi y sus colaboradores• el descubrimiento, en 1959, de una nueva estructura dentro del tronco cerebral que sería la responsable del dormir lento. Moruzzi se percató, en efecto, de que al efectuar un corte un poco más arriba que Bremer, en la región mediopóntica del tronco cerebral, obtenía en el gato un estado de vigilia persistente; mientras que si seccionaba unos milímetros más abajo, el gato caía en letargo profundo o coma. Dedujo de aquí que el primer corte había aislado el cerebro de las estructuras propias del sueño. Estas estructuras, al igual que las de la vigilia, van situadas en la sustancia reticular, pero en una zona más baja.

• C. Batini, G. Moruzzi, M. Palestini, G. F. Rossi y A. Zanchetti: «Effects of complete pontine transection on the sleep-wakefulness rhythm: the midpontine pretrigeminal preparation», en *Arch. Ital. Biol.*, n.º 97.

Se pudo comprobar que la destrucción limitada de dicha región• suprimía el dormir, en tanto que su excitación lo provocaba. La celeridad con que se duermen los niños o ciertos enfermos aquejados de perturbaciones de sueño, así como el que se pueda inducir el sueño mediante una estimación sensorial repetitiva y monótona, abogaban en favor de un dormir activo. A partir de entonces, se estima que éste posee una acción inhibidora sobre la actividad tónica del sistema de vigilia.

• La denominada del rafe medio de la sustancia reticulada, que está situada sobre la línea central del tronco cerebral.

UN CENTRO DE DORMIR PARADOJICO

El descubrimiento del dormir paradójico vendría a complicar el ésquema relativamente sencillo de un sistema para la vigilia y otro para el sueño. En adelante, la pregunta se centraría sobre cuáles de las estructuras serían las responsables, si no ya de los sueños, sí al menos del estado específico que los acompaña. A este trabajo dedicó su quehacer el equipo de M. Jouvet. Por eliminaciones sucesivas e inducción, procediendo a distintos cortes y coagulaciones del cerebro, Jouvet y sus colaboradores acertaron a localizar un sistema propio del sueño. Una de las primeras experiencias había consistido en seccionar el córtex de un gato. Observaron cómo éste, decorticado de ese modo, conservaba las manifestaciones del dormir paradójico. Luego constataron que diferentes cortes efectuados en el tronco cerebral inferior o superior resultaban ineficaces. Por el contrario, cuando seccionaron al nivel del borde inferior del puente, obtuvieron la desaparición del dormir, a pesar de que el gato seguía manteniendo la alternancia vigilia-dormir lento. Investigaciones posteriores de Jouvet precisaron que cierto núcleo del tronco, denominado «locus coeruleus•» a causa de sus extrañas motas azules, jugaba un papel específico en el dormir rápido•. La destrucción por coagulación de ese núcleo provocaba la desaparición del relajamiento muscular propio del dormir paradójico. Este descanso de tono muscular era debido, pues, a un centro inhibidor activo. Así se advirtió la existencia de ciertas zonas anatómicas diferentes que eran responsables de los componentes tónicos y fásicos del dormir paradójico. En efecto, en tanto que la destrucción bilateral de determinadas regiones del puente suprime los movimientos oculares rápidos, la de la parte baja del locus coeruleus restablece la posibilidad de los movimientos de la musculatura. A pesar de que otros investigadores no hayan confirmado estos descubrimientos, con todo, parece que la neurofisiología

• Véase la figura adjunta.

• M. Jouvet y R. Delorme: «Locus coeruleus et sommeil paradoxal», en *C. R. S. Biol.*, n.º 159 (1965).

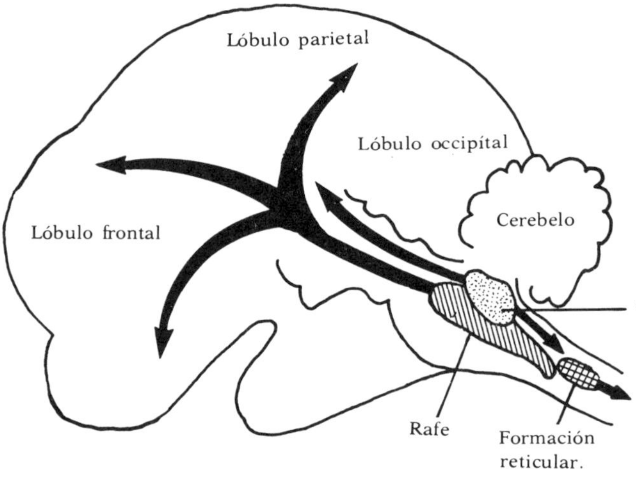

Localización esquemática de las estructuras nerviosas la vigilia y el sueño. En negro con tres flechas, el sistema reticular activador ascendente de la *vigilia*. En el centro del tronco cerebral, los núcleos ra que se relacionan con *dormir lento*, el locus coeruleus relacionado c el *dormir rápido* y la formación reticular inhibidora cuya acción sobre la medula es la responsable de la pérd del tono muscular.

P. Passouant y A. Rechniewski: *le Somme un tiers de notre vie* (París, Stock, 1976).

del dormir responde a los resultados obtenidos con el E.E.G. De ser así, habría tres estados diferentes: el de vigilia, el dormir lento y el dormir rápido, dirigidos por estructuras también diferentes. Por tanto, el tronco cerebral y el puente, partes arcaicas del cerebro, serían las responsables de la regulación de esos tres ritmos distintos. Eso no obstante, como quiera que los núcleos de tales regiones están constituidos por neuronas que poseen ciertas ramificaciones en diversos estratos del cerebro, no se suele hablar en nuestros días de centro de dormir, sino de sistemas. Estos sistemas descubiertos aquí anatómicamente habrán de ser concretados por la investigación de las sustancias químicas que actúan en los mecanismos de la vigilia y el sueño.

LAS HORMONAS DE LA VIGILIA, DEL DORMIR Y DE LOS SUEÑOS

La investigación en busca de una droga que provoque el dormir, de una hormona del sueño o de una hipnotoxina se remonta ya a comienzos del presente siglo. Se intentaba, en efecto, descubrir algún producto resultante del cansancio muscular o engendrado por el agotamiento energético del cerebro. En 1913, Piéron y Legendre hicieron una transfusión del líquido raquídeo procedente del cerebro de un perro aquejado de insomnio a otro perro normal. Como éste se durmió, pensaron que habían dado con la existencia de la tal hipnotoxina. La misma experiencia fue reproducida más tarde con mejor o peor suerte. Pero es difícil saber en qué medida no era la propia inyección la que provocaba el dormir. Por otro lado, aun cuando ciertamente sea el líquido raquídeo o la sangre del animal insomne lo que produce el sueño, haría falta todavía hallar entre los múltiples componentes de la sangre aquel que es el responsable de dicho sueño.

¿Cuál es la función que desempeñan los agentes químicos dentro del sistema vigilia-sueño?

En nuestros días, se tiende a pensar que no hay una única hormona, sino que distintas hormonas o sustancias actúan sobre los mecanismos neuroquímicos de la vigilia y del sueño. La mayor parte de los estudios efectuados se han centrado sobre cierta cantidad de mediadores químicos que sirven para la transmisión del influjo nervioso a nivel de las sinapsis•. A fin de descubrir cuál era la función específica de tales mediadores del ritmo vigilia-sueño, o bien se ha frenado selectivamente su presencia en el cerebro de un gato, o, por el contrario, se le ha hecho la transfusión de ellos en dosis mínimas de esta o aquella región•. De este modo se comprendió que las estructuras del sueño formaban parte de un mismo sistema no localizado, que enviaba a la vez impulsos hacia el córtex y hacia la medula espinal. Era, pues, un sistema que ponía en juego al mismo tiempo las fibras nerviosas ascendentes y las descendentes.

• *sinapsis:* región de contacto entre dos células nerviosas.

• Una técnica muy delicada de implantación de microtubos dentro del cerebro del gato permite, en efecto, alcanzar una precisión que no sería posible lograr mediante la simple transfusión del líquido cefalorraquídeo.

Una vez aquí, se tendió a estudiar los neurotransmisores que unen dichas fibras y, más en concreto, las aminas del cerebro•. Las principales aminas estudiadas fueron la noradrenalina, la serotonina, la dopamina y la triptamina. Parece ser que la presencia de cierta dosis de estas aminas en el cerebro es necesaria para la vigilia y el sueño.
R. Hernández Peon, en Méjico, y G. Ling, en Ottawa, llegaron a constatar que había dos transmisores químicos capaces de desempeñar la función de llaves dentro de la vigilia y el sueño: se trata, respectivamente, de la adrenalina y la acetilcolina. En efecto, cuando se inocula en el hipotálamo de un gato acetilcolina, éste se duerme; mientras que la adrenalina hace que se despierte.

• Las aminas son unos compuestos químicos similares al amoniaco, y que contienen nitrógeno e hidrógeno; se parecen los ácidos aminados que forman las proteínas.

LAS TRES REDES QUIMICAS
Hoy en día, las cosas se han complicado un tanto. Distinguimos, en efecto, un sistema de vigilia catecolinérgico, otro de dormir serotoninérgico y un tercero mixto.

1. *El sistema de vigilia catecolinérgico.* «Catecolamina» es un neologismo que sirve para designar a las hormonas de las glándulas suprarrenales: a saber, la noradrenalina y la dopamina. Cada una de estas dos sustancias es responsable de un tipo de vigilia particular. En efecto, la noradrenalina dirige el estado de vigilia cortical, esto es, nuestros mecanismos de atención, pensamiento y discriminación perceptible. Si se impide la renovación de la noradrenalina, nuestro córtex duerme. El sistema de la dopamina controla, a su vez, el estado de vigilia conductual. A pesar de que se supriman las estructuras que contienen dopamina, el córtex sigue despierto, pero ya no existe motricidad•.

• Las dificultades que experimentan los enfermos de parkinson para efectuar determinados movimientos provendría de cierta falta de dopamina.

2. *El sistema de dormir serotoninérgico.* Si se impide la secreción de serotonina, se puede constatar que el animal sigue en vigilia permanente. Por otro lado, está claro que inyectándole 5-HT —precursor de la serotonina•— a un gato al que previamente se le haya bloqueado la serotonina, ese gato vuelve a recuperar un dormir normal•.
Las células del rafe medio son ricas en serotonina, cosa que parece confirmar los datos neurofisiológicos. La serotonina se halla asimismo presente, junto con otras sustancias, en el hipotálamo, en el hipocampo y en el neocórtex.

• Como quiera que la serotonina está compuesta por molécula que no pasan por la barrera hematoencefálic (sino que es fabricada directamente en el cerebro), se utiliza el 5-HT o 5-hidroxitriptofano, que pasa tal barrera.

3. *El sistema mixto.* Hemos visto que, cuando se suprime la serotonina, se logra un estado de vigilia permanente, y, en consecuencia, no existe ninguna clase de sueño, ni lento ni paradójico. Parece claro, en efecto, que el metabolismo de la serotonina y, por lo mismo, el dormir lento deben preceder al sueño paradójico. Ello es debido a razones todavía oscuras. Ahora bien, ese sueño paradójico pone en juego por su cuenta dos nuevas sustancias: la acetilcolina y la noradrenalina. Se piensa que la acetilcolina actúa sobre el dormir rápido, ya que

• En 1962, dos suecos, Falk y Hillarps, ultimaron una técnica d fluorescencia que posibilitaba distinguir e el microscopio ultravioleta las neurona de serotonina, que tiene una apariencia amarilla de las de catecolamina, que son verdes.

Jouvet ha podido constatar que la administración de ciertos compuestos anticolinérgicos reducía el dormir rápido.
La presencia de la noradrenalina, por otra parte, permite comprender las semejanzas existentes entre los fenómenos de la vigilia y los del dormir rápido, pues en ambos casos está ella actuando. En el locus coeruleus• se dan neuronas ricas en moradrenalina. Jouvet ha sugerido que la pérdida de la atonía muscular que acompaña al estado paradójico podría estar causada por la destrucción de las neuronas de noradrenalina del locus coeruleus.

• Véase la figura de la página 230.

La química del sueño, que tiene por objeto los miles de millones de células existentes en el cerebro, es a la vez una ciencia prometedora pero frágil. En efecto, de una parte la multiplicidad que se da entre los efectos químicos estudiados hace difícil el asignarles a los mismos una misión concreta; esta presentación de los sistemas del sueño tiene un carácter un poco estático y todavía son mal conocidos sus dinamismos específicos. Por otro lado, las vías del estado de vigilia y de las dos clases de dormir se aproximan entre sí y a veces hasta se unen, con lo que se complica el análisis de su mutua regulación. Hay que recordar, por fin, que todos estos resultados han sido logrados en gatos y que, si bien corresponden a las diferentes constataciones hechas en el hombre, parece que no cabe proceder sin más a una transferencia completa.

2

Origen y naturaleza del sueño

Del animal al hombre

EL DORMIR Y LOS SUEÑOS EN LOS ANIMALES

¿Duermen los animales? Los primeros autores que se dedicaron al estudio experimental del dormir de los animales, como por ejemplo Bell en 1960, tendían a negar la presencia del dormir en determinados mamíferos; creían en efecto, que existían algunos que disfrutaban de ciertas fases de reposo pero que no dormían. Hoy en día, sin embargo, ha quedado demostrado que la mayor parte de los vertebrados duermen, o al menos pasan por un estado equivalente al dormir. Eso no obstante, resulta difícil definir cuándo comienza el dormir dentro de la serie animal. Hasta el presente, no se ha registrado ningún trazado electroencefalográfico de los peces, pero, a pesar de todo, se puede observar que manifiestan cierto dormir conductual: algunos flotan sobre la superficie del agua, otros reposan en las cavidades de las peñas o en el fondo del acuario. Hay entre los peces, como entre los diversos mamíferos, durmientes diurnos y nocturnos.

Es difícil detectar el dormir en los reptiles; muchas serpientes carecen de párpados y, por lo mismo, no pueden cerrar los ojos. A pesar de todo, las serpientes poseen un dormir de baja frecuencia bastante semejante al dormir lento de los mamíferos. La rana no duerme, propiamente hablando, sin embargo Hobson ha podido constatar en la rana-toro un ciclo de la respiración que correspondía a ondas cerebrales bien rápidas y de bajo voltaje —durante el período de reposo—, o lentas y con elevado voltaje —en una fase de actividad—. Se ha hecho notar que dicho ciclo discurre al revés que el de los mamíferos.

EL LECHO DE LOS ANIMALES

Antes de que se recurriera a los datos del electroencefalograma (E.E.G), se solían distinguir las formas de dormir de la especies animales en función de los rituales o posturas que adoptaban unos y otros al dormir. A los animales no les resulta cosa sin importancia el dónde y cómo duerman.

Los perros y los gatos. Todo el mundo puede observar con qué dificultad adoptan un nuevo lugar para dormir tanto los perros como los gatos. Sus crías suelen señalar el territorio de dormir propio orinando en él, y elegirán un emplazamiento estratégico en cualquier rincón, enroscándose como una bola y protegiendo su nariz con una pata. De ese modo establecen un sistema de seguridad que resulta necesario de cara a un estado de perceptividad reducida.

Los gatos se deslizarán dentro de algún armario de ropa interior o se colarán bajo un edredón; rara vez podremos verlos durmiendo en medio de una habitación.

Los caballos. Charles Kayser observó que la mayoría de los mamíferos se acuestan para dormir, pero que hay algunos que pueden hacerlo de pie•. De entre cuarenta y dos caballos de cinco a veintitrés años de edad, de los cuales veinticuatro eran de tiro y dieciocho de silla, constató que tan sólo tres no se acostaban entre las siete de la tarde y las seis de la mañana. Concluyó de ahí que tienen su importancia las dimensiones de la cuadra y la cama para la posición que adopte cuando se acuesta el caballo. Este pasa por lo general una media de dos horas y cuarenta y cinco minutos acostado; pero es raro que lo haga por más de una hora seguida. De ordinario, tanto el caballo como también el elefante o la jirafa duermen sobre un costado, aun cuando también puedan hacerlo sobre el vientre.

Los pájaros. La nidación es un fenómeno que, por lo común, suele acompañar al dormir; con todo, paradójicamente, los pájaros no duermen por lo general en su nido, sino posados sobre alguna rama•. De ese modo se mantienen al abrigo de los predadores• y se hallan prestos a levantar el vuelo en caso de peligro; otro tanto sucede con los murciélagos que también se cuelgan de una rama. El pájaro permanece firmemente adherido por sus uñas, no tanto gracias a un esfuerzo muscular, sino más bien por obra de un dispositivo mecánico que le lleva a apretar su presa con mayor fuerza que el peso de su propio cuerpo•. El pájaro mete la cabeza bajo el ala para evitar los estímulos luminosos, y se acurruca para conservar el calor corporal.

• C. Kayser: «Sommeil et postures», en *le Sommeil et le rêve* (París, P.U.F. 1973).

• Los monos, al igual que los pájaros duermen sobre los árboles. Sin embargo, el orangután, el chimpancé y el gorila cada noche se preparan un nuevo nido, en tanto que el gibón se instala confortablemente en las ramas.

• *predador:* animal que se alimenta con las presas que coge.

• El caballo o el asno, que con frecuencia duermen sobre tres patas nada más, ponen en funcionamiento un esfuerzo muscular suplementario, ya que la articulación de la pata que hace de apoyo está en esos momentos bloqueada. También los flamencos o las cigüeñas duermen sin dificultad sobre una sola pata.

Los delfines. El delfín, que es un animal inteligente, duerme de una forma que está muy concorde con su temperamento juguetón: tan sólo lo hace con un ojo. En efecto, como respira por la parte superior de la cabeza, tiene que vigilar el agua para que las olas no penetren en su nariz. Cada ojo duerme de dos a tres horas, pero de treinta en treinta segundos el delfín controlará la superficie del agua para poder respirar•.

• La foca, a su vez, duerme varios minutos bajo el agua antes de volver a la superficie para respirar.

Las cebras y los búfalos. Si bien algunas especies se ponen al abrigo buscando lugares estratégicos en que dormir, otros prefieren juntarse entre sí. Por eso las cebras y los búfalos duermen en grupo. La necesidad de contar con algo que proteja su dormir que sienten los animales débiles ha inducido a pensar que los fuertes gozarían de un dormir más continuo y hasta a veces más prolongado que los débiles. De entre todos los animales, parece que los que mejor dormir tienen son el oso de Ceilán y el león.
Con todo, el resultado total de las formas de dormir discontinuas de las especies débiles no difiere sensiblemente del dormir continuo de las especies bien armadas o de las de los animales domésticos que, al sentirse protegidos por nosotros, duermen durante más tiempo.

Actividades	**Oso, león**	**Antílope**
Dormir	largo, profundo	posibilidad de ausencia total de estado de inconsciencia
Beber	actividad lenta	rápido; llena su estómago
Copulación	en los osos dura horas	dura unos cuantos segundos
Parto	la osa construye un refugio	sin refugio
Crecimiento del cachorro	varias semanas de nidación en el refugio, crecimiento lento	los cachorros son capaces de desplazarse veinte minutos después del parto

Cuadro elaborado por Hediger en 1969 y cit[a] por C. Kayser, en *le Sommeil et la Rêve* (Pa[ris], P.U.F., 1973).

EL DORMIR PARADOJICO
Si bien todos los vertebrados duermen, la mayor parte de ellos goza también de las dos clases de dormir que se han detectado en el hombre y en el gato. Se han hecho muchos estudios sobre las ratas, el conejo, el mono, el perro y el cordero con miras a determinar sus tiempos relativos de dormir paradójicos y de dormir lento. Pero no sólo esas, sino que también otras espe-

cies menos conocidas han sido sometidas a tales experiencias. Así, Fréderic Snyder estudió a la zarigüeya•. La zarigüeya es un animal del tamaño de un gato, pero su cerebro es tres veces menor. Por otro lado, es una de las especies supervivientes de los tiempos más remotos y la que menos ha cambiado; suele ser considerada como un «fósil viviente». Snyder pudo constatar, estudiando su trazado electroencefalográfico del dormir, que pasaba por fases de dormir paradójico con movimientos de las orejas, ojos, bigotes y cola y otra serie de manifestaciones distintas. Este dormir dura de tres a diez minutos y se repite con intervalos variables. La zarigüeya duerme de un 75 a un 95 % de noctímero, y, al cabo de veinticuatro horas, el dormir rápido ocupa entre un 28 y un 33 % del tiempo total.

• F. Synder: «Quelques hypothèses au sujet de la contribution du sommeil avec mouvements rapides oculaires à la survivance des mammifères», en *Rêve et conscience* (París, P.U.F., 1968).

El dormir paradójico es considerado como muy antiguo

El dormir paradójico no se da en los pájaros más que en un estado rudimentario que no va más allá del 1 al 5 % de un sueño total. En las tortugas y en el oso hormiguero no ha sido posible medirlo con claridad. Snyder sugiere que dicho dormir paradójico se habría producido en una fase de la evolución de los reptiles antes de su diversificación como pájaros y mamíferos, y se habría desarrollado de modo especial entre los más primitivos de estos últimos, conforme lo atestigua la zarigüeya.

El caso de los rumiantes

Durante mucho tiempo se ha creído que los rumiantes (vacas, cabras y corderos) carecían de dormir paradójico•. La rumia es, en efecto, incompatible con una relajación completa de los músculos del mentón. Hoy en día, sin embargo, sabemos que la vaca pasa de un 2 a un 3 % de su dormir en fase paradójica. Ciertas experiencias que se han llevado a cabo con heno picado muestran que la cabra alimentada con dicho heno pasa más tiempo de dormir lento, pero sigue manteniendo una proporción idéntica del paradójico. En consecuencia, se puede deducir de aquí que, al contrario de lo que algunos suponen, este último sueño no depende de la rumia.

• Véase Balch: «Sleep in ruminants», en *Nature* (1955), y F. R. Bell: «The electroencephalogram of goats during somnolence and rumination», en *Animal Behavior* (1960).

TIEMPOS DE DORMIR Y CICLOS VITALES EN DIVERSOS MAMIFEROS

Diversos estudios comparativos hechos con mamíferos demuestran que los carnívoros parece que gozan de un tiempo de dormir rápido más prolongado que los herbívoros, y que los omnívoros se sitúan entre ambas clases.

Esto parece que viene a confirmar la constatación precedente de que los animales fuertes tienen un dormir más prolongado. La rata, animal feroz, posee un dormir paradójico muy supe-

Especies	Dormir paradójico•
Zarigüeya	22 — 44 %
Rata	15 — 20 %
Conejo	1 — 3 %
Cordero	2 — 3 %
Gato	20 — 60 %
Mono	11 — 25 %
Hombre	20 — 24 %

• (expresado en % del tiempo de sueño total). En E. Hartmann: *Biolo[...] du rêve* (Bruselas, Dessa[...] y Mardaga, 1970).

rior al del conejo, animal indefenso. Un rasgo característico de este último en dicha fase es la posición de las orejas que, mientras en el sueño lento permanecían erguidas, se doblan en el paradójico, cosa que permite diagnosticar con facilidad en cuál de los dos se encuentra. Aun cuando el tiempo total del dormir paradójico sea no pocas veces más reducido entre los animales que entre los hombres, sin embargo, a lo largo de toda una noche se advierte en los primeros una cantidad superior de emergencias al margen de su dormir lento. Así el caballo tendrá diez o doce períodos de dormir rápido, que no suponen en realidad más allá del 4 al 10 % del sueño total.
También se ha comparado la extensión del ciclo que separa la vuelta del dormir rápido en los diversos animales. En términos generales, se echa de ver que dicha extensión varía según sea el tamaño y el peso de aquéllos.

Ciertas comparaciones entre el ciclo dormir-sueños y los diferentes ciclos orgánicos han patentizado una relación directa entre ellos y los ritmos del pulso, la respiración y el período de gestación, desde el ratón hasta el elefante, pasando por la rata, el conejo, el gato y el hombre. Parecida relación se halla dentro de una misma especie cuando se toma a un animal joven y a otro viejo. Así, Hartmann advirtió un ciclo de 96 minutos en los elefantes jóvenes y de 124 en los viejos. Pero, por otro lado, el propio Hartmann ha demostrado que se da una proporción inversa entre el ciclo dormir-sueño y el metabolismo de tales animales.

Especies	Duración media del dormir paradójico	Duración media del ciclo (min.)
Ratón	—	3 — 4
Rata	4 — 7	7 — 13
Conejo	—	24
Zarigüeya	5	17
Gato	10	20 — 40
Mono	4 — 10	40 — 60
Hombre	14	80 — 90
Elefante	—	120

En E. Hartmann: *Biolo[...] du Rêve* (Bruselas, Dessart y Mardaga, 1970).

El ratón, que tiene un consumo de oxígeno relativamente elevado en relación a su peso, posee un ciclo dormir-sueño muy corto, en tanto que el conejo, cuyo nivel metabólico es muy bajo, retrocede con menor frecuencia al estadio del dormir paradójico. Por tanto se podría pensar que existe una relación entre la energía que una especie consume para mantenerse con vida y su tiempo de dormir paradójico.

¿SUEÑAN LOS ANIMALES?
En líneas generales, parece claro que los distintos aspectos del dormir paradójico descubiertos en el hombre y en el gato se dan también en las demás especies. Por lo mismo, habrá que concluir que la fase paradójica tiene cierta unidad y que las discrepancias que se dan entre las distintas especies no pasan de ser secundarias•. Con todo, es menester todavía probar que se da en los animales un fenómeno más delicado: el del sueño. Ya Aristóteles, y más tarde Lucrecio, había afirmado merced a sus observaciones de los movimientos del caballo mientras dormía, que este animal soñaba. En nuestros días, se ha podido constatar que los movimientos de correr o la mímica expresiva del rostro de los animales cuando duermen corresponden a los momentos del dormir paradójico detectados en el electroencefalograma•

• Como el hecho de que el ritmo zeta del caballo marino no sea predominante en el hombre ni en el mono, mientras que sí lo es entre los roedores.

• Por otra parte, se ha notado que las neuronas del córtex occipital manifestaban en esos momentos precisamente una actividad eléctrica similar a la de un estado de vigilia muy activo.

Los sueños de los animales: una hipótesis que no se debe descartar

Una experiencia realizada con monos por C. Vaughn• induce a pensar que es factible que se den sueños en los animales. Vaughn intentaba saber en qué medida en el mono el aislamiento sensorial provocaba alucinaciones. Para ello, había enseñado a los monos a pulsar sobre un pedal siempre que veían una imagen sobre una pantalla colocada frente a ellos, y, si no lo hacían, recibían una descarga eléctrica. En esta forma se les iba proyectando paisajes, alimentos o personas. Durante las experiencias, comprobó que los monos privados de sensaciones exteriores se dormían en seguida dentro de aquellas jaulas insonorizadas. Ahora bien, mientras dormían, seguían pulsando regularmente el pedal, como si vieran imágenes. Es, pues, muy verosímil que, al menos ciertos animales superiores, posean una facultad que les lleve a ver imágenes mientras duermen, si no ya a seguir situaciones mucho más elaboradas.

• C. Vaughn: *The Development and Use of an Operant Technique to Provide Evidence for Visual Imagery in the Rhesus Monkey under Sensory Deprivation* (Tesis doctoral, universidad de Pittsburgo, 1964).

EL DORMIR, DESDE EL NIÑO HASTA EL ADULTO

Nosotros, los adultos, pasamos alrededor de un tercio de nuestra existencia durmiendo; cuando nacíamos, lo hacíamos por espacio de dos tercios. Con todo, parece que el dormir es aún un ritmo más antiguo que le acompañaría ya al feto en su desarrollo. Según eso, desde la formación embrionaria de un sistema nervioso cerebral comenzaría a discurrir cierto ritmo del dormir. Se sabe, en efecto, que hacia la mitad del embarazo el feto cuenta ya con todas las células nerviosas que formarán el sistema nervioso del adulto. Pero además, mucho antes, ya

desde la primera semana de nidación del huevo sobre la pared uterina, cuando todavía el embrión no pasa de ser un germen, el sistema nervioso empieza a diferenciarse partiendo de un pliegue interior de la envoltura de dicho germen. Ese pliegue pasará a formar el tubo neural. El tronco cerebral y el cerebro posterior se encuentran entre las primeras formaciones que se van destacando de dicho tubo neural. Ahora bien, el cerebro posterior o romboencéfalo se hallará directamente implicado en el dormir fetal, como más tarde lo estará en el dormir paradójico del adulto.
Por otra parte, se ha hecho notar que el sueño de la madre experimentaba una serie de cambios desde la fecundación del óvulo. Se supone que la mayor urgencia de dormir que siente la madre durante el embarazo, sirve para equilibrar el desarrollo del dormir de su hijo. Apenas si disponemos de datos sobre los ritmos del feto antes de los seis meses: sin embargo, Sterman con ayuda de aparatos destinados a medir las presiones y los movimientos ejercidos por el feto sobre el vientre de la madre, ha puesto en claro que hay en aquél cierto ritmo de reposo y actividad. Este último, más notorio en los últimos meses, corresponderá por la noche al dormir paradójico de la madre.

El feto experimenta un ritmo de actividad y de reposo, pero sin que coincida con la alternancia noche/día

Eso no obstante, el feto en su vida intrauterina está protegido a la vez de las excitaciones exteriores y de los influjos de la luz. Por lo mismo, no conoce el ritmo circadiano del día y la noche, ni, en consecuencia, la alternancia de dormir de noche y velar de día. Lo mismo ocurrirá durante los primeros días del recién nacido. Esta vida de veinticuatro horas carente de señal de orientación cósmica recibe en nuestros días, entre otros, el nombre de «vida nictemeral». Se estima que el nictémero empieza a las tres de la mañana y no a media noche, toda vez que la vida, por lo común, pasa a esa hora por una especie de tiempo débil o depresión. Los períodos de actividad y de reposo del feto, como los del recién nacido se reparten, según esto, a todo lo largo del nictémero.

EL ELECTROENCEFALOGRAMA DEL RECIEN NACIDO
Los diferentes trabajos llevados a cabo por C. Dreyfus-Brissac, en Francia•, y por O. Petre-Quadens, en Bélgica, con ayuda del electroencefalograma del recién nacido han permitido hallar las dos clases de dormir propias de la vida. Petre-Quadens describe cuatro estadios dentro del dormir del niño•:
— El estadio A es el del adormecimiento. El electroencefalograma presenta unas ondas relativamente lentas sobre un fondo activado, la respiración es tranquila pero irregular, el dormir se caracteriza por la vivacidad de la succión, el niño se despierta por nada, llora o se vuelve a dormir con facilidad.
— Los estadios B y C configuran un dormir tranquilo, la succión tiende a desaparecer y la respiración es regular.

• C. Dreyfus-Brissac: «L'électro-encephalogram de l'enfant normal de moins de trois ans, aspect fonctionnel bioélectrique de la maturation nerveuse», e *Etudes néo-natales*, n.º 7 (1958).

• O. Petre-Quadens: »Ontogenèse du rêve ch le nouveau-né humain», en *Rêve et conscience* (París, P.U.F., 1968).

— El estadio D corresponde a la fase paradójica. Es un dormir agitado, que se inicia a veces directamente después del estado de vigilia, y va acompañado de movimientos oculares y de erecciones, así como de sonrisas. De acuerdo con esto, el sonreír existe mucho antes de que pueda ser provocado por la presencia de la madre, y específicamente durante el sueño paradójico. Las cincuenta y dos sonrisas observadas por Petre-Quadens en los recién nacidos, todas aparecieron durante este período.
El esquema de la organización sucesiva de los diferentes estadios entre dos situaciones de vigilia muestra que la fase paradójica en el recién nacido puede seguir o ser seguida por cualquier estadio.

SUCESION DE LOS ESTADIOS DEL DORMIR ENTRE DOS FASES DE VIGILIA DEL RECIEN NACIDO

O. Petre-Quadens: »Ontogenènese du rêve chez le nouveau-né humain», en *Rêve et conscience* (París, P.U.F., 1968).

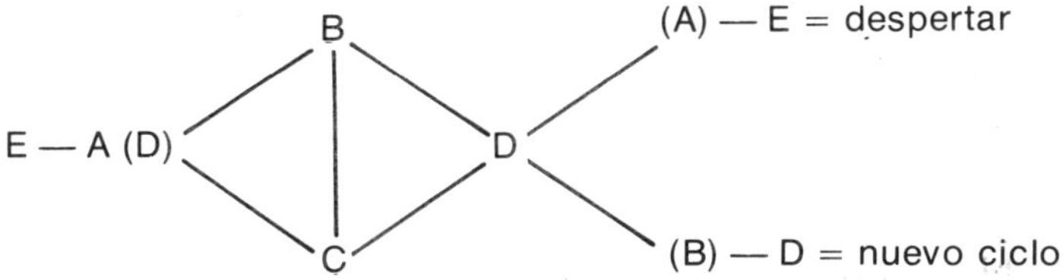

LA EXPERIENCIA DE LA CUNA

El bebé que se encuentra en este ciclo del dormir, no se despierta a no ser que sienta hambre, para mamar. La alternancia entre el mamar y el dormir se irá, pues, sucediendo a todo lo largo del nictémero. Al mismo tiempo, aprenderá a sentir y percibir un nuevo mundo. En este aprendizaje no cabe la menor duda de que la experiencia de la cuna es uno de los primeros logros del niño. «El hombre —dice Jeannette Bouton— bien sea todavía pequeño o haya alcanzado la madurez, busca la nidación que, en el momento de ponerse a dormir, le procura la intimidad y el bienestar que necesita más que nada•«. En esto no hay diferencia entre el hombre y los animales: explora y distingue su propio nido.

• J. Bouton: *Réapprendre à dormir* (París, E.S.F., 1974).

El niño había aprendido ya en el vientre de la madre a situarse de manera que no tropezara con las vértebras de ésta cuando ella se acostaba. Ahora aprenderá a acurrucarse en un rincón de la cuna y a rehacer un universo que le confiera seguridad y le recuerde aquél que tenía antes de su nacimiento. Comprobará el calor de su propia mano, la humedad de su boca y hará una serie de ruidos al chuparse un dedo o la sábana. Como ha vivido nueve meses en contacto con una vida sensorial particularmente cómoda, tiene miedo al silencio y a la soledad. De ahí que, cuando se halla sobre las rodillas o

Los bebés tienen buen olfato
Jeannette Bouton hace notar que el sentido olfativo está ya muy desarrollado en el bebé y que esta facultad le capacita para identificarse y orientarse. En efecto, el niño de pecho explorará precisamente la nariz los nuevos olores, colores y texturas que forman su cuna. Jeannette Bouton relata a este respecto la siguiente experiencia efectuada en una escuela de párvulos: «Entre los niños de una misma clase, se tomó un grupo de muestra de veinte madres que aceptaron llevar, durante cuarenta y ocho horas, el mismo tipo de jerseys uniformemente blanco. Al cabo de los dos días de contacto corporal, se anotó sobre cada prenda el nombre de su portadora. Todos esos jerseys fueron entregados en clase en un montón a los pequeños analfabetos «¿Qué jersey te gusta más?» —se les preguntó—. Ante este interrogante se organizó una barahúnda general de breve duración, puesto que sin demasiadas dudas cada niño eligió y encontró la ropa que había llevado su madre•.»

• *Idem.*

recostado en el seno materno, recupere la serenidad de la dicha al escuchar su ritmo cardíaco, su respiración y su voz. El bebé, bien sentado a horcajadas o llevado a la espalda o sobre las caderas de la madre de acuerdo con no pocas culturas, o mecido al andar y con la posibilidad de cualquier caricia genital euforizante, ya no seguirá chupándose el dedo el pulgar. Más tarde, el torbellino de las imágenes y de la música de amaestramiento irán sustituyendo en cierto modo al acompasado balanceo de la cuna y los brazos de la madre.

LA EVOLUCION EN EL DORMIR A LO LARGO DE LA VIDA

La cuna sólo dura algún tiempo y la brevedad de la vida será la que conduzca al dormir a un nuevo ritmo polifásico, es decir compuesto por varias fases de dormir y de vigilia.

La persona mayor, lo mismo que el niño, se dormirá a distintas horas del día. Sin embargo, desde la infancia hasta la tercera edad se va operando una disminución continua en los ritmos del dormir. En los primeros meses de la vida, dormimos en torno a dieciséis horas. A los dos o tres años, el dormir se ha reducido ya a doce horas, hasta llegar, hacia los quince años, a una media de unas ocho horas, que son las habituales en el adulto. Ahora bien, de nuevo a partir de los sesenta años el sueño volverá a recuperar su ritmo decreciente, para girar en torno a las seis horas cuando se trata de personas de edad muy avanzada. Por tanto, y al contrario de lo que se podría creer, la capacidad de vigilia no es menor en los últimos años.

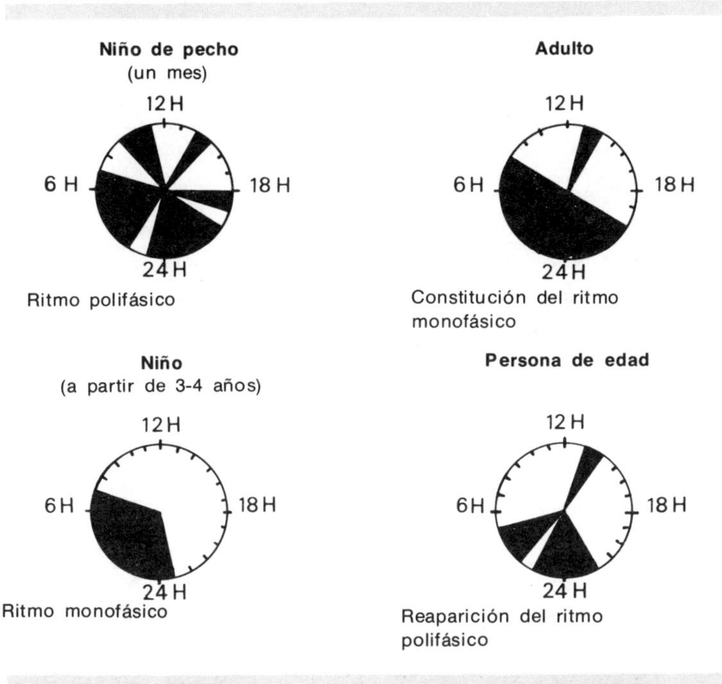

Tomado de L. Colonna y D. Ginestet: *les Troubles du sommeil et leurs traitements* (París, Ed. laboratorios Wyeth-Byla, 1974).

De forma paralela a esa evolución del dormir global, variará también la proporción correspondiente a las dos clases de sueño. Normalmente en el momento del nacimiento tras nueve meses de gestación es cuando el dormir paradójico alcanza la dosis más elevada, a saber, un 50 % del total. Por lo mismo, hay entonces una equivalencia entre las dos clases de sueño. Sin embargo, al estudiar el dormir de los prematuros de siete meses, se ha podido constatar que su sueño paradójico ocupaba un 80 % del total. Esto viene a señalar la gran importancia de tal clase de sueño dentro del dormir fetal.

En los recién nacidos el ciclo dormir lento-dormir rápido no dura por encima de los 45 a 60 minutos. Bastante pronto llegará a los noventa minutos del adulto, y el conjunto del dormir lento más el rápido formará entonces un período que vendrá a durar unas dos horas.
La proporción de los restantes estadios del dormir varía asimismo a lo largo de la vida. Así, pasados los sesenta años, el estadio 4 de Aserinsky y Kleitman• ya no ocupará más que un 55 % de lo que había supuesto a los veinte años. Las personas de edad avanzada siguen teniendo ondas lentas, pero de una amplitud más limitada. Los estudios efectuados por Feinderg y Carlson acerca de la evolución de las distintas clases de

• Véase la pág. 19.

Sujetos	Tiempo de sueño paradójico (en % del tiempo total de dormir)	Tiempo de sueño paradójico total en 24 horas (datos aproximad.)
Niño prematuro	50 — 80	12,0 h
Recién nacido (1 a 15 d.)	45 — 65	9,0 h
Niño hasta 2 años	25 — 40	4,5 h
Niño de 2 a 5 años	20 — 30	2,6 h
Niño de 5 a 13 años	15 — 20	1,7 h
Adolescente (13-18 años)	15 — 20	1,6 h
Joven adulto (18-30 años)	20 — 25	1,6 h
Adulto (30-50 años)	18 — 25	1,4 h
Adulto mayor (50-70 años)	13 — 18	1,0 h

Tomado de E. Hartmar en *Biologie du rêve* (Bruselas, Dessart y Mardaga, 1970).

• I. Feinberg y V. R. Carlson: «Sleep variabl as a function of age in man», en *Arch. Gen. Psychol.* (1968). Tomad de E. Hartmann en *les* Las funciones del sueñ fisiológico (Barcelona, Labor, 1976).

La primera curva se llama curva hiperbólica Este tipo de curvas es característico de las grandes funciones del cuerpo, como el metabolismo básico. La segunda, es lo que suele llamar una curva con función cúbica. Est tipo de curvas es característico de las funciones propias del cerebro, como el consumo de oxígeno po parte de aquél. Por lo mismo, en ambo casos aparece el dormi como algo profundamer ligado con las diferente funciones de la vida.

dormir en función de la edad muestran la existencia de dos tipos de curvas que describen tales variantes•. La primera curva es la que caracteriza al dormir lento o estadio 4. Desciende de forma rápida y muy pronto en la vida del niño. La segunda es la correspondiente al dormir paradójico. Disminuye por igual en la juventud y en la ancianidad del individuo.

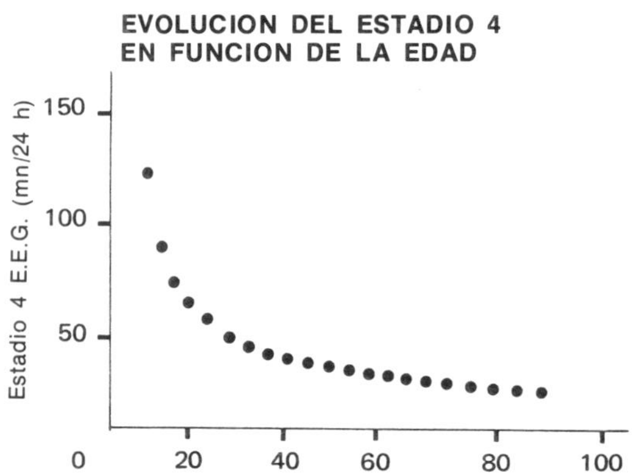

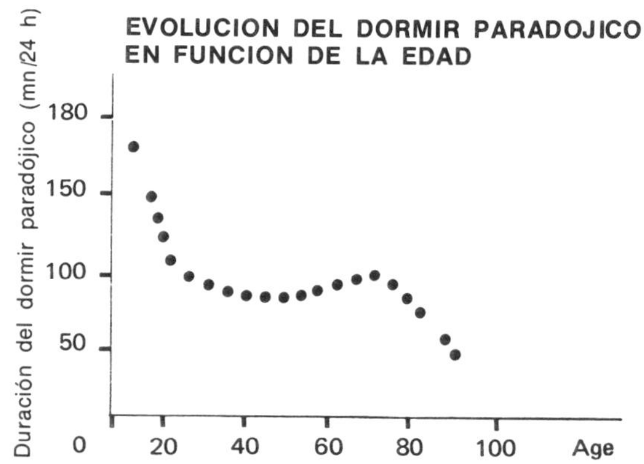

La cuestión de saber si el niño posee una experiencia psicológica de los sueños es algo que está tan poco estudiado como lo correspondiente a los animales en este mismo campo. Los primeros indicios que poseemos al respecto, se refieren a la edad de quince meses, y hay ya algunos relatos de sueños de niños de dos años. Con todo, parece verosímil que, desde que el niño puede organizar su percepción visual en estado de vigilia, sea también capaz de gozar de la experiencia de las imágenes que construye mientras duerme. Una vez más, la experiencia que se tenga de los sueños dependerá de la definición que se dé de sueño.

DE LA VIGILIA AL DORMIR

Desde Henri Piéron, en 1912, hasta las actuales investigaciones de M. Jouvet y W. C. Dement, pasando por N. Kleitman, en el estudio del dormir se ha seguido una línea que ha fomentado deliberadamente los datos neurológicos a costa de las aportaciones de la psicología. En este sentido, no es fácil encontrar muchos trabajos de estos autores que traten de la actividad mental que antecede al dormir, así como tampoco mostraron mayor interés por las funciones de la atención y la imaginación mientras se duerme o en la fase que precede al dormir•. Hoy en día, J. P. Sartre e I. Oswald, en Inglaterra, y H. Fischgold, en Francia, así como la escuela de Chicago con D. Folkes y A. Rechtschaffen, han vuelto a conceder un puesto de privilegio a las manifestaciones del sueño ligero y de los «confines de la realidad».

• En cambio, las obras del siglo XIX, como por ejemplo las de A. Maury y Hervey de Saint-Denis, abundaban en material introspectivo más que en imaginería mental.

La vigilancia

Normalmente el paso del estado de vigilia al sueño no suele entrañar ningún cambio brusco, sino sólo una modificación cualitativa que va alcanzando de forma progresiva a nuestra capacidad de mantenernos despiertos. En la actualidad, se sabe que este estado no es sinónimo de consciencia, y que un animal al que se le haya estirpado la corteza cerebral sigue manteniendo los ritmos de vigilia y sueño. Siguiendo a Head (1923), I. Oswald volvió a adoptar el término «vigilancia» para describir la sensibilidad peculiar de determinadas regiones del cerebro•, sensibilidad que interfiere con el córtex, a no ser que éste haya sido previamente extirpado•. Con todo, mientras dormimos seguimos conservando cierta vigilancia, aunque no tengamos conciencia de ello. Por tanto, en el curso de veinticuatro horas pasamos por elevaciones y descensos en el umbral de vigilancia.

• Es decir, el tronco cerebral y la formación reticular.

• En efecto, durante la vigilia, la formación reticular facilita la sensibilidad de las estructuras nerviosas superiores y del córtex cerebral; en cambio, mientras dormimos, se reduce esta influencia.

LA PROFUNDIDAD EN EL DORMIR

La clasificación de los estadios del dormir propuesta por Dement y Kleitman tiene como efecto el reducir el interés que se le presta al adormecimiento. En realidad, no consagraban a éste sino un solo estadio. Loomis y sus colaboradores, por el contrario, acentuaron este período distinguiendo en él un estadio A y un estadio B. El A hacía resaltar las diferencias en la modulación del ritmo alfa, en tanto que el B. se caracterizaba por su desaparición. Ahora bien, cuando dormimos, nuestra mente va y viene de A a B, y un sujeto adiestrado puede sentir tales alternancias: sensación de inmersión o como de que uno se encuentra flotando, junto con visiones, cuando el alfa desaparece por unos segundos o disminuye en uno o dos ciclos, y después nuevo retorno a la superficie al retornar el ritmo alfa.

La profundidad en el dormir sigue una curva ascendente

Hasta el descubrimiento del dormir paradójico, se consideraba que las curvas de profundidad del sueño aumentaban primero con celeridad al comienzo de la noche para ir decreciendo progresivamente hasta despertarse. Así, el umbral de la sensibilidad se hallaría muy alto en las primeras horas del sueño, hasta llegar al mínimo cuando nos despertábamos. Este esquema lineal ha quedado deshecho hoy en día merced a una serie de ciclos y a la distinción entre dos series de dormir profundo: la del estadio 4 y la del dormir rápido; esta última es la que alcanza el umbral de sensibilidad más alto de las dos. Con todo, desde el ciclo primero de la noche hasta el último, la profundidad del dormir tiende siempre a decrecer.

Los potenciales recordados

A fin de determinar cuál es la profundidad del sueño y atestiguar el grado de vigilancia del mismo, se ha recurrido al método llamado de los «potenciales recordados». Dicho método consiste en estimular por un instante un órgano de los sentidos, bien el ojo merced a un destello luminoso, bien el oído con un ruido tenue, y registrar el ligero cambio de potencial que se produce en ese momento sobre el sistema nervioso. Dado un estímulo constante, se advierten variaciones que tienen el tamaño de los potenciales recordados, lo cual demuestra con nitidez que hay ciertos mecanismos internos del cerebro para regular la llegada del flujo de información procedente de los órganos de los sentidos. De este modo se ha descubierto que el umbral de la sensibilidad ante un ligero sonido es muy elevado durante el sueño paradójico. Igualmente, un foco de 150 vatios que pase ante los ojos abiertos de uno que duerme puede no despertar a éste si se halla en la fase paradójica; hasta será factible zarandearlo o darle pellizcos sin obtener mejor resultado.

Por otra parte, se ha podido también advertir que, durante el dormir paradójico, estos potenciales recordados se parecen más que los del estadio 4 a los de la fase de vigilia. Cabe suponer que la actividad propia del cerebro durante este período contribuye a apartarlo de los estímulos externos. Un fenómeno similar al presente parece que se produce en el estado de vigilia respecto a la atención•. Las experiencias electroencefalográficas de Hernández Peon han venido a confirmar que en los estados de atención el hombre muestra una reacción atenuada respecto a los estímulos que no le interesan por el momento; semejante reacción es muy análoga a la del sueño paradójico. En consecuencia, hoy en día la profundidad en el dormir aparece como una noción que hay que manejar con cuidado.

• Así, un gato que est interesado por un rató o que se sienta atraíd por un olor a pescado resultará mucho meno receptivo en relación c los estímulos luminoso que se le intenten transmitir.

Tiempo de reacción y actividad discriminatoria mientras dormimos

Antes de que se recurriera a mediciones eléctricas, la profundidad del dormir había sido medida en función del tiempo de reacción a diversos estímulos (sonidos, luces) por parte de un individuo dormido. Los resultados confirman la existencia de un elevado umbral de sensibilidad en el primer sueño. Eso no obstante, se advierte que las respuestas de los sujetos dormidos a tales estímulos de luces o sonidos, lo mismo que en el estado de vigilia, están en función de sus propias motivaciones•.

Uno de los fenómenos propios de la vigilancia, en general, consiste en la «habituación•». M. Jouvet hizo notar que un sonido, que hacía que un gato se despertase, si se repetía una cierta cantidad de veces acababa por no suponer ni el despertar conductual ni ningún otro tipo de respuesta en el electroencefalograma. Por el contrario, bastaba cualquier sonido ligeramente distinto para hacer que desapareciera la habituación y se despertara el animal.

• Los durmientes remunerados poseen mucha más propensión a responder a las órdenes que les dé el experimentador.

• *habituación:* tendencia a no seguir respondiendo ya a un estímulo externo o interno porque el organismo se ha acostumbrado a él.

Aunque parezca imposible, el cerebro conserva cierta actividad mental mientras dormimos

Se llevaron entonces adelante una serie de experiencias acerca de la sensibilidad con objeto de saber si el cerebro del hombre o del animal dormidos era capaz de alguna capacidad de discriminación. La técnica clásica consistió en presentarle a un sujeto despierto un conjunto de sonidos entre los cuales uno iba acompañado por cierta descarga eléctrica. Después, esos mismos sonidos se reproducían mientras el individuo dormía, y se observaba si el fenómeno de habituación a ese último sonido (que evidentemente ahora ya no iba acompañado de la descarga eléctrica) era más lento que a los restantes. Se pudo constatar que el cerebro dormido tenía en cuenta las experiencias dolorosas sufridas durante la vigilia. Esto mismo fue confirmado por el hecho de que ese mismo sonido provocaba complejos K• en el electroencefalograma con mayor facilidad que los demás.

• Véase la pág. 18.

Oswald hizo también experiencias con estímulos auditivos de palabras•. Grabó sobre una cinta magnética «cincuenta y seis nombres propios diferentes, apareciendo cada uno de ellos tan sólo ocho veces en total, y luego, sin interrupción, los nombres se iban repitiendo dos veces (Alano, Alano; Esteban, Esteban...) en el resto de la cinta». Dicha cinta fue pasada a los sujetos repetidas veces, tanto de día como de noche, y en diversos estadios del dormir. Aquéllos tenían que menear la mano cada vez que fuera pronunciado su propio nombre, así como el de otra persona determinada. Los nombres eran enunciados por voces masculinas y femeninas. Se pudo constatar, por un lado, que provocaban más fácilmente respuesta las voces de mujer que las de hombre, cosa que podría atribuirse a la diferente altura del tono de dichas voces; por otro

• I. Oswald: *le Sommeil et la Veille* (París, P.U.F., 1966).

lado, el nombre propio del sujeto entrañaba un número significativamente superior de complejos K, hasta llegar incluso a despertarle•. El nombre del propio sujeto puede llegar hasta hacerle a éste salir del sueño paradójico... y es cosa conocida que un gemido de su hijo, no más fuerte que un estornudo, es también capaz de sacar a una madre de esa fase del dormir. Por lo tanto, resulta claro que el cerebro mantiene cierta actividad mental mientras dormimos (con una eficacia, como es evidente, inferior a la que se da en la vigilia) y opera una determinada selección sobre las excitaciones a las que pretende responder.

• Otras experiencias co palabras tabú de orden sexual o injuriosas no lograron producir discriminaciones apreciables durante el sueño.

LAS CONMOCIONES CORPORALES

El adormecimiento o modorra no sólo es un estado específico de la vigilancia, como lo atestigua el electroencefalograma, sino también el vínculo de todo un conjunto de manifestaciones de la sensibilidad corporal, de la imaginería mental o de los pensamientos raros. Oswald ha consagrado al tema distintas descripciones•. Cuando nos estamos adormilando, y, en menos ocasiones, al despertar, no es raro que nos veamos agitados por alguna violenta sacudida corporal. Estas sacudidas, llamadas espasmos «mio-clónicos•», pueden ser más o menos frecuentes, y parece que las personas nerviosas se muestran especialmente susceptibles a tenerlas. Es probable que se deban a variaciones bruscas de descargas eléctricas dentro del cerebro, al pasar las neuronas de un estado de agitación eléctrica a otro•.

De ordinario, estos espasmos se producen durante la fase B de Loomis; el sujeto niega a veces que haya dormido hasta entonces. En realidad, tales convulsiones suelen ir por lo común asociadas a despertarse cuando uno estaba adormeciéndose, y se podría suponer que lo que las provoca es precisamente ese cambio de régimen. Mas, la simultaneidad no tiene por qué suponer por fuerza que se dé un nexo causal. Aun cuando semejantes espasmos se parezcan a una descarga epiléptica, son algo de todo punto normal; de forma semejante a lo que ocurre con el reflejo del miedo, que también produce una descarga análoga y tampoco es patológica.

• I. Oswald: *le Somme et la Veille* (París, P.U.F 1966).

• *«mio-clónico»:* del griego *mio*, músculo, y *clonos*, convulsión o agitación.

• La ausencia de tales conmociones en un gat decorticado deja supon que la excitación de la células del córtex pued estar implicada en semejante fenómeno.

LA IMPRESION DE CAIDA Y LOS TRAUMAS SENSORIALES

Con frecuencia suele aparecer unida a estas sacudidas la sensación de que uno se cae: rueda por una escalera, le falla algún peldaño, se lanza desde lo alto de un acantilado... Algunas veces parece como que la conmoción corporal es debida al esfuerzo que se hace para agarrarse y evitar así la caída; otras da la impresión de ser una consecuencia de la propia caída. Freud pensaba que en la mujer poseían un sentido erótico, mientras que en el hombre denotarían el placer infantil de caerse para ser levantado por la propia madre. También resulta de lo más seductora la antigua creencia, referida por I.

Oswald, de que nuestros antepasados arborícolas, que dormían sobre las ramas, tenían a veces repentinos accesos de miedo a caerse y se agarraban entonces bruscamente a la rama que los sostenía.

Cuando estamos dormidos, la menor sensación de choque, ruido, o luz funciona como una señal de alarma

Hay otros muchos traumas sensoriales específicos que pueden también producirse mientras está uno adormeciéndose; ruido de un cristal que se rompe, sonido de campanas, disparos de pistola, musiquilla extraña, destellos luminosos, sensación de percibir una descarga eléctrica... El argumento siempre suele ser el mismo: nos despertamos con la mirada en estado de tensión y el oído acechando, y hasta incluso en ocasiones con sudor frío o con el corazón saliéndose del pecho a nada que uno sea inquieto o nervioso, o que acabe de adormecerse leyendo alguna novela policíaca. Hay otras ocasiones en que el durmiente, como movido por haber escuchado pronunciar su propio nombre, se sentará sobresaltado, repitiendo tal vez la pira que hizo a clase hace notable tiempo. Suele ser menos frecuente que al entumecimiento que precede al dormir se asocien ciertas sensaciones de distorsión de algún miembro, como si se alargase un brazo, o se hinchara un pie, o la cabeza creciera hasta explotar.

LAS VISIONES ENTRE SUEÑOS

Si bien en el siglo XIX se prestaba un interés muy notable a las visiones e imágenes de entre sueños, tales descripciones iban apoyadas en una falsa teoría. En efecto, para el asociacionismo la imagen no era sino una copia de la realidad que se conservaba en nuestra memoria. Ahora bien, hoy en día es cosa sabida que la imagen es una construcción en la que intervienen diferentes sistemas del cerebro, y que no hay depósito alguno de imágenes. Incluso esos sujetos que gozan de la posibilidad de reproducir imágenes casi fotográficas de los objetos —las llamadas imágenes «eidéticas»— que llaman la atención por su actualidad y realismo, también las elaboran en su interior. Una imagen eidética no tiene forzosamente por qué ser una imagen exacta de la realidad. En consecuencia, hay ciertos sujetos que mientras duermen forman unas imágenes tan nítidas y matizadas que se diría que son copia de la realidad, y que, sin embargo, si tuvieran que describirlas, se vería que distan no poco de su supuesto original•.

Las imágenes propias del adormecimiento o de entre sueños, a pesar de lo generalizadas que están, sin embargo suelen retenerse peor que los sueños, por su propia calidad evanescente, y la imaginería popular les ha otorgado menor importancia. Fue Maury quien, en 1848, creó el término «alucinación hipnagógica», es decir introductora del sueño•. J. Leroy, en 1926, distinguió las «Visiones entre sueños•» y Sartre, siguiendo adelante con la tradición francesa, habría de hacerles un hueco dentro de «l'Imaginaire•».

• El filósofo Alain le retaba a cualquiera que tuviera una imagen eidética del Partenón a que fuera capaz de contar cuántas columnas tiene.

• A. Maury: *le Sommeil et les Reves* (París, Didier y Cía., 1861).

• J. Leroy: *Visions du demi-sommeil* (París, Alcan, 1933).

• J.-P. Sartre: *l'Imaginaire* (París, Gallimard, 1940).

Por lo común, se suelen distinguir varias clases distintas entre estas visiones de entre sueños:
— *Los destellos entópicos* aparecen cuando uno mantiene los ojos cerrados en la oscuridad; cuando esto ocurre, no se ve negro, sino manchas más o menos coloreadas, más bien amorfas.
— *Los fosfenos* son imágenes creadas por una excitación de la retina, y es posible producirlos presionando el glóbulo ocular con el dedo mientras permanece cerrado; de ahí que sean unas formas de contornos mal definidos, estrellas o trayectos fosforecentes.
— *Las imágenes consecutivas o «hipnopómpicas»*, según la terminología de F. W. H. Myers, son imágenes de sueños o de entre sueños, que persisten por un breve instante después de haberse despertado, aun cuando los ojos estén abiertos. Por lo mismo, suele suceder que cuando uno se despierta después de algún sueño inquietante o amenazador, conserva a veces un ratito la postrera imagen del mismo como si fuera una alucinación: puede tratarse de la presencia de un ser humano dentro de la habitación, de una araña que corre sobre la almohada...
— *Las imágenes hipnagógicas*• propiamente dichas, en fin, suelen ser desde una serie de figuras geométricas parecidas a los fosfenos hasta pequeños sainetes que se acercan bastante a un sueño.

• *hipnagógico:* que precede o sigue inmediatamente al sue[ño]

No obstante la infinita variedad que se da entre esas imágenes, es factible distinguir en ellas —siguiendo a I. Oswald•: rostros o siluetas, y hasta a veces esqueletos, que contemplan al durmiente; formas amorfas y abstractas —como el verse arrastrado por la marea o aplastado por masas sin contornos definidos que se avalanzan sobre uno—; escenas de la naturaleza, paisajes, flores, cañas...

• I. Oswald: *le Somme[il] et la Veille* (París, P.U.F. 1966).

Sueño e imagen hipnagógica
Con frecuencia ha surgido el interrogante sobre la relación que pueden guardar entre sí las imágenes hipnagógicas y los sueños. En términos generales, en aquéllas la mente salta de una imagen a otra o de género a género sin que se dé la relativa continuidad propia de los sueños. Por otro lado, rara vez hacen referencia a sucesos del mismo día. Por lo mismo, tales escenas resultan mucho más alejadas de la realidad vivida por el sujeto que los sueños. Eso no obstante, hace notar Leroy que, siendo él estudiante de medicina, le solía suceder con frecuencia el ver por la noche con gran nitidez la preparación en la que había estado trabajando durante la jornada. Tal vez haya que clasificar este hecho dentro del tipo particular de imágenes que sobreviene a la noche cuando uno ha desarrollado durante el día una tarea repetitiva, de larga duración. Cualquier conductor que haya efectuado un largo viaje, tendrá antes de conciliar el sueño una serie de imágenes en las que verá desfilar kilómetros de carretera o multitud de vehículos.

En los sueños, el sujeto suele ser con frecuencia actor, en cambio en las imágenes hipnagógicas no pasa de ser un espectador

Una de las diferencias características entre las imágenes y los sueños consiste en que en éstos el mismo que duerme participa en la trama; así, por ejemplo, en cualquier sueño de guerra, intervendrá el sujeto en la acción. La imagen hipnagógica es un fenómeno mucho más pasivo incluso se ha hecho notar que el durmiente asiste en ellas en cierto modo como si fuera un espectador ajeno a tales imágenes. La imagen hipnagógica, que suele ser vaga, confusa, discontinua y disociada de la realidad, parece que tiene un principio de constitución distinto al del sueño. Hay algunos autores, como W. C. Dement que han establecido por ello una auténtica diferenciación entre los sueños y las imágenes hipnagógicas.

Otros, por el contrario, como Oswald o Fischgold, estiman que el sueño no supone ninguna ruptura radical respecto a estos fenómenos, y conciben como una evolución gradual todo el proceso que va desde la percepción en estado de vigilia hasta las imágenes entre sueños y desde estas últimas hasta los sueños propiamente dichos. En efecto, la imagen hipnagógica viene a ser como un sueño en un estado de disminución de la vigilancia, y el electroencefalograma prueba que un individuo que está sometido a este tipo de imágenes pasa por momentos de dormir ligero similares al estadio 1 o B, según sean las clasificaciones.

Origen de las imágenes hipnagógicas

Dado que el material que interviene en las alucinaciones de entre sueños es diferente, aunque relativamente cercano, al del sueño, se ha pensado también que los fosfenos podían ser el origen de estas imágenes. Así, A. Maury y A. Binet habían ya afirmado que las visiones hipnagógicas eran un desarrollo de las manchas luminosas que las precedían•. Jean-Paul Sartre volverá a recoger esta hipótesis y la adaptará. La célebre tesis de Sartre, en oposición a Bergson, consiste en afirmar que las imágenes hipnagógicas no son simplemente un debilitamiento de la tensión en lo tocante a la vida —como creía este último— sino cierta orientación de la conciencia. La conciencia, afirma Sartre, es en esos momentos una conciencia fascinada, y en los sueños hablará de «una conciencia cautiva». La conciencia, prisionera de sí misma, puede entonces dejarse fascinar por el campo de los fosfenos: los puntos brillantes se convierten en estrellas, las estrellas en líneas, las líneas en formas, y después, de golpe, surge la imagen hipnagógica. Sartre insiste en el extremo de que no se dan pasos sucesivos, sino que la imagen hipnagógica se le presenta a la conciencia de repente. Volverá a topar con este mismo tipo de conciencia imaginadora en los casos de adivinación a través de los posos del café o por medio de la bola de cristal: «En la bola de vidrio no hay nada

• A. Maury: *le Sommeil et les Rêves* (París, Didier y Cía., 1861).

que sea concreto, fijo. La vista no puede detenerse en ningún punto, ni es sostenida por forma alguna. Cuando, excitada por ese desequilibrio constante, surge la visión, ésta se ofrece de forma espontánea como imagen: es —dirá el sujeto— la imagen de lo que me va a ocurrir•.»

• J.-P. Sartre: *l'Imaginaire* (París, Gallimard, 1940).

Tanto en Sartre como en Leroy, la retina era el origen de los fosfenos y lo seguirá siendo también de las imágenes hipnagógicas. Ahora bien, Oswald hace notar que las vías visuales no se limitan a la retina y que no existe razón alguna para que se vea ésta más afectada por una descarga eléctrica que cualquier otra parte del cerebro. Por otro lado, para Oswald, las imágenes hipnagógicas se pueden producir con independencia de toda excitación de los órganos de los sentidos, y, por lo mismo, no son provocadas por la retina directamente. El examen efectuado sobre enfermos aquejados de lesiones en las vías aferentes de los órganos de los sentidos, y que, a pesar de ello, siguen teniendo imágenes hipnagógicas, parece que viene a confirmar esta última hipótesis.

Las advertencias que hemos hecho al hablar de las visiones son válidas también para las alucinaciones auditivas de entre sueños. Incluso los mismos pensamientos que sobrevienen en esos estados de somnolencia suelen ser con frecuencia poco intelectuales, pomposos, y algunas veces con cierto matiz de aforismos o versificaciones. A pesar de todo, el vaivén entre la vigilia y el dormir hace que se puedan intercalar determinadas reflexiones, que vienen a ser como un balance de la jornada pasada, con esos pensamientos «dereísticos» (según Bleuler, 1924), es decir que no tienen en cuenta para nada la realidad.

Las producciones de entre sueños no pueden ser asimiladas a la conciencia en estado de vigilia ni a los sueños

Como quiera que todo ese conjunto de fenómenos alucinatorios y producciones imaginativas que acompañan al adormecimiento son más frecuentes en algunos individuos, y otros hasta parece que encuentran agrado en prolongarlos, se ha cuestionado hasta qué punto no podrían sustituir tales fenómenos en todas esas personas la fase paradójica del domir. Sin embargo, Hartmann, en su «Biología del sueño». concluye diciendo que no cree que puedan sustituir a los componentes biológicos de dicha fase. Así, los momentos fugitivos entre la vigilia y el sueño siguen conservando su peculiaridad fisiológica y fragilidad psíquica que hacen que sean diferentes a un mismo tiempo de la conciencia en estado de atención y de los sueños. Eso no obstante, veremos que se asemejan a ciertas alucinaciones patológicas.

• E. Hartmann: *Biolog du rêve* (Bruselas, Dess y Mardaga, 1970).

LA VIDA SIN DORMIR

Hay algunos que aseguran que podrían pasarse muy bien sin dormir, y otros han oído hablar de alguien que no duerme. A pesar de todo no parece que los estudiosos del tema hayan topado jamás con ninguno de esos seres, y son en cambio abundantes los avisos de quienes estiman que la carencia de sueño puede provocar la muerte. Es cosa sabida que no pocos animales han muerto a causa de no dormir. Cuentan G. G. Luce y J. Segal que una de las torturas más crueles de la Inquisición consistía en la vigilia forzada•. Mediante ella, se provocaban en las mujeres acusadas de brujería perturbaciones mentales cada vez más penosas, hasta que encontraban en la muerte su postrer refugio. En nuestros días, raro será el servicio de información que no recurra a la práctica de manipular la resistencia o la atención del inculpado reduciendo su tiempo de dormir y sometiendo su sistema nervioso, debilitado con ello, a violentos estímulos auditivos o visuales. Todo este cúmulo de técnicas, unidas a la sugestión, constituirá eso que se ha dado en llamar el lavado de cerebro.

• G. G. Luce y J. Segal: *le Sommeil* (París, Fayard, 1969).

LAS TECNICAS DE PRIVACION DEL SUEÑO

Hoy en día, este método que tiende a impedir el sueño se utiliza con fines experimentales para determinar cuál es nuestra necesidad de dormir y concretar las funciones que se resienten con su ausencia. Para ello se utilizan toda una serie de técnicas que miran a mantener despierto al hombre o al animal. Pero, a partir de un determinado límite, el lograr seguir despierto se torna particularmente difícil. N. Kleitman, que intentó en sí mismo privarse de dormir, hubo de caminar sin

Una experiencia con ratas

Como no es posible hacer experiencias con hombres más que dentro de ciertos límites, se han ingeniado una serie de aparatos para mantener despiertos a ratas o gatos. Así, por ejemplo, se coloca a una rata sobre una alfombra móvil que le envía una descarga eléctrica en cuanto llega a alguno de sus extremos, de suerte que el animal, si quiere evitar tal descarga, se ve obligado a andar continuamente. También se inventó un sistema de rueda. ardilla que giraba sin cesar bajo el agua lentamente. De ordinario el cansancio debería hacer que las ratas cayeran pronto en el agua fría. Sin embargo, se pudo constatar que algunas de ellas, las más jóvenes, lograban mantenerse durante veintisiete días; en tanto que las de más edad no soportaban más que unos cuantos días. Esta increíble resistencia de las ratas jóvenes quedó explicada más tarde cuando, valiéndose de unos electroencefalogramas más precisos, fue posible comprender que éstas llegaban a dormir en fragmentos de diez a quince segundos mientras subían por la rueda.

cesar para lograrlo. Una de las dificultades que se dan para la interpretación de los resultados de tales privaciones de sueño consiste precisamente en distinguir entre los efectos producidos por la misma técnica en sí y los debidos a la falta de sueño. Así, es evidente que el simple hecho de caminar sin descanso puede inducir sobre la musculatura unos efectos específicos independientes de la carencia de sueño.

La moda de los maratones en el dormir

Los estudios sobre la falta de sueño cobraron cierto auge a fines de la segunda Guerra Mundial, cuando los psiquiatras llevaron a cabo una serie de experiencias con soldados que habían sufrido de falta de sueño. Dichas experiencias tuvieron lugar en el centro de investigación del ejército norteamericano (el Instituto Walter Reed) bajo la dirección de H. L. Williams•. A estas pruebas irían sucediendo otras muchas hasta llegar a aquellas tan espectaculares que se desarrollaron en directo a través de la radio americana. En 1959, en Nueva York, Peter Tripp, de treinta y dos años de edad, llegaría a permanecer despierto por espacio de doscientas horas, hablando con regularidad por la radio. Difícilmente les era posible a sus oyentes advertir el menor cambio en su modo de hablar. Este récord de doscientas horas fue superado más tarde con creces, puesto que un joven de diecisiete años, Rendy Gardner, iba a resistir doscientas sesenta y ocho horas sin descansar. Conforme hemos podido ya ver al hablar de las ratas, parece claro que la edad es un factor importante para resistir sin dormir.

• H. L. Williams, A. Lubin y J. J. Goodnow: «Impaired performance with acute sleep loos», en Psychol. Monographs (1959).

Hay ciertos signos de cansancio que se disipan antes de que lleguen a asentarse

La evolución de los maratones sin dormir sigue un proceso relativamente constante. El sujeto comienza primero a sentirse fatigado, a tener algunas fases de falta de atención, y luego va perdiendo de forma progresiva su interés por el mundo que le rodea; sentirá comezón o irritaciones en los ojos y le parecerá como que se le encoge el cráneo. Al cabo de cincuenta horas, le sobrevendrán perturbaciones en la percepción: se le agrandarán o reducirán los objetos, que no pararán quietos. Por fin, después de ochenta y dos horas, harán su aparición las alucinaciones. Llegado a este punto, el comportamiento de un hombre privado de sueño se asemejará al de un esquizofrénico•.

A pesar de todo, bastará con que el sujeto maratoniano duerma de doce a trece horas para que recupere una visión normal. Al margen de las consecuencias depresivas que puedan seguir subsistiendo después de semejante ritmo de vida, se ha podido comprobar que no media relación directa entre el tiempo pasado sin dormir y el que se precisa para recuperarse, al menos a nivel del sueño global.

• *esquizofrénico:* enfermo mental que vive en un mundo desgajado de la realidad.

LOS EFECTOS FISIOLOGICOS DE LA AUSENCIA DE SUEÑO

No son todavía demasiado conocidas las alteraciones químicas y fisiológicas que produce la privación de sueño. Después de más de seis días, se ha advertido cierta disminución de la temperatura, así como un descenso en la energía muscular y la reducción del tiempo invertido en ondas alfa. El ritmo alfa volverá a aparecer en cuanto se le presente al sujeto un estímulo nuevo. Por tanto, el electroencefalograma varía en función de la situación o de la tarea que haya que desempeñar. Con frecuencia el sujeto puede caer en un estado de sueño ligero que hace que se golpee contra las paredes o que camine de través. Finalmente, hace poco se ha descubierto que, durante la privación de sueño, el sujeto produce un agente químico similar al L.S.D. (dietilamina del ácido lisérgico); este descubrimiento ofrece un comienzo de explicación a las posibles relaciones entre las psicosis y la falta de sueño.

LOS EFECTOS PSICOLOGICOS DE LA AUSENCIA DE SUEÑO

Los efectos psicológicos y conductuales de la carencia de sueño han sido objeto de abundantes estudios. En efecto, a los insomnes se les ha sometido a toda una batería de tests para medir sus éxitos en el desempeño de alguna tarea dificultosa. Oswald recoge distintas pruebas llevadas a cabo por Williams y Wilkinson•. En una de ellas, los sujetos analizados por Wilkinson habían de vigilar una pantalla sobre la que se producía una mancha luminosa en dieciséis ocasiones, al azar, colocadas en distintas posiciones. Los sujetos tenían que avisar en cuanto descubrieran la mancha. Pues bien, como media, la atención tendía a disminuir durante cada diez minutos consecutivos. Se comprobó que el insomne, aun manteniendo los ojos abiertos, podía disfrutar de breves intervalos de sueño ligero.

• I. Oswald: *le Sommeil et la Veille* (París, P.U.F., 1966).

Eso no obstante, después de varios días de privación de dormir, un sujeto puede a veces llegar a conseguir unos resultados tan buenos como los de cualquier persona normal. Esto está relacionado con el hecho de que la ejecución de una tarea se lleva a cabo mejor o peor según que el sujeto sea libre para elegir su tiempo de respuesta o, por el contrario, haya de someterse a las normas que le impoga el experimentador. En efecto, en el primer caso, un sujeto que disponga de todo el tiempo que quiera puede lograr un buen resultado, en tanto que en el segundo los errores serán debidos a que el examinador puede formular algunas preguntas durante ciertos períodos de microsueño. I. Oswald estima que estos microsueños no son tanto unas ausencias repentinas y totales de la vigilancia cuanto la posición extrema de un deslizamiento periódico de la atención cerebral. En esa curva descendente de la vigilancia se operarán ciertos sobresaltos o irregularidades que serán debidos a la suerte de tarea que haya que cumplir o a estímulos derivados del medio ambiente. Al acabar cada período, se volverá a una vigilancia más intensa•. Finalmente, se comprueba que las tareas que lograrán menos éxito son aquellas que exijan a la vez la mayor cantidad posible de atención, tiempo y esfuerzo•.

• *Idem.*

• Véase el cuadro siguiente.

La falta de sueño altera gravemente el carácter y la conducta

Junto a los errores y retrasos que se producen en las pruebas, la falta de sueño se caracteriza también por toda una serie de alteraciones en el carácter, en la forma de pensar y en la conducta motriz. Al cabo de tres o cuatro días sin dormir, las ratas luchaban entre sí hasta que les sobrevenía la muerte. En efecto, la irascibilidad y el mal humor son otras tantas características del no dormir. Por otro lado, el insomne, algo así como le ocurre al borracho, tiende a farfullar y a hablar entre dientes, no escucha a los demás y pronuncia palabras o hace gestos incontrolados. Uno de los sujetos que estudió Oswald se hallaba ante la mesa del electroencefalógrafo cuando se agachó y besó la hoja del trazado E.E.G. En ese momento estaba pensando en su «amiguita» que no quería casarse con él.

Test	Nivel del éxito en la respuesta sin dormir
Vigilancia (número de señales captadas) Conjunto del test	34
Vigilancia (número de señales captadas) Mitad última del test	4
Adopción de una decisión cifrada (errores)	45
Ajedrez (juego de)	51
Sacar cartas (errores)	60
Sacar cartas (rapidez)	76
Tenis de mesa	100
Adopción de una decisión táctica (errores)	100

«Efecto de una privaci[ón] de sueño de una duracion que llega has[ta] las 60 horas, en unos tests variados y juegos todos ellos de una duración de 20 a 30 minutos. El nivel de éxito sin dormir se expresa mediante una proporción de nivel-control de éxito después de un dormir normal.»

Finalmente, con frecuencia suelen sobrevenir alucinaciones bastante parecidas a las imágenes hipnagógicas que preceden al dormir, como aquella especie de microsueño en el que los soldados americanos solían ver chicas o mujeres. Un hombre que creía ver a una mujer que esperaba en pie fuera, abrió la puerta de una cámara frigorífica, explicando que no se debe dejar a una mujer bajo la lluvia. Hay otros que se tornan grandilocuentes o que piensan que el experimentador es algún espía que los va a traicionar. Por lo general, los médicos suelen detener las experiencias cuando se llega a un extremo así. Hay, en efecto, algunos que juzgan que el no dormir podría acarrear consecuencias irreversibles sobre la degradación del sistema nervioso.

LA PRIVACION DE SUEÑOS

Las Experiencias que acabamos de considerar eliminaban a la vez el dormir lento y el tener sueños. Ahora bien, en 1960. Dement y el psiquiatra Fisher, en el hospital del Monte Sinaí de Nueva York, se preguntaron si, según opinaban los psicoanalistas, los sueños tenían una función vital o si por el contrario, la privación de ellos dejaba inmutable nuestro organismo•. En la práctica, no se pueden eliminar selectivamente los sueños, pero cabe actuar sobre el conjunto de manifestaciones peculiares del dormir paradójico. Las primeras experiencias de privación de este dormir consistían en despertarle al durmiente en cuanto su electroencefalograma manifestaba un trazado de sueño paradójico. Sin embargo, este método dejaba escapar de un 20 a un 40 % de los sueños.

Dement encontró más tarde el medio de hacer que sonara un despertador antes de que apareciera el movimiento R.E.M.•. Para impedir que el gato entrara en la fase paradójica, se preparó un sistema que consistía en colocar al animal sobre una piedra estrecha puesta en el centro de un estanque de agua. De suerte que el gato podía dormir sentado, pero en cuanto entraba en la fase paradójica, los músculos de su nuca se relajaban y caía al agua. Por fin, M. Jouvet ha descubierto hace poco que una inyección de reserpina• podía suprimir en el gato el sueño paradójico por espacio de cuatro o cinco días•.

• W. C. Dement: «Effect of dream deprivation», en *Science* (1960).

• Véase pág. 19.

• *reserpina:* sustancia química que se extrae de una planta india, la rauwolfia.

• H. Cohen y W. C. Dement: «Sleep changes in threshold to electroconvulsive shock in rats after deprivation of paradoxical phase», en *Science* (1965).

Después de una privación del sueño paradójico, se producen los sueños con mayor pujanza

Las experiencias llevadas a cabo con personas humanas mostraron que cuanto más aumenta el tiempo de privación de sueño paradójico, tanto mayor dificultad se advierte en impedir que aparezca esta fase. En efecto, siendo así que en la primera noche bastaba con despertar al sujeto cuatro o cinco veces (lo que corresponde a la cantidad de fases R.E.M. de un ciclo normal), al cabo de cinco noches hacían falta veinte o treinta veces. Este aumento de sueño después de una privación de dormir paradójico se verá confirmado en el momento en que el sujeto pueda volver a dormir con normalidad: en las primeras noches se advierte una verdadera orgía de sueños para recuperar lo que se había perdido. Así, se llega hasta un 30 ó 40 % de dormir rápido, en tanto que en circunstancias normales no excede del 20 %. Una experiencia de control, consistente en despertarle al sujeto al azar mientras se hallaba en la fase de dormir lento, no arrojó influencia alguna sobre el sueño rápido.

Rara vez las pruebas efectuadas con seres humanos han excedido los diez o quince diás y, por lo común, al final del segundo ya hay que ayudarle al sujeto con anfetaminas. A los quince días, si se le despierta, al punto cae de nuevo en un dormir paradójico. También el mismo gato se torna apático

ESTUDIO DE LA PRIVACION DE DORMIR PARADOJICO EN UN GATO

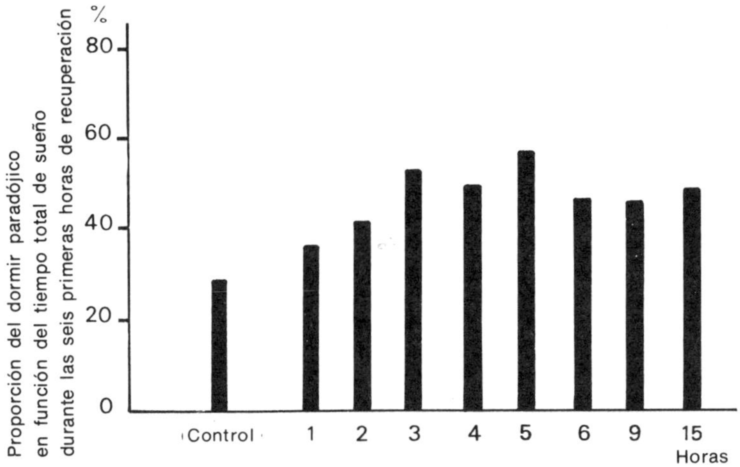

Tomado de E. Hartman en *Biologie du rêve* (Bruselas, Dessart y Mardaga, 1970).

por completo y no es capaz de sostenerse sobre sus patas. A pesar de todo, con este animal se pueden lograr períodos de treinta a sesenta días. Estas experiencias muestran que la fase de recuperación de sueño con movimientos oculares rápidos no llega a superar cierto umbral (véase el gráfico) y que, después de varios días, ya no se recupera jamás por encima del 60 % del tiempo de dormir perdido.

La privación de los sueños tiene sobre la conducta los mismos efectos que la privación del dormir

En términos generales, los efectos psicológicos de la privación del estado en que se producen los sueños son semejantes a los examinados al tratar de la privación del dormir total: fatiga, irritabilidad e inestabilidad mental. Se ha podido observar que los gatos siguen unas formas de proceder sexuales que serían desusadas en tiempo normal, como el intento de copular con compañeros(as) dormidos(as). Finalmente, Cohen y Demont hicieron notar que la excitabilidad del sistema nervioso central se acrecentaba cuando se producía una privación del sueño paradójico. Así, una ligera descarga eléctrica en la oreja de una rata bastaba para provocar en ella una convulsión mucho más fuerte de lo que hubiera cabido esperar en estado normal. Además —¡cosa extraña!— las ratas sometidas a tales descargas eléctricas invertían después menos tiempo en recuperar la falta de sueño paradójico. Se supuso, en consecuencia, que el electrochoque tal vez desencadenaba una función análoga a la de las descargas del propio sueño rápido.

Por lo tanto, hay necesidad de soñar y, verosímilmente, de hacerlo en cierta cantidad. Pero semejante estado onírico no constituye —contra lo que han afirmado algunos investigadores— el único elemento preciso del dormir. En efecto, el estadio 4 del dormir lento resultaba no menos importante, y toda privación de dormir total durante la primera noche de recuperación contiene siempre una proporción elevada de estadio 4, no apareciendo el aumento del sueño rápido más que en las noches siguientes•.

• Hay que tener en cuenta que los diferentes componentes del sueño paradójico no observan el mismo comportamiento durante la fase de privación. Así, después de varios días de falta de sueño, las erecciones se manifestarán en el gato durante el dormir lento, en tanto que las puntas P.G.O. reaparecen aunque carezca del descenso de tono muscular.

3 Las funciones del sueño

Psicología y fisiología del dormir

Hasta ahora hemos procurado describir sobre todo los mecanismos del sueño; pero el dormir, como el hambre, debe desempeñar alguna o algunas funciones concretas dentro del mantenimiento de un organismo en vida. A pesar de ello, Kleitman, en su obra general sobre el sueño•, publicada en 1939, no hacía alusión alguna a las posibles funciones del dormir. Se admitía, en efecto, por entonces una función global de adaptación dentro del ciclo sueño-vigilia, pero no una función peculiar propia del sueño. En nuestros días, por el contrario, hay casi tantas hipótesis sobre las funciones del sueño como investigadores consagrados a este campo. Lo cual proviene, en realidad, de que cada nivel de captación del sueño ha dado margen para desarrollar otras tantas funciones que le son propias. Por otro lado, cabe pensar que al menos dos funciones distintas del sueño que responden a sendas clases de dormir conocidas en la actualidad, aunque tales funciones no resulten puramente independientes entre sí. De entre todo el cúmulo de teorías actuales acerca del sueño, distinguiremos tres categorías de posibles funciones: las funciones de adaptación y restauración y las psicológicas.

• N. Kleitman: *Sleep a Wakefulness* (Chicago, University of Chicago Press, 2.ª edic., 1963).

LAS FUNCIONES DE ADAPTACION

El sueño paradójico ha sido el que ha centrado de modo especial todas las hipótesis pertinentes al sistema de alerta o de vigilancia del individuo mientras duerme. A este mismo dormir se referirán asimismo las hipótesis sobre la maduración del sistema nervioso y el consolidamiento de las funciones memorísticas y de aprendizaje.

EL SISTEMA DE VIGILANCIA

Ephron y Carrington supusieron, en 1966, que el sueño lento era un estado de reposo en el que el córtex cerebral se hallaba desaferentado•, o, cuando menos, poco solicitado; podía resultar peligroso que este dormir se prolongara durante dema-

• *desaferentado:* estado el que quedarían cortadas todas las excitaciones que llegan por las fibras nerviosa aferentes hasta el cerebro.

siado tiempo•. Atribuyeron en consecuencia al sueño paradójico el papel episódico de restablecer en el córtex la excitación precisa para que pudieran equilibrarse los efectos del dormir lento. Al estudiar F. Snyder el sueño en los animales, emitió la hipótesis —siguiendo una óptica parecida— de que el intermitente despertarse de la fase paradójica le permitía al animal encontrarse presto para reaccionar con celeridad en caso de peligro•.

• H. S. Ephron y P. Carrington: «Rapid eye movement sleep and cortical homeostasis», en *Psychology Revue*, n.º 73.

El dormir paradójico desempeñaría en los animales una función de alerta

En efecto, los animales que tienen que defenderse de los predadores• son también los que más duermen. Este dormir amplio tiene sin duda la ventaja de conseguir que gasten menos energía, y de sustraerlos, al menos durante la mayor parte del día, a los predadores; efectivamente, el sueño se parece a hacerse el muerto, cosa que no pocas veces suele constituir la forma de defensa y protección entre los animales. Eso no obstante, supone Snyder que un sueño lento demasiado prolongado perjudicaría más bien a dichos animales y que, por lo mismo, les es necesario el sueño paradójico de suerte que puedan usarlo como sistema de acecho. En efecto, podemos constatar con frecuencia en los animales que el sueño paradójico va seguido de un momento en que se despiertan. Snyder apoya su hipótesis en la observación de que, en el hombre, el despertarse durante el sueño lento va acompañado de cierta confusión mental en tanto que nos hallamos mucho mejor dispuestos si nos despertamos durante una fase de sueño paradójico. Con todo, E. Hartmann objeta que difícilmente resulta conciliable la hipótesis de Snyder con el hecho de que el umbral de la excitación externa sea en ese momento muy elevado; y añade que sería más adecuado que el animal se despertara sin pasar por la fase paradójica. Esta función de alerta sigue siendo seductiva, pero es probable que el retorno cíclico de la vigilancia y las diferentes duraciones que tiene dicho ciclo según las especies respondan a una función más amplia que la de una simple alerta de cara a los predadores. Nada le impediría a uno de éstos, supuesta la estrategia que no pocos poseen, surgir en las fases de sueño paradójico.

• F. Snyder: «Quelques hypothèses au sujet de la contribution du sommeil avec mouvements rapides oculaires à la survivance des mammifères», en *Rêve et conscience* (París, P.U.F., 1968).

• Véase la nota de la pág. 37.

LA MADURACION DEL SISTEMA NERVIOSO

En 1966, Roffwarg, Muzio y Dement, al advertir el fuerte predominio del sueño paradójico en los recién nacidos y en los fetos, concluyeron que ese tipo de sueño tenía que estar relacionado con la excitación del córtex•. Como quiera que el feto no puede recibir estímulos externos, así como tampoco un recién nacido, que duerme mucho, ambos tendrían necesidad de excitaciones internas que les serían proporcionadas por la fase paradójica. De este modo se daría una especie de bombardeo del córtex cerebral en formación mediante unos estímulos internos.

• H. Roffwarg, J. Muzio y W. C. Dement: «Ontogenetic development of human sleep-dream», en *Science*, n.º 152 (1966).

Con todo, esa diferencia entre excitación interna y excitación

externa sigue siendo dudosa; Charles Kayser hace notar que el prematuro, una vez que llega a la edad del recién nacido, o sea a los nueve meses, no goza de un sueño paradójico menor que éste•.
Por lo tanto, el excedente de excitación que ha disfrutado dicho prematuro no ha influido sobre la evolución de su sueño paradójico. Lo cual no quiere decir que no exista una probable relación entre el dormir rápido y la maduración del sistema nervioso.

• C. Kayser: *le Somme et le Rêve* (París, P.U.F 1973).

D. Jouver-Mounier, que comparó las cantidades de sueño paradójico que se daban en los gatos, cobayas y ratones recién nacidos, dedujo que el factor de maduración al nacer parece que determina la proporción de sueño paradójico que se da en los mamíferos recién nacidos•. En efecto, el ratón, que nace prematuro, tiene gran cantidad de sueño paradójico; mientras que la cobaya, que lo hace casi ya madura, tiene muy poco. Denise Jouvet-Mounier constata asimismo que el destete supone en el animal que ha nacido inmaduro una disminución del dormir paradójico y un acrecentamiento del lento.

• D. Jouvet-Mounier: *Ontogenèse des états de vigilance chez quelques mammifères* (Lyon, Tes imprenta de Bellas Art 1968).

Un descubrimiento efectuado por Berger en 1969 implicaría al sueño paradójico en el desarrollo y mantenimiento de la visión binocular•. Berger fundamenta su hipótesis en el hecho de que se puede detectar en distintas especies cierta correlación entre el enlace de las fibras del nervio óptico y la cantidad de sueño paradójico. Así, la cobaya, la gallina y la paloma disfrutan de un reducido sueño paradójico y poseen un débil entrecruce de fibras, en tanto que, desde el cordero a la zarigüeya y desde el mono hasta el hombre, dicho entrecruce va aumentando de forma paralela al crecimiento que se opera en el dormir paradójico. Según eso, este sueño, asociado a los movimientos oculares rápidos y a las descargas eléctricas que se manifiestan en las vías ópticas, contribuiría a la conservación de las neuronas de la visión. Con todo, esta hipótesis sigue siendo controvertida.

• R. J. Berger: «Oculomotor control: a possible function of R.E.M.», en *Psychology Rev.*, n.º 76 (1969).

La duración del sueño tiene su influencia sobre la esperanza de vida

Si bien resulta difícil el delimitar una función específica del sueño dentro del sistema nervioso, hay sin embargo otra más general que afecta a la longevidad de las especies. El dormir, en efecto, economiza la energía consumida por el sistema nervioso, y se ha advertido que, supuestos un tamaño y un peso idénticos aproximadamente, viven más tiempo los animales que más duermen. El sueño prolongado responde por lo común a una temperatura corporal baja, cosa que caracteriza a la hibernación. El murciélago, que duerme mucho, vive más tiempo que un pájaro que tiene un desgaste de energía muy superior por unidad de peso. Por tanto, parece que, paradójicamente, el sueño favorece a aquellas especies cuyo sistema nervioso está ya regulado por un registro económico, y que no compensa más que relativamente a las especies que consumen mucho. Volverá a surgir esta paradoja cuando estudiemos las variables psicológicas que se dan en el dormir del hombre. Si bien el sueño ayuda para la maduración del sistema nervioso, también pensamos que el dinamismo propio de dicho sistema condiciona el tiempo de dormir y la proporción relativa de las dos clases de sueño.

MEMORIA Y APRENDIZAJE

Ya en 1932 el neurólogo Jackson sugería que el sueño guardaba una estrecha relación con la memoria•. Pensaba, efectivamente, que aquél realizaba una selección de los recuerdos del día, borrando aquellos que eran superfluos y carentes de interés y ordenando los que convenía conservar.

• J. H. Jackson: *Selected Writings of John Huglings Jakson* (Londres, Ed. J. Taylor, 1932).

Esta hipótesis, que se funda sobre una consolidación de la memoria mientras dormimos, se ha vuelto a repetir en diversas formas. En términos generales, los investigadores opinan que el sueño tendría una función dentro del tratamiento de los datos recibidos un tanto análoga a una ordenadora, que, a la vez que almacena la información pasada, le dispone al individuo para recibir otra nueva. Cabe suponer, en efecto, que la memoria, a partir de cierto umbral, llegaría a encontrarse tan atestada que no sería capaz de recibir nuevos datos, a no ser que haya algún período de descanso que le permita luego volver a prestar otra vez sus servicios. En consecuencia, los recuerdos a plazo medio quedarían registrados sobre los circuitos memorísticos a largo plazo. Parece que el sueño constituye una situación privilegiada para efectuar semejante organización de recuerdos, toda vez que durante él es tenue la sensibilidad para las excitaciones externas y los accionamientos corporales están bloqueados.

Moruzzi creía que al dormir entraban en juego ciertas sinapsis• necesarias para la formación de engramas•. Los conocimientos actuales acerca de los mecanismos del sueño y sus funciones aportan pruebas indirectas a las hipótesis que aluden a este aspecto de la memorización. En primer lugar, Greenberg estableció un paralelismo entre el ritmo zeta del hipocampo•, que se manifiesta a veces durante el dormir paradójico, y el hecho de que, en el estado de vigilia, el hipocampo esté asociado a las conductas de memorización y aprendizaje•.

• *sinapsis:* región de contacto entre dos células nerviosas.

• *engrama:* rasgo dejado en el cerebro que sustentaría la fijación de un recuerdo.

• *hipocampo:* parte del cerebro antiguo que interviene en la memorización de los sucesos.

• R. Greenberg: *Sleep and Dreaming* (Boston, Hartmann, 1970).

La carencia de sueño compromete directamente las facultades de atención, aprendizaje y memorización

Más tarde, los trabajos sobre la falta de sueño probarán que, efectivamente, los procesos afectados por tal privación de dormir son los procesos de atención y aprendizaje. Parece que la carencia de sueño paradójico repercute de modo más específico sobre un individuo que haya de llevar a cabo nuevas tareas. Lecomte, Hennevin y Bloch demostraron que una rata, a la que se le privara de sueño paradójico, se tornaba incapaz de retener por mucho tiempo cuanto hubiera aprendido•.

• P. Lecomte, H. Hennevin y V. Bloch: «Increase in paradoxical sleep following learning in the rat: correlation with level of conditioning», en *Brain Research*, n.º 42 (1972).

Una experiencia clásica pero poco concluyente

Una experiencia clásica para atestiguar la relación entre el aprendizaje y el sueño paradójico consistía en hacer que el sujeto experimentado llevase constantemente unas gafas con prismas que conferían al mundo una imagen invertida. Sin duda tal cosa exigía un notable esfuerzo de adaptación por parte del usuario de tales gafas para poder andar y orientarse. Pero, por desgracia, esta experiencia no resultó concluyente, puesto que algunos investigadores, como Hartmann, hallaron efectivamente una correlación positiva, en tanto que otros no la lograron.

Diversas consideraciones referentes a ancianos y enfermos mentales vienen a corroborar que la cantidad de sueño paradójico está en función del número de trabajos intelectuales que el sujeto haya tenido que resolver durante la jornada precedente. Feinberg y Evarts, basándose en las curvas de la edad, hacen notar que, en efecto, con ella disminuyen a la vez la capacidad intelectual y el tiempo que se invierte en el sueño paradójico•. Por otro lado, Feinberg descubrió que hay algunas personas de edad aquejadas de deficiencia mental que invierten menos tiempo que los demás en la fase de sueño paradójico. Diferentes trabajos con niños o adultos enfermos de perturbaciones intelectuales o de lenguaje prueban que el sueño paradójico de tales pacientes aumenta, a la inversa, cuando su estado mejora. Hartmann y sus colaboradores han observado este dato en pacientes aquejados por la enfermedad crónica de Korsakoff «que acarrea pérdidas de la memoria reciente y una debilísima capacidad para nuevos aprendizajes•».

• I. Feinberg y V. R. Carlson: «Sleep variab as a function of age ir man» en *Arch. Gen. Psychiat.*, n.º 18 (1968)

• E. Hartmann: *Las funciones del sueño fisiológico* (Barcelona, Labor, 1976).

¿Interviene o no interviene la memoria durante el sueño lento? La cuestión sigue en pie

Todas esas investigaciones se basaban en pruebas de memorización y de aprendizaje que, en conjunto, recaían sobre las cualidades propias de los individuos, pero también se llevaron a cabo otras pruebas de memorización durante el mismo sueño. El resultado general de tales experiencias muestra que la memoria sigue actuando a lo largo del dormir ligero y paradójico, pero desaparece en el lento. Con todo, conviene recordar que otros investigadores, como Fouwler, niegan semejante relación y sostienen, en cambio, que son los estadios 3 y 4 del dormir lento, y no el paradójico, los que desempeñan la misión más importante en orden a la consolidación de los recuerdos•. Nos guardaremos muy mucho aquí de pretender zanjar este debate.

• Véase M. J. Fowler colab., en *Science*, n.º 179.

Sin embargo, se puede advertir que parece como que el propio sueño viene a aportar una de las pruebas más notables en el sentido de que los circuitos de la memoria entran en juego a lo largo del dormir paradójico. Acaso los sueños no sean más otras tantas manifestaciones de los circuitos de reverberación de los datos almacenados durante la vigilia; por la noche toda esa información seguiría circulando entre los diferentes estratos del sistema nervioso cerebral•.

• Es verosímil, según eso, que durante los sueños el córtex sea estimulado por el tálamo; ahora bien, éste juega un papel importante dentro de la clasificación de los datos sensoriales. Por lo tanto, el mismo tálamo se vería entonces asaltado por una multitud de recuerdos evocados, entre otros, por las estructuras del hipocampo. Como en esos momentos los circuitos sensoriomotores del sistema nervioso están más o menos desarmados y no se producen ciertas inhibiciones de la vigilia, se explicaría así el carácter insólito de los sueños.

LAS FUNCIONES DE RESTAURACION

En consecuencia, los sueños muestran el juego de los recuerdos mientras dormimos, pero también hacen que nuestra atención caiga en la cuenta de que el sistema de conexión entre los datos propios de la vigilia se halla quieto. No cabe duda de que la idea más antigua y popular que se tiene acerca del papel que desempeña el dormir consiste considerarlo como reparador y con una función restauradora. La moderna investigación no pone en tela de juicio semejante aseveración, pero concreta qué es lo que viene a restaurar el sueño.

LA FATIGA

Para Edouard Claparède, en 1908, el sueño remediaba simplemente la fatiga y el agotamiento. Pero Claparède no concretaba más esa función. Hartmann propone una distinción entre dos clases de fatiga: la física y la mental•.

• E. Hartmann: *Las funciones del sueño fisiológico* (Barcelona, Labor, 1976).

1. *La fatiga física* se traduce en cierta sensación de relajamiento de los músculos corporales y del rostro; por lo común, suele proporcionar una especie de bienestar y va asociada con la conciliación fácil y rápida del sueño.
2. *La fatiga mental* es debida a alguna actividad intelectual, a preocupaciones o emociones; los músculos, en lugar de distenderse, se ponen entonces rígidos y tensos; con frecuencia suele ir acompañada por dolores de cabeza y se manifiesta en una forma de proceder irritable y agresiva; el niño pequeño, cuando está fatigado, no controla sus deseos o impulsos y retorna a unas formas de proceder que la educación había hecho desaparecer: dar golpes o patadas o repetir incansablemente las mismas frases.

A cada una de estas clases de fatiga Hartmann hace corresponder un género distinto de sueño. Como cabía esperar, los estadios 3 y 4 del dormir lento serán los que restauren la fatiga física, en tanto que el paradójico reparará los daños causados en la integridad de la personalidad psíquica.

Se ha podido constatar que el ejercicio físico aumenta el sueño lento y que las emociones fuertes actúan sobre el paradójico; incluso entre los animales, ciertos «stress•» emocionales acrecientan el sueño paradójico. Según eso, nuestro organismo en estado normal de vigilia es el producto de un frágil equilibrio, que se ve puesto en cuestión de forma periódica según las experiencias a las que se enfrente. El dormir asegura la recuperación del equilibrio preciso para un buen funcionamiento de nuestra personalidad.

• *stress:* presión que ejerce el entorno sobre un ser vivo y reacción de éste a esa presión.

Dos clases de fatiga que exigen dormir

	Fatiga 1	*Fatiga 2*
Designación vulgar	«Física»	«Mental»
Es típico que siga a	Un día de actividad física o deportiva, o a una mezcla de actividad física e intelectual sin preocupación ni angustia	Un día de tensión emocional o de trabajo intelectual difícil y poco grato, o de actividad intelectual y emotiva
Músculos	Habitualmente relajados	Con frecuencia tensos
Síntomas físicos	Ninguno	A veces, dolores de cabeza o de ojos, calambres o sensación de tensión muscular
Sentida afectivamente	De modo neutro o agradable	De modo neutro o, con frecuencia, desagradable
Conciliación del sueño	Rápida, fácil	A veces lenta, difícil
Alteraciones mentales	Ninguna concreta	Incomodidad, irritabilidad, cólera, falta de energía, incapacidad para concentrarse, pérdida de sociabilidad y de aptitud para planificar a largo plazo o para establecer esquemas detallados
Relación hipotética con el dormir	Supone «necesidad» de sueño de ondas lentas	Supone «necesidad» de sueño-D

Según E. Hartmann: *Las funciones del sueño fisiológico* (Barcelona, Labor, 1976).

LA REPARACION QUIMICA

La psicología de la fatiga se ve completada hoy en día con nuevos datos fisiológicos acerca de los sistemas cerebrales implicados en esa restauración. La farmacología y la química del sueño van permitiendo paso a paso determinar cuáles son las funciones respectivas de las dos clases de dormir.

En la actualidad no es conocida ninguna reacción química que se produzca sólo mientras se duerme o en el estado de vigilia. Pero se ha descubierto que hay una serie de mediadores químicos que, al facilitar la conducción del influjo nervioso a nivel de las sinapsis•, sufren importantes variaciones según sea el estado de vigilia o de sueño•.

Las catecolaminas, por ejemplo, tienen extraordinaria importancia sobre el sistema de vigilia. Algunas de ellas (como la noradrenalina) se hallan implicadas, más en concreto, dentro del registro de datos y en los mecanismos de aprendizaje, así

• Véase la nota de la pág. 67.

• Se trata esencialment[e] de las catecolaminas (noradrenalina, dopamina), las indolaminas (serotonina) y, por fin, un mecanism[o] colinérgico (acetilcolina).

como en la memoria inmediata de tareas que estén vinculadas con recompensas o puniciones. Por otro lado, a los períodos de manías suele acompañar generalmente una elevada dosis de catecolaminas, en tanto que las depresiones se caracterizan por una dosis muy reducida.

Diversas experiencias han dado pie a establecer una relación entre el dormir paradójico y las catecolaminas. Según Hartmann, el ejercicio físico o mental agotaría el sistema de catecolaminas, y el dormir paradójico tendría como función propia el restaurarlo. Si esta hipótesis es fundada, la privación de sueño paradójico debería afectar al funcionamiento del sistema de catecolaminas en estado de vigilia. Ahora bien, conforme hemos podido ver, parece claro que los más afectados por la ausencia de sueño son los procesos de aprendizaje nervioso y de atención sostenida.

En consecuencia, el dormir paradójico tendría como misión la restauración de las neuronas que controlan la memoria, el aprendizaje o el equilibrio afectivo del estado de vigilia•.

• Lo que se restablece no es el contenido de algún depósito de sustancias químicas, sino los circuitos que posibilitan la producción y el empleo de tales sustancias.

Principales funciones fisiológicas del sueño

Sueño paradójico	*Sueño lento*
Producción de sueños	Restauración de la fatiga física
Restauración de la fatiga mental o intelectual	Ayuda para la curación de enfermedades fisiológicas o para la cicatrización de heridas
Facilitación de los mecanismos de aprendizaje	Producción de nuevas moléculas y proteínas
Maduración del sistema nervioso	Preparación del dormir paradójico
Sistema de alerta, en los animales	
Desarrollo de la visión binocular	

Si el dormir paradójico se ocupa de todo aquello que ha puesto en juego nuestra orientación o «dirección» sociocultural en el mundo, el lento lo que hace es restaurar la condición física. No cabe duda que cumple con tal función por medio de la síntesis de las macromoléculas o proteínas. Sin embargo, disponemos todavía de pocos datos acerca de esta función reconstituyente propia del dormir lento. La desaparición del sueño de ondas lentas en las personas de edad hace pensar que podría desempeñar algún papel en la regeneración biológica de los tejidos o en su crecimiento. Esto viene confirmado por una serie de relaciones que se dan entre la enfermedad y el dormir lento. Este último, en efecto, aumenta con las dolencias físicas ligeras, como pueden ser los resfriados•.

• Por otro lado, I. Oswald hizo notar que una dieta prolongada aumenta el dormir lento, en tanto que Spitz, Emde y Metcalf descubrieron en 1970 que, después de la circuncisión del recién nacido de sexo masculino, se producía también un notable incremento del estadio 4. Según eso, cualquier perjuicio sufrido por nuestra organización biofísica será tenido en cuenta por el dormir lento.

Fuera de eso, el dormir lento, por su emplazamiento anterior al paradójico dentro del ciclo del sueño, mantiene una rela-

ción peculiar con él. W. C. Dement y otros investigadores emitieron la hipótesis de que el dormir paradójico podría tener como función el desembarazarle al cerebro de toxinas o sustancias químicas que habrían ido acumulándose durante el sueño lento y la vigilia. Cabe pensar, efectivamente, que el sueño lento sintetiza una o varias sustancias que luego serán empleadas y metabolizadas por el paradójico.
Si hemos de hacer caso a E. Hartmann, sería factible la vuelta a una concepción unitaria dentro de las fases del sueño, ya que la función de síntesis del lento se prolonga en la de metabolismo y restauración del paradójico•.

LAS FUNCIONES PSICOLOGICAS

Hay una psicología del sueño que es la que el durmiente observa respecto a la cantidad o calidad de tiempo que duerme: se trata del problema de los buenos y malos durmientes•. Pero, desde el punto de vista funcional que aquí estamos considerando, lo que esencialmente ha constituido el centro de las hipótesis psicológicas han sido los sueños. Esta preeminencia de los sueños fue incluso garantizada por ciertos neuropsiquiatras que estimaban que la función peculiar del dormir paradójico consistía precisamente en hacer posible la realización de los sueños. Sin embargo, sabemos que ese dormir se manifiesta incluso cuando no soñamos. Con todo, es probable que algunos de sus mecanismos, como pueden ser las descargas que se producen en las vías ópticas, favorezcan la aparición de eso que nosotros llamamos sueños.

LOS PAPELES QUE DESEMPEÑAN LOS SUEÑOS

Son tan numerosas las funciones que se les ha atribuido a los sueños como las mismas hipótesis sobre las que tiene el propio dormir. La mayoría de ellas se derivan de la reflexión de Freud en «La interpretación de los sueños». Pero algunos psicoanalistas disidentes, como por ejemplo Jung o Adler, ofrecieron otras hipótesis•, que fueron objeto de viva polémica en vida de Freud. En estos últimos años ha habido dos congresos de psicoanalistas de lenguas romances que han analizado la situación en lo referente a las funciones de los sueños, con la ponencia de M. Fain y C. David, en 1962, sobre los «Aspectos funcionales de la vida onírica•» y la intervención de René Diatkine, en 1974, «Sueño, ilusión y conocimiento•», así como «Los sueños como unidad y continuidad de la vida psíquica», de J. Rallo Romero y sus colaboradores•.

Un principio de equilibrio

Fain y David advierten en Freud tres polos funcionales básicos de los sueños: evitar los conflictos, procurar una sensación de alivio por medio de una actividad simbólica y el deseo de retornar a nuestros orígenes orgánicos. El conjunto de estos tres vectores se ve sometido al principio freudiano de que todo sueño es la realización de un deseo y que tiene como misión

• Con todo, resulta difícil probar de modo definitivo esta teoría a falta de una técnica de microscopio electrónico que permita verificar lo que realmente le sucede a esta o aquella neurona de catecolamina mientras dormimos.

• Véase pág. 85.

• Véase la pág. 179.

• M. Fain y C. David: «Aspects focntionnels de la vie onirique», en *Revue française de psychanalyse,* XXVII, n.º especial (París, P.U.F., 1963).

• R. Diatkine: «Rêve, illusion et connaissance», en *Revue francaise de psychanalyse,* 5-6, XXXVIII (París, P.U.F., 1974).

• J. Rallo Romero, M. Ruiz de Bascones y C. Zamora de Pellicer: «Rapport au 34ᵉ Congrès des psychanalystes de langue romane. Madrid, 1974», en *Revue française de psychanalyse,* 5-6 XXXVIII, set-dic. (París, P.U.F., 1974).

proteger al durmiente contra las excitaciones o impulsos inconscientes que podrían hacer que peligrase su dormir.
Según eso, parece como que el sueño tuviese una función equilibradora u homeostática, o incluso, como afirmaba Robert en el siglo XIX, purgativa (catártica). Con todo, en este último punto el pensamiento de Freud resulta ambiguo. Si bien dice que «el sueño sirve a la mente como válvula de seguridad•», rechaza las tesis que lo convierten en un medio para solucionar los conflictos psíquicos del momento.

• S. Freud: *La interpretación de los sueños* (Barcelona, Bruguera, 1976).

Siguiendo a Freud, los psicoanalistas coinciden en afirmar que, de igual suerte que tenemos necesidad de dormir, también la tenemos de soñar; y que los sueños poseen una o varias funciones que se integran dentro de la continuidad de nuestra vida psíquica. Por lo tanto, según Fain y David el sueño es «una función psíquica indispensable para el equilibrio mental».
Las modernas investigaciones que insisten sobre un espacio del sueño•, plantean la cuestión de saber si los diversos individuos elaboran su espacio de sueño; viene a ser algo así como los niños que inventan un espacio para jugar. Ahora bien, la falta de espacio de sueño le impulsará a un paciente a valerse de las sesiones del psicoanálisis para crear dicho espacio.
Por eso da la impresión de que las funciones psíquicas de los sueños, en caso de que queden insatisfechas, tienen que hallar otros lugares y momentos para poder expresarse.

• *espacio de sueño:* escena imaginaria en la que actúan nuestros fantasmas, deseos, ilusiones y sueños.

En los niños se dan dos clases de sueños: sueños ligados a objetos exteriores, que se verán en tales casos investidos de deseos, y sueños ligados a impulsos infantiles angustiosos, que reflejan las dificultades que experimenta el niño para integrar su sexualidad infantil. En este caso, el sueño elabora dicha angustia a fin de dominarla. Más tarde, en los sueños de adulto, estos ensueños infantiles se entremezclarán con la representación de objetos del entorno. En efecto, cuando se trata de un adulto los sueños se convierten en un compromiso entre sus propios deseos inconscientes y el lenguaje aprendido.

Los sueños que recordamos casi siempre reflejan algún conflicto

En sueños, sabemos que estamos soñando, pero acaso al día siguiente nos hayamos olvidado ya de lo que hemos soñado. Freud consideraba que los sueños que no recordamos eran los que habían cumplido ya con su misión. En efecto, en esos casos el sueño ha permitido la realización alucinatoria de un deseo y no deja huella. Así llegamos a la paradoja de que el psicoanálisis se elabora tomando como base sueños que han fallado en su cometido. Por lo mismo, tales sueños poseen un carácter sintomático. En realidad parece claro que la mayor parte de los sueños, que se recuerdan, sin que uno esté preocupado o interesado de modo especial por ellos, poseen un matiz conflictivo.
Según eso, los sueños sirven para nuestro equilibrio psíquico o de nuestro yo, y son los mejores «aquellos —dice Freud— en

los que la transformación simbólica se realiza de forma más completa».

Una función primitiva
Pero los sueños tienen ya una función psicológica antes de que el mundo quede organizado simbólicamente, cuando todavía el niño no distingue entre su propio yo y la realidad exterior.
Según Freud, el sueño, a fin de establecer cuanto antes la descarga impulsiva, llevaría nuevamente a la excitación del circuito más primitivo de la alucinación visual. La génesis de la alucinación onírica respondería a la experiencia satisfactoria vivida por el pequeño. En efecto, cuando un niño de pecho siente hambre, grita y se agita, pero poco a poco irá aprendiendo a asociar en su mente el alimento que reclama con una imagen de dicho alimento.
Con el lenguaje y el acceso a la realidad, los contenidos oníricos se reorganizarán, y nuestro deseo no consistirá ya en una satisfacción alucinada•.

• Pero este funcionamiento persiste en los estados psicóticos que no pasan por la prueba de la realidad.

Con todo, la alucinación no pasa de ser un paliativo de cara a lograr la satisfacción y, por supuesto, si la realidad no viniera a colmar el deseo del niño, la tensión volvería a aparecer. Como consecuencia, los «cuidados maternales» y los mimos exagerados o, por el contrario, demasiado efímeros, son decisivos para el futuro del niño•.

• Winnicot, y más tarde Diatkine, han mostrado, en efecto, que los cuidados maternales condicionan en gran medida la manera en que el niño vivirá, después, las relaciones entre su vida onírica o fantasmática y la realidad.

El aspecto primitivo que reviste el proceso onírico ha inducido a ciertos investigadores a pensar que los sueños supondrían un estado de retroceso a nuestro origen o al seno materno. Según eso, los sueños darían pie para revivir una experiencia arcaica perdida, o para rehacer la de una sensación que precedió al lenguaje. En la base de estas investigaciones se perfila la noción de narcisismo, es decir el repliegue del individuo sobre sí mismo.

¿Es el sueño un retorno al mundo del feto o del recién nacido?

Con frecuencia los psicoanalistas suelen referirse a la célebre comparación que establecía Freud al comienzo de su «Complemento metapsicológico a la teoría de los sueños» de 1915•. Cada noche el hombre se despoja de su ropa, de sus gafas y de todos los aditamentos, pero «debe hacerlo igualmente de la totalidad de su psiquismo, renunciando a la mayor parte de sus logros psíquicos de suerte que (...) se acerque al extremo de la situación que constituyó el inicio de su desarrollo». Cabe pensar que el hombre, al sentirse en esa desnudez, sentirá miedo: temeroso, retornará en sueños a las primeras sensaciones tranquilizantes que experimentó, aquella sensibilidad difusa que conoció en el útero o la posterior del seno materno.

• S. Freud: «Complément métapsychologique à la théorie du rêve», en *Métapsychologie* (París, Gallimard, 1968).

A este respecto, Bertram D. Lewin elaboró por los años 1946 a 1950 una seductora teoría que convertía al seno de la madre en una pantalla sobre la que el sueño proyectaba sus propias imágenes•. En efecto, el primer adormecimiento que disfrutamos todos fue el que sobrevino cuando, siendo niños, nos dormimos sobre el pecho de nuestra madre. Por esa época, en

• B. D. Lewin: «Le sommeil, la bouche et l'écran du rêve», en el número especial «L'espace du rêve» de *Nouvelle Revue de psychanalyse,* n.º 5 (197

la alucinación hipnagógica• del bebé, el mundo queda reducido al allanamiento de un pecho prendido en su boca. La pantalla de los sueños —ese fondo blanco que acompaña a cualquier sueño y que tan sólo puede manifestarse en determinados sueños sexuales— tendría aquí su origen.

• Véase la pág. 49.

Lewin basa su hipótesis en los trabajos de Federn, quien mostraba cómo en los sueños se borran las fronteras del cuerpo. El cuerpo sin fronteras del niño se convertiría según eso en una boca gigantesca. «El durmiente —dice Lewin— se identifica con el seno y come y retiene todas las partes de su propio ser que no aparecen condensadas o simbolizadas dentro del contenido manifiesto del sueño. El durmiente se come a sí mismo completa o parcialmente (...) Se halla como despojado de su cuerpo, que en tales momentos está perdido, inmerso en su identificación con el ensanchado y aplastado pecho: la pantalla del sueño•.»

• B. D. Lewin: ibíd.

Garma, psicoanalista español que se interesó por los sueños por el 1930, llega aún más lejos que Lewin. Para él, el sueño es a la par el producto de un componente sensible intrauterino y de un resplandor constituido por el recuerdo del momento traumatizante del parto•.

• A. Garma: «Génesis y contenido primordial de la alucinación onírica», en *Revista de Psa.*, XXVII.

De hecho, no hay nada que pueda precisar si las impresiones sensibles de nuestros sueños actuales son verdaderamente residuos arcaicos de nuestra personalidad, o más bien son nuestros propios fantasmas, o los del psicoanalista, los que pretenden aferrarse a algún origen. Ya Freud respondía a Otto Rank, que había edificado toda una teoría de las neurosis sobre el traumatismo del parto, que para que una representación sea consciente tiene que poseer no sólo la imagen de una cosa, sino también el lenguaje que le confiere un nombre• a dicha cosa. En el momento actual resulta difícil saber en qué medida determinadas excitaciones sensoriales que anteceden a nuestra organización simbólica del mundo persisten en cuanto tales o, por el contrario, siguen la evolución de nuestro sistema nervioso. Si bien, según creemos, la sensibilidad no verbal tiene una importancia muy peculiar en los sueños, acaso no sea necesario ir a buscar tan lejos su génesis.

• S. Freud: *Inhibición, síntoma y angustia* Madrid, Biblioteca Nueva, 1974).

Aun cuando sigue manteniéndose dentro del ámbito de la psicología, es difícil, si no ya arbitrario, el intentar decidirse en favor de una u otra de las funciones del sueño. Con todo, podremos ver, desde el exterior, hasta qué punto los nuevos datos acerca de la fisiología del dormir invalidan o corroboran las aportaciones esenciales del psicoanálisis.

BIOLOGIA DE LOS SUEÑOS Y PSICOANALISIS

Durante mucho tiempo las investigaciones fisiológicas y el psicoanálisis se desarrollaron con independencia entre sí, y hasta con su tanto de recíproco desprecio. Jung, reiterando la idea de que la mente no es ningún hueso, escribía: «El fenómeno psíquico debe ser considerado bajo su aspecto psíquico y no como un proceso orgánico y celular•», en tanto que Jouvet, en fecha más reciente, respondía en una entrevista: «Me esforcé por leer de nuevo "La interpretación de los sueños". ¡Qué quiere Ud. que le pueden decir a un neurólogo las interpretaciones del sueño de la "inyección puesta a Irma"! El resultado de cincuenta años de estudios acerca de los sueños mediante los métodos psicoanalíticos resulta decepcionante•.» Eso no obstante, en estos últimos años diversos neuropsiquiatras o fisiólogos han intentado comparar el psicoanálisis y la biología•. En esta confrontación conviene tener bien presente la advertencia hecha por A. Bourguignon: «Estos dos campos son irreductibles uno al otro y, por lo mismo, no se debe pretender establecer una comparación palabra por palabra•.»

• C. G. Jung: *l'Homme la découverte de son âm*[e] (Ginebra, ed. del Mont-Blanc, 1973).

• Véase *Psychologie*, n.º 39 (abril, 1973).

• Cabe citar, entre ello[s] los trabajos de Fisher, Foulkes o Hartmann en los Estados Unidos, así como los de Bourguignon en Francia y aquellos que han sido reunidos en un estudio reciente por Salzarulo, Cipoli, Lairy y Pecheux.

• A. Bourguignon: «Les Fonctions du rêve», en un número especial «L'espace du rêve» de l[a] *Nouvelle Revue de psychanalyse*, n.º 5 (197[...]

CONCORDANCIAS PSICOLOGICAS Y FISIOLOGICAS

Una de las primeras aportaciones de las experiencias llevadas a cabo en laboratorio fue el mostrar que nuestra actividad proseguía mientras dormíamos. El psicoanálisis, en efecto, se apoyaba tan sólo en los sueños que se recordaban. Nuestra vida nocturna aparecía así mucho más rica que la que hacían pensar los simples relatos de los datos clínicos. Pero no cabe duda de que, dentro de la atomización de las funciones mentales del dormir, resultó útil para los fisiólogos el poder referirse a una determinada estructura de los sueños•. Aunque éstos —tal como Freud desmontó sus mecanismos— no sean sino uno de los procesos mentales que el dormir pone en juego, era necesario conocer su funcionamiento lógico y su dinamismo psicológico.

• Véase la pág. 170.

De este modo fue posible asociar la fase paradójica con este tipo peculiar de actividad mental•. Pero, como quiera que el dormir paradójico es un fenómeno más vasto que los sueños y probablemente anterior a ellos desde el punto de vista genético, nos vemos obligados a rehacer la fórmula de Freud que consideraba al sueño como el protector del dormir. Además, las experiencias de laboratorio nunca han demostrado que cualquier estímulo que amenace con perturbar al que duerme o despertarlo haya inducido de forma necesaria un sueño. Con todo, es más dificultoso despertar a uno que duerme en fase paradójica, que es en la que se suele soñar. Por tanto, se podría corregir la fórmula de Freud diciendo que tal vez sean los sueños protectores del dormir paradójico, pero unidos a todo un cúmulo de mecanismos químicos y neurobiológicos. Eso no obstante, no es correcto concluir la fórmula inversa que convertiría al propio dormir paradójico en protector de los sueños, pues está claro efectivamente que es este estado fisiológico particular el que tiene que facilitar el fenómeno de los sueños.

• Con todo, y a despec[ho] de ciertas coincidencias entre los movimientos [d]e los ojos durante dicho período y la escena visualizada en el correspondiente sueño, [e]s difícil llegar a la conclusión de que medi[a] ninguna relación constante entre los movimientos oculares rápidos y el sueño.

No sólo han recaído las comparaciones de la fisiología y psicología del dormir sobre los movimientos oculares, sino también sobre todo el conjunto de actividades tónicas y fásicas del sueño paradójico:

— Así, se ha emitido la hipótesis de que las variantes que se operan en los ritmos cardíacos y respiratorios podrían ir asociadas con la posibilidad de recordar los sueños o, incluso —para Snyder y Fisher—, con la apariencia dramática o angustiosa de éstos.

— El aspecto desincronizado• de la actividad cortical, que se manifiesta en el trazado electroencefalográfico, ha sido relacionado por Ephron y Carrington, en 1966, con el alto grado de actividad mental.

— Ese mismo año de 1966, Fisher vinculaba la erección con el contenido sexual expresado por los sueños.

— A pesar de todo, Salzarulo y sus colaboradores hacen notar con razón que la mayor parte de las correlaciones se han efectuado sin tener en cuenta la calidad del sueño que ha tenido lugar antes de que el sujeto se despierte y el relato del mismo, ni la clase de «salto» que precede al despertar•.

Hay que tener también en cuenta el hecho de que, como advierten los autores precedentes, «si bien existe cierta correlación entre un estado fisiológico y otro psicológico durante la vigilia, por ejemplo entre la reflexión y determinada actividad cortical, tal vez no sea válido ese paralelismo para el dormir•.»

• Véase el esquema de la pág. 19.

• Pocos son los estudios que han descubierto que haya vinculación entre un dormir prolongado y la riqueza de la actividad mental que se desarrolla en él.

• P. Salzarulo, C. Cipoli, C. G. Lairy y M. Pecheux: «Etude psychologique de l'activité mentale du sommeil», en *Evolution psychiatrique*, I (1973).

EL PSICOANALISIS ANTE LA BIOLOGIA

Las confrontaciones entre el psicoanálisis y los datos recientes que ofrece la neurofisiología han versado principalmente sobre dos nociones de la teoría freudiana: los procesos primario y secundario y la teoría de los impulsos•.

• Véase también el capítulo El psicoanálisis y los sueños.

Proceso primario, proceso secundario

Pensaba Freud que en los sueños se manifestaba esencialmente un tipo de actividad lógica que recurría a la alucinación y que hablaba algo así como puede hacerlo una obra de arte. A esta clase de pensamiento la llamó proceso primario, reservando el término de proceso secundario para el pensamiento preconsciente o consciente, más abstracto y que está estructurado de modo diferente. Los psicoanalistas contemporáneos coinciden en creer que las dos formas de lógica se hallan presentes en los sueños. Algunos autores, como Fisher (1965) o Bourguignon (1968), hallaron en los descubrimientos fisiológicos una confirmación de esas dos clases de actividad mental.

Bourguignon, en efecto, cree que la fase paradójica y la presencia de movimientos oculares rápidos confirman el carácter alucinatorio de las representaciones dentro del sueño•. Según él, el aumento del estado de vigilia desarrollaría el proceso secundario, que se vendría a sobreañadir al deseo alucinatorio del niño de pecho hasta formar el sueño tal como nosotros lo conocemos. Hay otros autores que han comparado el proceso

• A. Bourguignon: «Neurophysiologie du rêve et théorie psychanalytique», en *Psychiatrie de l'enfant*, II (1968).

secundario con la clase de actividad mental que funciona durante el dormir lento. Yendo todavía más lejos, Molinari y Foulkes (1969)• identificaron los aspectos fásicos y tónicos• del dormir paradójico como correspondientes, respectivamente, a los mecanismos de condensación y desplazamiento hallados por Freud en el proceso primario•.

• D. Foulkes, Molinari: «Tonic and phasic even during sleep: psychological correlates and implications», en *Percept Motor Skills*, n.º 29 (1969).

• Definición en la pág. 23.

• Véase la pág. 162 del cap. El psicoanálisis y los sueños.

Los impulsos

Freud atribuía a los impulsos un papel primordial dentro de su teoría acerca del sueño. Este era, en efecto, para él el momento en que se producían las descargas instintivas. La fisiología ha demostrado que la fase paradójica se caracterizaba efectivamente por ciertas descargas eléctricas en distintas regiones del cerebro. En 1970, Jouvet relacionaba las descargas de las puntas P.G.O.• con las descargas instintivas. La privación de tales descargas intermitentes ha revelado que tales descargas podían sobrevenir lo mismo en el dormir lento que en el estado de vigilia; en este caso iban asociadas a conductas instintivas y alucinatorias. Resulta seductor el pensar que puedan ser ellas las que sustentan nuestro inconsciente.

• Véase pág. 25.

Bourguignon ofreció unos cuantos datos que dan pie para vincular estas descargas con los impulsos sexuales y de autoconservación de la teoría inicial freudiana•. Los primeros aluden esencialmente al hambre y la sed. Ahora bien, Petre-Quadens hizo notar que el sueño paradójico puede ser producido en un niño de pecho por el hambre, así como por la estimulación de sus labios y boca mediante el chupete. De hecho, tales reacciones son independientes de la necesidad real que pueda tener de comer, puesto que aparecen incluso cuando el bebé está saciado. Por lo tanto, da la impresión de que es legítimo hablar, como hace Freud, de sexualidad oral. Hasta la misma erección es débil en el niño en esos momentos.

• C. Fisher, J. C. Gross J. Zuch: «Cycle of peni erection synchronous with dreaming (R.E.M) sleep», en *Arch. Gen. Psychiat.*, n.º 12 (1965).

La biología tendería a confirmar la hipótesis freudiana sobre la existencia de cierta relación entre sueños e impulso sexual

Hay diversos datos que parece que confirman la existencia de algún lazo de unión entre los impulsos sexuales y la fase paradójica. Las constataciones llevadas a cabo por Fisher sobre el hombre, si bien pueden corroborar la presencia de esos impulsos sexuales, sin embargo no dan pie a ninguna conclusión definitiva acerca de cuál pueda ser la relación que media entre la erección y los sueños•. En efecto, dicha erección se da durante todo el período de dormir paradójico y sobreviene en el lento en caso de que uno se vea privado de aquél. Pero Sawyer y Kawakami demostraron la existencia de cierta relación entre las hormonas de las glándulas sexuales de la coneja y su dormir paradójico•: pocos minutos después de haber copulado, la coneja entra en un estado de sueño rápido. Por otra parte, se estima que las hormonas sexuales pueden inducir ciertos períodos de dormir rápido en el caso del conejo. Y, por fin, los agentes antiovulatorios reducen el tiempo de dormir paradójico postcopulatorio en la coneja.

• Freud elaboró dos teorías acerca de los impulsos. La primera hace referencia a las impulsiones de autoconservación y a la sexuales; la segunda est relacionada con las impulsiones de vida y muerte.

• C. Sawyer y M. Kawakami: «Characteristics of behavioral an electrographic after reactions to copulations and vaginal stimulation in the female rabbit», e *Endrocrinology*, n.º 65 (1959).

Hay que advertir que el conejo es un animal en el que la copulación provoca sistemáticamente la ovulación. Ahora bien, también en la mujer encinta se puede observar un aumento del sueño paradójico a lo largo de todo el embarazo y la lactancia. Al margen de eso, Hartmann se interesó por las variantes que se producen en el dormir paradójico durante el ciclo menstrual•. Aun cuando durante dicho ciclo no varía la cantidad total de tiempo invertido en dormir, no ocurre lo mismo con el sueño paradójico que, habiéndose reducido en las dos primeras semanas, alcanza su cota más alta al final del ciclo. Hartmann dedujo de ello que las hormonas femeninas (estrógenos o progesterona) se hallan implicadas en la regulación del dormir paradójico. Por lo que toca a la hormona masculina (la testosterona), parece que, si es administrada a personas de edad, acrecienta en ellas ligeramente el tiempo que invierten en el dormir paradójico. Todo esto da margen, pues, a tomar por válida la hipótesis freudina de que media cierta vinculación entre los impulsos sexuales y los sueños.

• E. Hartmann: Biologie du *rêve* (Bruselas, Dessart y Mardaga, 1970).

De modo más arbitrario asimila A. Bourguignon las impulsiones de muerte freudianas del dormir y la pulsión de vida a los sueños. Cita la frase de Gérard de Nerval en «Aurelia»: «El sueño es una segunda vida (...) los primeros instantes del dormir son la imagen de la muerte•.»

• A. Bourguignon: «Neurophysiologie du rêve et théorie psychanalytique», en. *Psychiatrie de l'enfant,* II (1968).

EL DORMIR VISTO A TRAVES DE LOS SUEÑOS

La mayoría de los neuropsiquiatras han buscado dentro de la biología una confirmación de los descubrimientos psicoanalíticos, y su forma de proceder, incluso cuando no hacían una amalgama entre ambas ciencias, solía consistir por lo general en iluminar el psicoanálisis mediante ciertas nociones neurofisiológicas. Hartmann tuvo la idea inversa•: constatando que la biología de los sueños apenas si ha logrado modificar nuestros conocimientos acerca de su estructura, considera a los sueños como un proceso concomitante al dormir y con no pocas cosas que decirnos sobre este último. En consecuencia, al contemplar al dormir a través del sueño, se basa en la estructura de éste tal como quedó descrita por Freud y demuestra que dicha estructura viene a confirmar las funciones del dormir que él había formulado partiendo de experiencias químicas o fisiológicas.

• E. Hartmann: *Las funciones del sueño fisiológico* (Barcelona, Labor, 1976).

La biología, lo mismo que el psicoanálisis, llega a la conclusión de que los sueños poseen su propio lenguaje

Freud hizo hincapié en el fenómeno de choque frontal que tienen las imágenes dentro de los sueños, a lo que dio el nombre de condensación•. Esta sobreimpresión de elementos consistía esencialmente, para él, en cierta relación que se daba entre algunos acontecimientos recientes y otros pasados. Hartmann sugiere que este proceso atestigua la existencia de conexiones entre las vías de memorización antiguas y recientes. Por tanto, las imágenes que sean muy sostenidas o «superdeterminadas» son señal de algún punto de contacto entre esas distintas co-

• Véase la pág. 187.

nexiones. En consecuencia, Hartmann asevera con Freud que un sueño no es ninguna sucesión absurda de imágenes sin engarce alguno. Reconociendo la importancia que tiene la vinculación entre las extrañas y curiosas imágenes de los sueños, deduce de ahí que existe una actividad nerviosa específica durante el dormir paradójico. Por otra parte, también cabe preguntarse, supuestos los fenómenos de desplazamiento o condensación, qué significado puede tener el aspecto lineal de los sueños. Efectivamente, un sueño es al mismo tiempo una especie de relato o historia pero una historia truncada, que salta sin previo aviso de un plano a otro. Se podría explicar semejante fenómeno mediante dos descubrimientos aportados por la fisiología del cerebro.

1. En 1954, Penfield, al realizar una operación en el cerebro de algunos pacientes anestesiados localmente y, por lo mismo, conscientes, se percató de que tocando una parte del córtex —el córtex temporal— provocaba en el enfermo una sucesión organizada de recuerdos•. Así se comprobó cómo una estimulación del córtex temporal podía evocar en la mente, en el espacio de unos segundos, una escenificación completamente imaginaria.

• W. Penfield y J. Jasper: *Epilepsy and Functional Anatomy of the Human Brain* (Boston, Ed. Little Brown, 1954).

2. Más recientemente, Watson ha demostrado que los saltos de imágenes estaban en función de las variantes de potenciales eléctricos de los músculos de los ojos•. Sabiendo que en el gato tales variantes a nivel de los ojos van ligadas a ciertas descargas eléctricas más dispersas que proceden del tronco cerebral y de las vías ópticas (puntas P.G.O.), Hartmann supuso que las secuencias de las historias interrumpidas y discontinuas características de la estructura lógica de los sueños responden a un mecanismo bioeléctrico, que desencadena en el cerebro los centros que desarrollan los recuerdos.

• R. Watson: *Mental Correlates of Periobarbi[...] Phasic Integrated Potentials During R.E.M. Sleep.* (Tesis, Chicago, 1972).

Según eso, el córtex respondería mediante secuencias de imágenes. A éstas vendrían a encadenarse o superponerse otras nuevas imágenes. La riqueza de nuestra vida mental en estado de vigilia y la acumulación temporal de estructuras y conexiones nuevas dentro del cerebro hacen que difieran cada día las piezas de recambio y las piezas derivadas del sueño.

Las leyes de los sueños son como el negativo de las de la vigilia

Freud reconstruyó metódicamente todo un cúmulo de fallos propios de los sueños en comparación con el pensamiento en estado de vigilia: ausencia de conexión, de enlace lógico, de relación de causa a efecto y de continuidad en el tiempo•. Hartmann propone un inventario algo diverso, pero que, sin embargo, viene a confirmar las estructuras lógicas descritas por Freud•:

• Véase el cap. 6, pág. 185.

• E. Hartmann: *Las funciones del sueño fisiológico* (Barcelona, Labor, 1976).

— En primer lugar, en los sueños no aparecen «las funciones de atención focalizada». En efecto, el sueño no puede fijar sobre un objeto o suceso determinado con exclusión de cualquier interferencia de sucesos extraños (Freud afirmaba que los sue-

ños no conocen la negación); tampoco puede sostener de modo duradero su interés por un asunto determinado.
— Además, los sueños no comprueban la realidad para elaborar su pensamiento o relato (según Freud, el sueño no podría recurrir al «juicio de realidad»), de suerte que el espacio y el tiempo resultan en ellos vagos y poco organizados.
— Por fin, las reacciones emocionales o afectivas ante los acontecimientos obedecen a criterios distintos a los que se dan en la vigilia. Así, hay una especie de carencia de sorpresa ante sucesos desacostumbrados, y la variante o gradación emocional que se siente durante los sueños no se corresponde por fuerza con las escenas presentes (lo que Freud llamaba «desplazamientos del afecto»).
Todo este conjunto de desconexiones entre las representaciones y la realidad y entre las representaciones y nuestra sensibilidad hace que no se pueda dar en los sueños una posible finalidad u objetivo, al menos en el sentido en que entiende tal cosa nuestra conciencia de vigilia occidental. Si recordamos que todas estas diferentes funciones que se hallan ausentes en el sueño dependen de los sistemas de catecoláminas• de la vigilia, podremos afirmar que los sueños confirman las diversas hipótesis funcionales que suponían que tales sistemas se encontraban en esos momentos en reparación.

• Véase la pág. 31.

Todavía no pasa de ser embrionaria cualquier aproximación sintética de los descubrimientos biológicos y de las aportaciones clínicas derivadas del psicoanálisis, y se puede pensar, finalmente, con Hartmann que «ciertos conceptos psicoanalíticos expresan por medio de resúmenes importantes los procesos cerebrales complejos que ahora podemos comenzar a especificar•«.

• E. Hartmann: *Las funciones del sueño fisiológico* (Barcelona, Labor, 1976).

Por otro lado, las conclusiones a las que llega la biología del dormir se aproximan al proyecto de los psiquiatras: en adelante, hay que «ver si la organización verbal de lo que estaba pasando por la mente de un sujeto antes de despertarse presenta diferencias que corresponden a los diversos momentos del dormir o al despertarse espontáneo•». Será posible concretarlo mediante un análisis más acabado del contenido de los sueños en los distintos períodos de la noche, pero ya veremos que hay otros muchos factores, como el contexto sociocultural, el estado de salud, etc., que interfieren con los fenómenos del dormir.

• P. Salzarulo y colab.: «Etude psychologique de l'activité mental du sommeil», en *Evolution psychiatrique,* 1 (1973).

4 Todo lo necesario para dormir bien

Las costumbres buenas y malas

Al caer la noche, abandonamos nuestro cuerpo como si fuera un despojo inútil, y los mismos gestos que hacemos para quitarnos la ropa no dejan de tener su relación con nuestro sueño. Nuestro dormir o las perturbaciones que en él padecemos ponen de manifiesto nuestra personalidad y nuestro modo de vida tanto como las actividades que llevamos a cabo durante el día o nuestros pensamientos. De un lado, llegamos al mundo con una configuración peculiar de sueño y, de otro, la vida social y nuestra propia cultura irán configurando esa manera personal de dormir que traíamos.
Aun cuando el sueño sea una conducta innata, nos han enseñado a hacerlo de esta forma o de la otra, en estas o aquellas condiciones. Por lo tanto, cuando hallemos dificultades en conciliar el sueño, nos será necesario volver a aprender a hacerlo. A tal efecto, convendrá acondicionar el espacio en donde dormimos, procurar el funcionamiento adecuado de los ritmos de nuestro cuerpo o recurrir a ciertas técnicas que, sin ser medicinales o químicas, favorezcan el sueño.

NUESTRA PERSONALIDAD COMO DURMIENTES

Para aprender, o volver a aprender, a dormir, ante todo es menester que sepamos a qué categoría de durmientes pertenecemos, cuál es nuestra necesidad real de sueño, si éste es frágil o a toda prueba y si hay coincidencia o no entre nuestro ritmo natural de dormir y el que nos impone la vida social y familiar en que nos desenvolvemos.

Nuestra necesidad de sueño depende de nuestra propia fisiología y psicología, pero también de las variantes sociales, culturales y diarias que pueden influir sobre nuestro temperamento. La duración media de dormir entre siete y ocho horas varía poco de una cultura a otra; a pesar de ello, sigue siendo verdad que la urgencia de sueño puede ser distinta entre una persona y otra. Diferentes estudios, como los de Monroe• o Hartmann•, nos permiten trazar los retratos del durmiente bueno y malo, así como las de los que duermen mucho o poco.

• Las investigaciones de L. Monroe, psicólogo de Chicago, datan de 1963.

• Los trabajos de Hartmann han quedado recogidos en su libro: *Las funciones del sueño fisiológico* (Barcelona, Labor, 1976).

DURMIENTE BUENO O MALO

Al contrario de algo que suele suponer un prejuicio habitual, un buen durmiente no se distingue de otro malo por su mayor o menor dosis de sueño. El durmiente malo, por lo común, apenas si dormirá de treinta a cuarenta y cinco minutos menos que el bueno.
Monroe constata que un buen durmiente no tiene necesidad de dormir más que durante seis horas y media, como término medio, en tanto que otro malo duerme en torno a las cinco horas y tres cuartos.
En cambio, sí que es distinta la calidad de sus sueños: así, en un durmiente malo se encuentra alterado el orden de los ciclos del sueño, siendo más breve el rápido y resultando todo el conjunto ligero. Prácticamente un durmiente malo se despertará tres veces al cabo de la semana, en tanto que uno bueno no lo hará más que una vez cada quince días; además aquél será más sensible a los estímulos del medio ambiente.
Este aspecto más despabilado del mal durmiente es algo que tiene su repercusión también sobre la parte fisiológica. Si se le toma el pulso, se verá que lo tiene más acelerado que el buen durmiente, o sea con unas sesenta pulsaciones por minuto, en lugar de cincuenta y seis. Su temperatura es sensiblemente más elevada. Y, siendo así que de ordinario nos solemos despertar una hora o dos después de que nuestra temperatura haya empezado a subir (ya que pasa por un mínimo diario que normalmente suele estar situado entre las dos y las cinco de la mañana), el mal durmiente se despertará cuando su temperatura es todavía baja.
Según eso, cuando se producen los insomnios de madrugada, nos encontramos en condiciones distintas a las de un despertar normal.

Nuestro sueño se parece a nosotros

Hay, por fin, una serie de encuestas efectuadas entre buenos y malos durmientes, así como sobre personas que unas veces duermen bien y otras mal, que nos permiten establecer cierta vinculación entre nuestra personalidad psicológica y la forma de dormir que poseemos.

No cabe duda que Sheldon• procedía con bastante arbitrariedad al hacer derivar nuestra forma de dormir del aspecto morfológico

• Véase el recuadro de la página siguiente.

de cada sujeto. Hartmann ha investigado de modo más científico las constantes psicológicas y sociales que acompañan al sueño largo o corto•. Como consecuencia, hoy sabemos quién duerme mucho y quién lo hace poco, y cuándo tal clase de durmientes tendrá necesidad de dormir más o menos.

• E. Hartmann: *Las funciones del sueño fisiológico* (Barcelona, Labor, 1976).

Las tres clases de durmientes de Sheldon

A título anecdótico, se puede citar la clasificación imaginada por W. H. Sheldon•. Según él, habría tres clases de personalidades con sus correspondientes tres clases de durmientes:

1. *Los «endomorfos»* son personas gruesas, de tipo bonachón y que gustan de los placeres elementales como comer y dormir. Se duermen con rapidez, sin importarles la postura, lo hacen de forma profunda y no tienen ganas de despertarse.

2. *Los «mesomorfos»*, por el contrario, son deportistas y musculosos. También se duermen pronto, pero normalmente lo hacen durante poco tiempo, con un sueño agitado, y se encontrarán muy ágiles y llenos de ánimo al despertarse.

3. *Los «ectomorfos»* son enjutos, frágiles y muy nerviosos. Les cuesta dormir, están sujetos a insomnios y sienten dificultad en ir a la cama, aunque se hayan levantado temprano.

• W. H. Sheldon: «Varieties of temperament», citado por G. G. Luce y J. Segal en *l'Insomnie* (París, Fayard, 1972).

RETRATO DEL POCO DORMIDOR

Los poco dormidores suelen hacerlo durante cinco horas y media, por término medio, cada noche, pero hay ciertas personas que pueden tener un ritmo normal de vida sin dormir por encima de las tres horas. Se sabe de algunos hombres famosos que dormían poco, como Edison, Napoleón•... Tanto los poco dormidores como los que lo hacen en gran cantidad gozan de la misma cantidad casi de sueño lento, pero los primeros tienen menos sueño paradójico. Los tests psicológicos demuestran que aquellos que tienen poca necesidad de dormir suelen poseer un temperamento más enérgico, realista y eficaz que los muy dormilones. En términos generales, se puede decir que aquéllos se muestran más seguros de sí mismos: «Tomar la vida como viene», «No atiborrarse la mente con cosas inútiles», «Olvidarse de los problemas»... son otras tantas máximas que afloran no pocas veces entre sus ideas. Por lo común, suelen ser conformistas y se muestran muy abiertos y volcados hacia el exterior.

• Pero la pequeña historia refiere que Napoleón mantenía esta leyenda dejando iluminados los candelabros durante toda la noche en su gabinete de trabajo, mientras él descansaba en el camarín contiguo.

RETRATO DEL DORMILON

Los grandes dormidores lo hacen por encima de las ocho horas cada noche y pasan al menos nueve horas en la cama. Gozan de más sueño paradójico (ciento veintiún minutos por término medio cada noche contra sesenta y cinco minutos que tienen los que duermen poco). Poseerán aproximadamente el doble del dormir propio de los sueños y tres veces más movimientos oculares que uno que duerma poco. Se despertarán con mayor frecuencia que estos últimos y se sentirán en tales momentos menos descansados. Ese excedente de dormir con sueños va unido a cierta conducta psicológica más frágil. Suelen ser ansiosos, inquietos y a veces inhibidos sexualmente o deprimidos. «No sé lo que quiero hacer», «Cualquier nimiedad me descompone», «Me gusta el mundo, pero no gran cosa» suelen ser otras tantas frases que revelan su indeciso carácter e introversión. Hay veces que son artistas.

VARIANTES EN LA NECESIDAD DE DORMIR EN INDIVIDUOS NORMALES

Como media:
— de un 5 a un 8 % de las personas duermen menos de cinco horas:
— un 15 % entre cinco y seis horas;
— un 62 % entre siete y ocho horas;
— de un 8 a un 13 % entre nueve y diez horas;
— sólo un 2 % lo hace por encima de las diez horas.

La disminución o aumento en el dormir, cuando se trata de individuos normales, obedece a unas motivaciones análogas a las señaladas para distinguir a las dos clases extremas de durmientes. Toda tensión o preocupación acrecienta el tiempo que invertimos en dormir; por el contrario, en momentos felices y dichosos, dormimos menos. Con frecuencia se suele advertir la dificultad que experimentamos al levantarnos los días de trabajo, mientras que en vacaciones no aprovechamos todo el tiempo que podíamos tener para dormir: nos levantamos pronto y despiertos. Eso no obstante, conviene distinguir entre ciertas preocupaciones internas y algún trabajo exterior que ocupe pero resulte interesante. En efecto, cuando ocurre esto último, la motivación y el interés se aúnan para hacer que disminuya nuestro sueño.
Por lo tanto, existe todo un cúmulo de circunstancias en las que convendrá que tengamos en cuenta que existe una determinada urgencia suplementaria de sueño que viene impuesta por las circunstancias en que nos movemos o por nuestro estado general. En cuanto sea posible, deberemos tender a satisfacer esa necesidad. El

pretender superarla directamente, so pretexto de que de ordinario dormimos menos, no haría más que acumular nuestro déficit de sueño.
Las estadísticas confirman —cosa que nos puede parecer evidente— que la necesidad de dormir aumenta:
— con los esfuerzos físicos desacostumbrados;
— con el aumento de trabajo intelectual;
— con ocasión de un cambio en la actividad o en el estilo de vida;
— en los períodos depresivos;
— durante una enfermedad;
— durante el embarazo o la menstruación.

Claudio, *un obrero, realizaba un trabajo físico de mediana dureza que le exigía poca concentración y apenas si le acarreaba inquietudes. Por esas fechas dormía unas seis horas y media. Cuando se decidió a seguir un curso en la universidad, notó que súbitamente se acrecentaba su necesidad de dormir. Dos años más tarde, habiendo logrado una beca, dejó su trabajo físico. Ahora bien, el esfuerzo intelectual, las tensiones y la sobrecarga de emociones derivadas de su vida universitaria hacían que tuviera precisión de dormir ocho horas y media si quería sacar adelante sus nuevas tareas.*

Elena *es una mujer joven, sensible y emotiva, que de ordinario duerme ocho horas diarias. Ahora bien, siempre que tiene alguna discusión un poco viva con su esposo, o simplemente cuando asiste a alguna disputa en su entorno familiar, experimenta la necesidad de acostarse temprano y, a la mañana siguiente, apenas si puede levantarse, de suerte que puede pasarse de diez a doce horas en la cama.*

LA FALTA DE SUEÑO EN LA VIDA CORRIENTE

Según eso, tanto nuestra personalidad como el estilo de vida que llevamos determinan en buena parte lo que dormimos. Pero, por otro lado, no conviene olvidar que ese mismo dormir también influye sobre la personalidad: no puede uno cambiar impunemente su ritmo de dormir. Ciertamente no habrá mayor dificultad en adelantar o retrasar una hora el momento de acostarse, pero no podremos por mucho tiempo reducir nuestro sueño a cinco o seis horas si normalmente tenemos necesidad de ocho. La falta de sueño alterará nuestro buen humor y la confianza en nosotros mismos, y nos tornaremos a no mucho tardar en hipernerviosos y suspicaces, a la par que disminuirá nuestra eficiencia en el trabajo.
En consecuencia, tanto nuestros reflejos como la memoria se debilitarán con la carencia de sueño: perderemos todo y no pocas veces ni siquiera recordaremos lo que queríamos hacer o estamos bus-

cando. Cuanto más cansado se encuentre un sujeto, tanto más gestos inútiles, imprecisos y carentes de sentido hará: andará de un lado para otro, tropezará con cuanto le rodea, perderá el hilo de las ideas...

No seas víctima de tu falta de sueño

Por consiguiente, hay que observar al respecto unos cuantos prudentes consejos. Es cosa sabida, en efecto, que los accidentes laborales y de carretera o las crisis familiares están provocados con harta frecuencia por no dormir. En lugar de intentar contra la fatiga a cualquier precio, es mejor estar atento a las señales que denotan dicha fatiga y sacar de ello unas cuantas consecuencias prácticas. La mayor parte de los accidentes son debidos a que no sabemos apreciar cuál es nuestro grado de fatiga. Deberíamos poseer todos un código de fatiga personal, de suerte que cuando se produjeren determinados desfallecimientos en dos o tres ocasiones, paráramos el trabajo que tenemos entre manos para descansar.

— *En carretera, de noche,* cuando varios cohes al cruzar te han avisado con los focos de que te has olvidado de someterte al código, es mejor que te detengas o que cedas a otro el volante.

— *En cualquier trabajo mecánico* que encierre peligro, convendría poder aplicar una serie de consignas individuales de seguridad: no considerar tanto las faltas o errores en el trabajo como un motivo de sanción sino como un índice de cansancio corporal y, por lo mismo, una señal de alto o de pasar a otra actividad menos peligrosa o que exija menor atención.

— *La mayoría de los deportes* entrañan sus riesgos. Un parisino de mediana edad solía pasar durmiendo su primer día en el monte. No empezaba a esquiar sino el segundo día. Es ésta una buena costumbre para observarla cuando se trata del esquí, sin duda, pero también vale para la vela, el alpinismo, etc.

— *A nivel familiar,* se puede constatar normalmente que la falta de sueño acentúa las decisiones que se creen irrevocables. En las noches de gran cansancio, cuando uno no ha dormido, castigará a sus hijos en su imaginación o de verdad, se separará de su esposo o esposa, abandonará a los padres... Luego, a la mañana siguiente, después de haber dormido, no pocas veces volverá sobre sus pensamientos y actos de la víspera para dar marcha atrás. No se trata tanto de que la noche aconseje cuanto de que la falta de sueño es una mala consejera. Habría que evitar siempre cualquier decisión importante cuando está cansado.

No subestimes el papel que desempeña el sueño, ¡no existen los milagros!

En todos los casos que acabamos de mencionar, conviene que desconfiemos de esa «embriaguez» que provoca la falta de sueño. En efecto, cuando uno lucha contra esa ausencia, suele pasar no pocas veces por una fase de excitación en la que todo se le antoja posible. Son los momentos en que decidimos que somos capaces de aguan-

tar todavía más y cuando nos juzgamos «más fuertes que los demás».
Conviene saber asimismo que el cansancio debido a la falta de sueño no es algo progresivo, sino desordenado. Las ausencias o desfallecimientos se intercalan con momentos de atención y control sobre nosotros mismos. Por lo tanto, resulta difícil prever cuál es nuestro límite último y peligroso intentar alcanzarlo.

Una pregunta en el aire
A veces vemos en la televisión a nuestros líderes políticos pálidos y rotos anunciando decisiones importantes o debatiendo públicamente cuestiones sociales. Cabe preguntarse, con toda razón, hasta qué punto podemos otorgar nuestra confianza a unas personas tan fatigadas. Si bien es cierto que la guerra origina insomnios, ¿no habrá provocado más de una vez declaraciones de guerra el no dormir?

SUEÑO Y TRABAJO SOCIAL

Los ritmos de trabajo que impone la sociedad no siempre ayudan a nuestro propio ritmo de dormir. Hay personas que son de mañana, y otras de noche, alondras o pájaros nocturnos, individuos que se levantan temprano y otros que lo hacen tarde. Pero a la sociedad poco le preocupan tales divergencias: todo el mundo ha de entrar a trabajar a la misma hora.
A pesar de todo, nuestros relojes biológicos internos están regulados de distintas maneras. Podremos comprobar tales diferencias individuales con sólo tomarnos la temperatura: si tenemos costumbre de acostarnos a la una, las dos o las tres de la madrugada, y de despertarnos no antes de las once de la mañana, nuestra temperatura alcanzará su cota más elevada diaria al final de la tarde o por la noche; si nos solemos acostar temprano, hacia las diez o las once, y nos levantamos a las seis o siete, nuestra temperatura llegará a su cima al comenzar la tarde. Otro tanto se puede decir de la mayor parte de los restantes ritmos fisiológicos.

Procura acomodar tu ritmo de sueño al ritmo que te impone el trabajo

Por lo tanto, un trabajo normal diurno, al margen de que su horario sea considerado como sano, puede no convenir a un sector fuerte de la población. Por mucho que nos procuremos levantar como todo el mundo y que nuestro interés se vea acrecentado•, sentiremos poco entusiasmo por nuestro trabajo. De la misma manera que notamos que nos invade el sueño, así también sentimos cuándo se acerca el momento de levantarnos. Si prestamos atención a este fenómeno, podremos advertir cada día cuál es el ins-

• Esto es, que harán falta unos estímulos mayores para que los advirtamos.

tante en que nos encontramos en forma y estamos plenamente despiertos.
A partir de cierto umbral en el desfase demasiado elevado de nuestros ritmos, corremos el riesgo de no despertarnos y de permanecer dormidos durante todo el día. Es fácil que tengamos experiencia ocasional de semejante fenómeno tras cualquier velada o fiesta que se haya prolongado hasta muy entrada la noche. Ahora bien, hay ciertas personas que están toda la semana bajos de forma y que no recuperan su ritmo natural de sueño sino en los fines de semana o en vacaciones. No es que estén enfermos, pero sí se da una especie de inadaptación entre su vida social y su necesidad de dormir. Se ha podido constatar que dichos ritmos de sueño son en parte hereditarios. Los gemelos auténticos, aun cuando su posición social les obligue a adoptar horarios de dormir diferentes, conservan unos rasgos electroencefalográficos durante el sueño parecidos. Por tanto, no debemos pensar que nos será posible dominar a la larga el sueño para acomodarlo al modo de vida que llevamos.

Procura no invertir los tiempos de dormir y de vigilia

El trabajo nocturno, las «tres ocho•« se suman también para la perturbación de nuestros hábitos de sueño:

• Trabajo continuo en el que una fábrica funciona las veinticuatro horas del día, haciendo que se turnen tres equipos de operarios cada ocho horas.

— No dormimos igual de día que de noche; la media de sueño durante el día gira en torno de las seis horas. Por lo mismo, se va acumulando un déficit de sueño que no siempre solemos recuperar en el fin de semana.
— Por otro lado, la clase de sueño que se produce durante el día es distinta: hay menos sueño lento y proporcionalmente más del rápido. Además, el conjunto de lo que se duerme es menor y se altera con más facilidad.

Dale tiempo a tu organismo para que se adapte a los cambios de ritmo

Una inversión permanente en los ritmos del dormir hace posible que el organismo se adapte más o menos a tales ritmos nuevos. Pero, cuando se trata del trabajo en equipos de turnos divididos en ocho horas, con un cambio semanal en el horario laboral, así como en los casos de algunas personas cuyo horario puede ser lo mismo diurno que nocturno, le resulta prácticamente imposible al organismo seguir semejantes cambios. El Instituto de Ciencias Sociales estima que el 70 % de los trabajadores en turnos sufre perturbaciones mentales.

»El Sr. Antonio M..., *de treinta y cuatro años, enfermero, empieza su servicio en el hospital a las ocho de la tarde y lo concluye a las seis de la mañana siguiente. El tiempo que invierte en llegar hasta su domicilio le lleva tres cuartos de hora; por lo tanto, entra en casa cuando su mujer está preparando a los niños para que vayan a clase, se entera cómo va cada uno de ellos y charla durante media hora. Por fin se acuesta hacia las ocho, en un momento en que la luz es holgadamente perceptible a través de unas cortinas no demasiado opacas, en que los ruidos de la calle y de todo el inmueble son suficientes como para impedir que pueda conciliar pronto el sueño, y, a las doce y media, Antonio M... se despierta cansado e irritable. Al cabo de las semanas, ese retraso en el sueño se va acomulando. Y este buen hombre, fuerte por lo demás, soporta cada vez con mayor dificultad las cargas de su tarea, se inquieta y solicita a su médico un descanso necesario* •.»

• L. Colonna, P. Ginestet: *les Troubles d sommeil et leurs traitements* (laboratorio Wyeth-Byla, 1956).

Los ritmos fisiológicos normales no desaparecen durante ese trabajo nocturno. De suerte que hacia las 2, las 3 o las 4 de la madrugada, el trabajador sentirá los efectos de flojedad y depresión propios del descenso de su temperatura. Precisamente es en esas horas primeras de la madrugada cuando suelen tener lugar los accidentes de los chóferes de camiones pesados. Por lo tanto, es menester que seamos particularmente prudentes cuando nos acercamos a las «horas muertas» de nuestro ciclo diario.

Para resolver estas dificultades se han propuesto unos horarios laborales nocturnos que abarquen quince días o tres semanas consecutivas en lugar de una sola. De ese modo, nuestro organismo tendría tiempo para irse adaptando. Pero, para que la experiencia resultara concluyente, habría que suprimir también los días de vacación, ya que romperían el nuevo ritmo.

En consecuencia, antes de emprender un trabajo nocturno es menester conocer los riesgos que supone. También conviene recordar que con la edad nuestro organismo soporta peor la falta de sueño y tiene más dificultad en acomodarse a cambios en el horario.

Los horarios de sueño que imponen los hospitales suelen ser también en no pocas ocasiones aberrantes. Se le despierta al enfermo temprano para hacerle el aseo personal y tomar su temperatura, sin preocuparse de su sueño. En caso de que tenga oportunidad de volver a adormecerse, será entonces la visita del médico la que vendrá a interrumpir su descanso.

SUEÑO Y VIDA MODERNA

Los viajes en avión y los cambios de usos horarios son algo que afecta de modo peculiar al organismo. Antes de que dispusiéramos de los modernos medios de transporte, se empleaban días y aun meses para cambiar de uso horario. Hoy, en media jornada podemos ver cómo se prolonga en varias horas nuestro tiempo de vigilia. Así, si caminamos hacia el oeste, nos pondremos a comer a la hora en que debíamos acostarnos, y nos despertaremos en plena noche, con hambre, como si fuera ya la hora del desayuno. Con todo, la adaptación resulta más llevadera en el sentido este-oeste que a la inversa. El personal de las compañías aéreas sufre simultáneamente por la longitud de determinados vuelos y por los desfases horarios. Para remediarlo, tanto el piloto como la azafata habrán de imponerse una estricta disciplina: no deberán pasear durante las escalas en caso de que sea la hora de acostarse en su país; esto es, procurarán conservar un ritmo regular de descanso y actividad, sea cual fuere la hora en el país en el que hagan escala.

EL PROBLEMA DE DESPERTARSE

La irregularidad en las horas de acostarse, o la imposición de una regularidad artificial, lleva emparejado el miedo a no ser capaz de despertarse a tiempo a la mañana siguiente. ¡Cuántas personas temen no llegar a tiempo a su trabajo o perder alguna cita o el tren porque no podrán despertarse a la hora precisa!

Acostúmbrate a despertarte de forma natural

No existen los milagros, y aquellos que parece que poseen un despertador dentro de la cabeza y que son capaces de despertarse cuando quieren sin necesidad de despertador, suelen observar respecto al sueño una relación mucho menos angustiosa, por lo común, que los demás. El despertador, con su brutal repiqueteo, no nos proporciona ningún modo natural de despertar, sino que nos sorprende en pleno sueño sin tener en cuenta si nos resulta agradable o no. Hay individuos que no soportan el despertador y otros, en cambio, no pueden pasarse sin él; incluso existen personas que estarán ya siempre despiertas para cuando suene el despertador, en tanto que otras ni siquiera lo oirán jamás sonar. En realidad, nuestro organismo puede muy bien prescindir de todo despertador. Cualquiera persona que posea un ritmo regular en el dormir puede hacer la experiencia de no dar cuerda a su despertador por espacio de una semana. ¡Comprenderá pronto lo inútil que es un estímulo tan violento!

Efectivamente, mientras dormimos, seguimos percibiendo ciertas variantes tanto sonoras como luminosas mucho más sutiles: el día que nace, los trinos de los pájaros, la animación progresiva de las calles, el paso de los camiones de la basura, el vecino que conecta su radio... Hay una variedad infinita de señales sobre las que podemos regular nuestro despertar natural.

LAS CONDICIONES MATERIALES QUE SE NECESITAN PARA DORMIR BIEN

La cama y la habitación son los elementos que han de merecer primordialmente nuestra atención en orden a disponer bien el espacio en que dormimos•.

• Recuérdese al Conde de *la Princesse et le petit pois* que, acostado sobre siete colchones, no pudo pegar ojo en toda la noche porque había un guisante bajo el primero de ellos.

LA CAMA Y EL DORMITORIO

Tanto la cama como el dormitorio privado son otros tantos inventos recientes. Nuestros antepasados dormían desnudos o vestidos por completo, tumbados en el suelo o sobre paja. Era tan desusado que alguien reservara una camisa para dormir que, cuando lo hacía, se sospechaba que pretendía ocultar alguna enfermedad o tara física. Tan sólo a partir del siglo XVI hasta el XVIII será cuando, primero en los lechos de las clases privilegiadas y luego entre el pueblo, se irán estableciendo los ritos que hoy día seguimos en el dormir.

Los romanos conocían ya cierta sofisticación para dormir: los lechos colgantes. Uno de tales lechos, en forma de cuna, contenía agua; de suerte que el romano descansaba cómodamente en su baño antes de acostarse en el segundo lecho, mecido por esclavos.

También nosotros disponemos hoy de ciertas clases de camas que conjugan el descanso con el sueño:

— las camas que proporcionan un masaje por medio de vibraciones•;

— las camas de inclinación regulable (cosa que, por ejemplo, permite poner más altas las piernas, cosa excelente para la circulación sanguínea);

— los «waterbeds» o colchones de agua que intentan reproducir las sensaciones como de flotar que experimentamos allá en el vientre materno; por desgracia, algunos sólo lograrán con esto sacar la sensación de que se marean;

— por fin, se está estudiando «una especie de caja de fibra de vidrio que, sumergiéndonos en un baño químico, tendría que sustraernos a la gravedad y reducir nuestras horas de sueño•».

• Un mecanismo que va fijado a los muelles del colchón y que está unido a ciertos vibromasajadores hará que todo el colchón tenga una especie de balanceo. Sin embargo, bastante sometidos nos vemos durante el día a vibraciones en los medios de transporte y con tantas máquinas. Además se da el peligro suplementario de dormir sobre una cama vibrátil cuya regulación es idéntica para todo el mundo.

• Citado por G. G. Luce y J. Segal en *le Sommeil* (París, Fayard, 1969).

El colchón y el somier

Por lo general, se deben evitar dos escollos: el empleo de un colchón que sea demasiado blando o demasiado flexible (porque en tales casos el cuerpo se ve sometido a ciertas deformaciones que producirán a la larga agujetas y tensiones) o uno demasiado duro (ya que dormir sobre una plancha no tiene otra ventaja que la de enderezar la espalda, cosa que supone una resistencia excesivamente fuerte para nuestros músculos y huesos). Por lo común, para lograr un buen descanso los peritos suelen aconsejar un colchón que sea más bien duro que blando. La adquisición de un colchón y su correspondiente somier suponen siempre una fuerte inversión, pero más vale esperar que escatimar en la calidad, ya que ¡de ello depende el sueño!

De entre las tres clases de colchones existentes en el mercado —el de lana, el de muelles y el de gomaespuma—, los de muelles son sin duda en la actualidad los que más facilitan el descanso, aunque a veces los muelles se pueden desplazar y hacer que el colchón resulte pronto inútil. Los colchones de lana, que son los empleados tradicionalmente, pueden resultar perfectos con tal de que con frecuencia se les dé vuelta y se carde la lana. En efecto, en cuanto están ya algo usados, se hacen huecos en el medio y, si duermen en él dos personas, acabará cayendo la una sobre la otra. Los colchones de gomaespuma, finalmente, suelen no pocas veces ser demasiado blandos o, por ser de mala clase o poco espesos, se hunden en seguida, de suerte que llega uno a dormir prácticamente sobre el somier o en el suelo. Con todo, si se elige un colchón de gomaespuma de látex de gran calidad, puede tenerse la certeza de que no se deformará•.

• Con todo, hay que observar una precaución indispensable: no exponerlo a la luz que, a la larga, podría disgregarlo.

También la elección del somier es importante y debe responder a criterios idénticos a los dados respecto al colchón. Será menester que procuremos que haya cierto equilibrio entre el somier y el colchón elegidos. En consecuencia, no hay que colocar un colchón blando sobre un somier demasiado rígido (por ejemplo, un colchón de lana sobre una base de madera), ni juntar un colchón de muelles con el clásico somier de tapicería, que haría que los muelles quedaran flojos. A ser posible, conviene comprar a una el colchón y el somier. Si ya poseemos algunos de esos dos elementos, convendrá consultarle a algún especialista para que nos oriente en la elección.

El color de las sábanas y las paredes

Tanto el color de las sábanas como el del dormitorio pueden tener su importancia de cara a nuestro descanso. Hay ciertos colores que son más tranquilizadores que otros: por ejemplo, el azul, el gris o el rosa son mejores que el rojo; los colores pálidos son más apropiados que los fuertes•. Están de moda las sábanas estampadas. Sin embargo, hemos de desconfiar de los dibujos geométricos que pueden producir cansancio visual. Por la misma razón, cuando se trata de un dormitorio, es mejor rechazar los papeles pintados a base de dibujos o tonalidades demasiado agresivos. Es esencial crear una atmósfera suave, silenciosa y sosegada.

• Se suele aducir, sin garantía mayor, el método del Dr. Bachard, de los Estados Unidos, especialista en psicología de los colores, que preconiza el empleo de un cuadrado violeta de 5 cms. de lado y que hay que poner sobre la cabecera en el lugar que está próximo a la cabeza. El violeta —dice— tranquilizará nuestro hipotálamo. Véase A. Lamaire: *les Secrets du docteur* (París, la Pensée moderne, 1965).

El emplazamiento del dormitorio y la cama

En caso de que vaya a ser usado por personas nerviosas, habrá que evitar el que el dormitorio pueda emplearse para nada que no sea dormir. Es indispensable que pueda ser considerado como un lugar de tranquilidad y retiro, en el que no hay peligro de que le molesten a uno. También convendrá que la habitación no tenga nada que nos recuerde nuestras ocupaciones o actividad.

Igualmente, tampoco carece de importancia la orientación que pueda tener el lecho dentro de la habitación. Es tradicional la idea de que es mejor dormir con la cabeza hacia el norte y los pies hacia el sur, en el sentido del magnetismo terrestre. Si acaso, con la cabeza hacia el oeste, pero nunca hacia el sur o el este. Eso no obstante, la orientación de la cama sigue siendo una cuestión de gusto personal: conviene recordar que todos tenemos nuestra predilección personal respecto a una orientación y no empeñarse en instalar de modo definitivo la cama de una manera cualquiera al azar. Asimismo, si uno es de temperamento nervioso o angustiado es mejor que ponga la cama en algún rincón del cuarto o en una alcoba. El hombre, lo mismo que cualquier animal, duerme mejor en un sitio defendido que en mitad de una habitación o en un punto de tránsito. Con todo, si alguien padece claustrofobia o tiene dificultades respiratorias, un emplazamiento céntrico y bien aireado le ayudará a dormir. Hay algunas personas, en efecto, que tienen un sueño agitado simplemente porque duermen cerca de la pared.

DORMIR DOS JUNTOS

No hay ningún modo específico para dormir dos en una misma cama. Algunos lo hacen uno en brazos del otro; otros dándose mutuamente la espalda y dejando cierto espacio entre ambos. Hay ciertos psicólogos que afirman que la posición respectiva de los cónyuges en el lecho refleja cómo son sus relaciones. Por ejemplo, si el hombre tiene la cabeza más elevada que la mujer significará que la domina. En realidad, nuestras sensibilidades son distintas: como los umbrales de temperatura o de receptividad epidérmica varían con las personas, el contacto prolongado puede provocar en algunos un exceso de calor o sensaciones que obstaculizarán el acceso del sueño.

Por otro lado, nuestra respiración, el aliento, puede molestar a nuestro consorte. Si así ocurre, no tiene nada de vergonzoso. El aliento de un fumador puede molestar a quien no fuma.

Una idea práctica: un mismo lecho pero con dos colchones

Debemos, por fin, tener en cuenta que cada uno tenemos una tolerancia distinta respecto a la proximidad de los demás. Es fácil ver cómo en la vida ordinaria hay individuos que tienden a hablar desde muy cerca, en tanto que otros han de mantenerse alejados y, si no pueden hacerlo, apartarán la mirada o la cabeza. Otro tanto sucede en el lecho: hay algunos que, si se ven repelidos con su compañero a un rincón del lecho, no serán capaces de conciliar el sueño. La solución más práctica consiste en tener unas camas gemelas. En la actualidad no es problema el encontrar camas con dos colchones y dos somieres, pero con un solo cabezal, que posibilitan el no dormir uno solo a la par que evita el tener que aguantar los movimientos bruscos de un posible consorte agitado. No cabe por menos que recomendar tales camas cuando alguno de los dos durmientes es nervioso o se encuentra enfermo. Se precisa una anchura mínima de 80 cms. por persona y de 130 cms. para dos•, y la

• Las normas clásicas piden 140 cms. de anchura, pero cada ve se tiende más a super dicha medida y hay y fabricantes que las ha de 150 ó 160 cms.

longitud debe exceder al menos en 15 cms. la altura de la persona que va a emplearla •. Tenemos que ser capaces de respetar nuestras propias normas de dormir sin molestarle al vecino.

• La longitud de las fabricadas en serie suele ser de 190 cms., pero se pueden encargar camas de 200 cms. e incluso hasta de 210 cms.

LA VENTILACION

Se necesita una buena ventilación del dormitorio para que podamos disfrutar de una respiración tranquila y regular mientras dormimos. En efecto, ésta exige cierto equilibrio entre el oxígeno del aire y el gas carbónico. Si la habitación está mal ventilada, hay peligro de que contenga una proporción demasiado pobre de oxígeno. A lo largo de la noche venimos a consumir unos 165 litros de oxígeno y expulsamos unos 130 litros de gas carbónico. Como también las plantas verdes respiran por la noche y harán la competencia a nuestra propia necesidad de oxígeno, convendrá que evitemos su conservación dentro del dormitorio.
El aire debe contener asimismo cierta cantidad de agua. Si no hay la suficiente humedad, se nos resecará la boca, los labios y la garganta, con lo que no conseguiremos sino añadir nuevos excitantes e irritaciones a nuestras inquietudes nerviosas. La dosis de humedad • debería situarse entre el 50 y el 60 % cuando se trate de una habitación que esté a 20° C de temperatura. Ahora bien, con harta frecuencia esta dosis queda reducida a un 8 ó 10 % en algunos lugares recalentados.
Se puede aumentar el grado de humedad colgando de los radiadores un recipiente que contenga agua. Sin embargo, este tradicional procedimiento resulta poco eficaz. Hoy en día son preferibles los aparatos para pulverizar gotitas de agua en el ambiente o, simplemente, los de evaporación.

• La dosis de humedad se puede medir con un higrómetro, aparato preciso y nada caro.

LA TEMPERATURA

Nuestros abuelos, por lo común, solían dormir en habitaciones sin calefacción: se contentaban con calentadores ladrillos calientes para aliviar en invierno la humedad del lecho. En la actualidad tendemos a dormir en cuartos con un calor artificial que excede a veces los 25 ó 28° C. Semejante exceso de temperatura disminuye nuestras defensas contra ciertas enfermedades microbianas que repercutirán en nuestro sueño (reúma, gripe, etc.)
La temperatura ideal para dormir es de unos 14 a 15° C. Con todo, esa proporción variará, según las personas, entre los 12 y los 20° C. En cualquier caso, siempre es preferible dormir con una temperatura inferior a la que soportamos durante el día, aun cuando hayamos de abrigarnos un poco más. Eso no obstante, no convendrá usar mantas que sean demasiado pesadas, pues serían un obstáculo para el sistema circulatorio.

¿A favor o en contra de la almohada? Todo depende de si duermes boca abajo o de espaldas

Una buena circulación de la sangre exige que los pies estén un poco más elevados que la pelvis. Cuando se duerme boca arriba, es mejor hacerlo con la cabeza ligeramente más alta, y, cuando la postura es boca abajo, de plano. Esta postura favorecerá a nuestra respiración. Pero conviene evitar el empleo de un cabezal además de la almohada, pues supondría tensiones en la nuca y en la columna vertebral.
En consecuencia, la postura más indicada para dormir es hacerlo sobre la espalda y con la cabeza un poco echada para atrás. Ahora bien, pueden ser aceptables otras formas que respondan a nuestro temperamento y, en particular, a determinadas indisposiciones: por ejemplo, si alguien padece del hígado o experimenta dificultades respiratorias, es mejor que duerma sobre el costado derecho. El hacerlo acurrucado en la cama resultará aconsejable para las personas angustiadas, pues esa postura simboliza la nidación, pero en modo alguno convendrá para quienes sufran perturbaciones circulatorias (varices). Finalmente vendrá bien dormir boca abajo en los casos de aerofagia o de dolores de cabeza.

EL RUIDO

El ruido es uno de los factores que más alteran el sueño. Es difícil eliminarlo por completo, sobre todo en las ciudades. Eso no obstante, se pueden adoptar una serie de precauciones que nos ayudarán a defendernos de él.
El ruido se mide en decibelios. Treinta decibelios corresponden al cuchicheo entre varios individuos o al tic-tac de un reloj, es decir que prácticamente equivalen al silencio. Hasta los cuarenta decibelios será factible dormir sin sentir molestia especial, y hasta los cincuenta y cinco, descansar durante el día. Por desgracia, nuestro medio ambiente nocturno supera no pocas veces ese límite. El sonido de cualquier transistor cuyo volumen esté un tanto elevado, algún tren que pasa, la circulación de un cruce o un claxon ascienden de sesenta a ciento veinte decibelios. Si se supera eso, por ejemplo con el ruido que produce un avión, nuestro organismo corre el peligro de verse alterado de forma peligrosa.

Las bolitas de cera

El remedio más sencillo contra el ruido consiste en recurrir a esas bolitas de cera que se modelan según nuestro conducto auditivo. Las más conocidas son las bolas Quiès, pero hay también de otras marcas y hasta algunas son de material elástico. Las mejores de todas sólo lograrán reducir los sonidos en veinte o cuarenta decibelios, cosa que resultará insuficiente en no pocas ocasiones.
Con todo, las bolitas de cera no carecen de inconvenientes. Pueden

deformarse al apoyar la cabeza contra la almohada. Si son colocadas con excesiva rapidez, quedará aprisionado el aire dentro del conducto auditivo, cosa que nos llevará a oír el latido de nuestras propias arterias. Hay también algunas personas que pueden sentir también cierto sofoco y comezón. Por lo mismo, las tales bolitas no constituyen ninguna solución milagrosa, y nada tiene de extraño que oigamos, a pesar de llevarlas puestas, a cualquiera que hable casi con normalidad.

El aislamiento

Los demás procedimientos para defenderse del ruido hacen referencia a las cuestiones de instalación y equipamiento. Hay diversas técnicas al respecto que logran disminuir su intensidad.

Para aislar de los ruidos de la calle, podremos hacer que coloquen en las ventanas cristales más gruesos, al menos de 5 mm de espesor, o incluso dobles, con una separación entre ambos de 5 a 10 cms., y de distinta densidad. De este modo, la cámara de aire que separa ambos vidrios detendrá el ruido. Es más dificultoso lograr impedir los ruidos de cualquier vecino, ya que duplicar un tabique resulta más complicado. En efecto, es menester que dicho tabique no tenga clavos ni escayola. Entre el aglomerado de madera, las placas de plomo o de yeso y la pared que se pretende aislar, se puede colocar fibra de vidrio u otras materias elásticas. También cabe recubrir las paredes con láminas de corcho y actuarán como amortiguador de los sonidos. Cuando los tabiques aislantes están bien puestos, pueden llegar a interceptar de veinte a cuarenta decibelios.

Si lo que se quiere aislar es un techo, es evidente que lo ideal sería lograr que el vecino de arriba se entusiasme con la moqueta... Cuando no es posible, siempre queda el recurso de hacer un doble techo. Pero sigue subsistiendo el peligro de que los ruidos se propaguen a través de las paredes. Por lo mismo, lo mejor es aislar toda la habitación por completo.

Los ruidos del cuarto de baño o de la cocina repercuten, de ordinario, por las tuberías. En consecuencia, convendrá aislar éstos mediante una funda aislante de fibra de vidrio.

Por fin, sabemos de sobra que resuena todo mucho más en una habitación vacía que en una amueblada. Tanto los tapices, como las alfombras, revestimientos diversos de paredes y cortinas amortiguarán y absorberán eficazmente el ruido.

EL MEDIO AMBIENTE

No sólo puede repercutir sobre nuestro sueño el medio ambiente material, sino también el geográfico. Ya sabemos que se duerme menos cerca del mar, y, si viviéramos bajo el agua, todavía se reduciría más el tiempo del sueño. En cambio, en el monte se duerme más. Tal cosa es cierta al menos cuando se trata de los habitantes de las montañas, que, por término medio, duermen de veinte a sesenta minutos menos que los de las llanuras; pero resulta menos evidente en lo tocante a gente que está de vacaciones, que pueden notar al principio con la altura un sueño más ligero.

LOS RITOS AL ACOSTARSE

El aseo nocturno ha cobrado en nuestros días gran importancia: lavarse la cara y la boca, tomar un baño o quitarse el maquillaje son otros tantos gestos que disponen para el sueño. Equivalen, por un lado, a un período de transición entre la vida activa y la noche, y, por otro, si se hacen de forma tranquila y sosegada, nos ofrecen ocasión para relajar los músculos del rostro y los miembros, con lo que llegaremos a sentir un bienestar que supone ya un augurio de un buen sueño.
Al margen de cuáles puedan ser los orígenes morales del empleo de la camisa de dormir y después, en nuestros días, del pijama, la ropa de noche ha pasado a convertirse en una comodidad imprescindible para muchas personas. Cuando éramos niños, nos gustaba que nos vistieran, y también que nos desnudaran y volvieran a vestir de nuevo para dormir por la noche. Una vez llegados a la edad adulta, seguimos repitiendo esos gestos y de este modo nos encontramos en condiciones para dormir. La libertad que ofrece el dormir en cueros no se nos antoja natural a la mayoría, y haría falta una nueva educación de los ritos que acompañan al acostarnos para que fuéramos capaces de hacerlo sin sentirnos incómodos. Con no poca frecuencia el ritual que seguimos al acostarnos revestirá un determinado orden: cerrar las contraventanas, correr las cortinas, cerciorarnos de que la puerta ha quedado cerrada con llave, descubrir la cama, lavarnos la boca, ir al servicio... y, por fin, acostarnos. Para algunos tendrá suma importancia que ese orden sea respetado y que cada gesto diario se realice antes de que puedan conciliar el sueño. Hay algunas personas, en efecto, que se levantarán de nuevo, una vez ya en la cama, porque han omitido el cumplir con alguno de los gestos que acompañan a su sueño. No conviene impedirles que hagan tal cosa: los ritos íntimos propios del acostarse son tan insólitos en los adultos como en los niños, y tan necesarios para poder dormir. Finalmente, el rezar una oración puede constituir el postrer acto ritual que antecede al sueño.

ENSEÑA A DORMIR A TU HIJO

El período de aprendizaje de la infancia es esencial para todas nuestras formas de proceder. El dormir no escapa a esa ley. Ahora bien, la conducta de los padres en lo referente al sueño del hijo se suele fundar no pocas veces sobre teorías erróneas. Así, es cosa conocida que los bebés duermen mucho, es decir unas dieciocho

horas, pero no suele saberse que hay algunos niños de pecho que no duermen más que diez horas al día, y que esto es una cosa completamente normal. Los padres de un niño de éstos buscarán mil causas para una enfermedad que no es tal, y luego seguirán empeñados en que su niño duerma como los demás.
Al margen de eso, la madre de familia que le impone a su hijo el acostarse cuando lo hace ella, y no acepta que lea en la cama cuando ella duerme, así como la que se levanta por la mañana para acompañarle al niño a clase y luego se vuelve a acostar, y por la noche se queja de que padece insomnios, dan muestras de incoherencia tanto en la organización de su propio sueño como en la del de su hijo.
En la mayoría de las familias occidentales el ritual que acompaña al acostar al niño suele ser objeto de tensiones, ansiedad o malos humores, tanto por parte del niño como de los padres. Aquél tiene miedo a dormir, a quedarse solo, y los padres lo tienen a que duerma poco y a que no sea capaz de arreglárselas sin ellos. Al día siguiente, el niño trabajará mal, y esta noche impide que sus padres lo pasen bien. El niño paga así las consecuencias de una civilización de la eficacia, en la cual resulta vergonzoso el dormir cuando no es la hora y en la que apenas si se puede ver a los padres.

De ordinario, las horas de sueño del hijo están calcadas sobre las de los padres

No siempre caemos en la cuenta de las molestias que imponemos al sueño del niño: éste ha de seguir los horarios de trabajo de sus padres (si el padre y la madre trabajan, lo despertarán hacia las siete de la mañana, para confiarlo luego a alguna vecina que lo llevará más tarde a una guardería o a la escuela). Si el niño es todavía pequeño, tendrá derecho a una siesta después de comer; si es ya mayor, se verá constreñido a seguir una jornada continua tan prolongada como la de sus padres (tanto más cuanto que se empeñará en quedarse con ellos de noche, por ejemplo para ver la televisión).
A lo largo de la semana, por así decirlo, el niño no ve a sus padres; pero, como reacción, en los fines de semana pasará de golpe a convertirse en el objeto de interés privilegiado por parte de ellos. Tendrá que acompañarles en sus paseos y visitas... El domingo a la noche, excitado por esa sobrecarga de afecto. paseos y juegos, sentirá dificultades para dormir o se desplomará agotado. De suerte que los lunes a la mañana todos los profesores se han de enfrentar con una clase de niños fatigados y dormidos.

Tanto la habitación como la cama han de ser acomodados a las necesidades del niño

Cuando se le reprocha a un niño que no duerme, hay que tener en cuenta cuál es la distribución de tiempo que le hemos impuesto a

lo largo del día precedente. Pero también sucede no pocas veces que el ambiente de su cuarto no es el que debía ser.
La cama plegable• es el símbolo de una postura segregatoria para con el niño. Semejante postura no pocas veces es inconsciente y puede fundarse en una especie de pedagogía errónea. Vamos a presentar unos cuantos ejemplos de formas de proceder demasiado rígidas respecto al acostar al niño y a lo que duerme, que habremos de procurar evitar. Para prevenir los insomnios del adulto, hay antes que comprender bien el sueño del niño.

• Véase el recuadro siguiente.

— *Hace falta cerrar bien las puertas del cuarto del niño? ¿Apagar todas las luces?*
Quienes cierran a su hijo para dormir afirman que eso es necesario para su autonomía de conocer pronto la experiencia de lo que supone una separación. Ahora bien, la mayoría de los niños temen ese momento de ir a la cama: una puerta entreabierta o una luz encendida no harán sino facilitar la llegada del sueño. Contra lo que algunos creen, los ruidos de la voz o de la vajilla no molestan a los niños durante el sueño, antes bien, le confieren seguridad.

— *¿Se le debe impedir que se chupe el dedo, la sábana o la manta?*
Sin duda que no. El chuparse el dedo desaparecerá de por sí, en la mayoría de las ocasiones, sin que quede deformación alguna en la boca o en los dientes, como se les suele amenazar a los niños. La sábana no se ensuciará más porque la chupe el pequeño, y tampoco este acto le acarreará enfermedad ninguna. Además tales actitudes son esenciales para el niño para encontrarse a gusto en su cuna y adormecerse con facilidad: por un lado, expresan un movimiento rítmico monótono y repetitivo que propiciará dicho adormecimiento, y, por otro, participan del fenómeno de la nidación, ya que el niño reconoce el olor específico de la sábana o de la manta que chupa. No es difícil advertir cómo algunos bebés experimentan ciertas dificultades en conciliar el sueño los días en que se les cambia de sábanas. Ya desde niños, la menor infracción al ritual del sueño puede originar insomnios.

— *¿Se debe considerar como un capricho el que el niño no sea capaz de dormir sin su osito?*
Ciertos objetos preciosos para el niño participan de su ritual de adormecimiento: tal puede ocurrir con algunos muñecos, animales de lana, cochecitos... que convierten no pocas veces el lecho de un pequeño en un auténtico bazar de juguetes. Cuando un niño no quiere irse de vacaciones si no lleva su osito de lana, o cuando intenta dormir con el juguete que le acaba de regalar un abuelo, no se trata de ningún capricho, sino que esos objetos representan a las personas queridas por él. El juguete fetiche es un punto de relación

Las conclusiones de una célebre pedagoga: María Montessori

Ya en 1936 María Montessori• se alzaba contra esas camas que solemos asignar a los niños:
«La cama de los niños que son ya capaces de moverse solos constituye una auténtica herejía. Eso que se le suele llamar "una cama de niño", que es distinta de la cuna, que tenía su belleza y dulzura, y de la cama de los adultos, hecha para poder estirarse cómodamente en ella y dormir, es la primera cárcel que la sociedad ofrece a unos seres que luchan por su existencia intelectual. La alta jaula de hierro, en la que sus padres le hacen que se sumerja para encontrar la forzada morada, es a la par una realidad y un símbolo. Los niños son los prisioneros de una civilización pensada exclusivamente para el adulto, para el bien del adulto, que se va cerrando más y más hasta no dejar para la libertad del pequeño sino un espacio cada vez más exiguo.
La cama del niño es una jaula colocada a mayor altura a fin de que el adulto pueda manejar al pequeño sin tener que molestarse en agacharse; de esa manera podrá aquél abandonar a ese ser que, sin duda, llorará, pero no se hará daño. Se oscurece todo en su derredor, para que, cuando amanezca el día, la luz no lo despierte.
Una de las primeras ayudas que se puede prestar a la vida psíquica del niño estriba en la reforma de su cama y de las costumbres referentes al prolongado sueño que se le impone. El niño debe tener derecho a dormir cuando sienta sueño, a despertarse una vez que haya acabado ya de dormir y a levantarse cuando quiera.
Como consecuencia, aconsejamos la abolición de la clásica cama de niño y su sustitución por un colchón que esté colocado muy bajo y vaya cubierto con una gran manta, sobre el cual el niño pueda acostarse o abandonarlo cuando le parezca. No pocos detalles de no fácil solución en apariencia pueden encontrarla mediante unas reformas bien sencillas. El cumplir cuanto decimos resulta económico, como toda reforma que ayude a la vida psíquica del niño•.

• *María Montessori:* médico y pedagoga italiana, nacida en 1870 y muerta en 1952. Una de las principales promotoras de la escuela activa.

• M. Montessori: *l'Enfant* (París, Gonthier, 1936).

afectiva que le permite llevar consigo durante el sueño algo que le sirve como lazo de unión con su actividad de la vigilia. El meter los muñecos en la cama viene a ser algo así como si se asegurara de que al día siguiente volverá a encontrar a su papá, a su mamá o a la abuelita. Como dice Jeannette Bouton: «No existe mayor problema en que uno pueda dormir fuera de los límites (fuera de la casa paterna, por ejemplo), con tal de que los seres queridos queden en lugar seguro•.»

• J. Bouton: *Réapprendre à dormir* (París, E.S.F., 1974).

— *¿Tiene que acostarse el niño con sus padres?*
Que los padres duerman junto con el hijo no constituye en sí ningún mal. Pero, si dichos padres (o uno de ellos) padecen insomnios o angustias, el niño tenderá más adelante a padecer un sueño difícil y agitado. Cuando el pequeño sirve para calmar un desacuerdo entre los padres o se convierte en el confidente nocturno de las preocupaciones o tristezas de su madre, no será capaz más tarde, cuando sea mayor, de dormir sin una presencia afectiva que tendrá que soportar su tiranía.

Hay otras muchas formas de proceder, con un alcance que no siempre conocemos, que pueden ejercer un influjo nefasto sobre el dormir del niño.

Lo que no hay que hacer:
— Manipular al niño mientras duerme.
— Llevarlo, cuando está dormido, a lugares extraños; cuando se hace tal cosa, puede sentir miedo al despertarse.
— Despertarlo durante una pesadilla. En efecto, si no se le despierta entonces, por lo común no se acordará de nada a la mañana siguiente.

Lo que hay que hacer:
— Multitud de sensaciones objetivas pueden asaltarle al niño mientras duerme: sacudidas nocturnas, parálisis de madrugada... Estos fenómenos, unidos a cuentos horroríficos que el pequeño ha escuchado, pueden originar en él un auténtico pánico a dormir. De ser así, hay que dedicar cierto tiempo a explicarle que semejantes sensaciones no entrañan ningún peligro.
— El niño siente curiosidad, en especial en lo tocante a los misterios de la noche. Con frecuencia intentará espiar cómo duermen sus padres. En tales casos, no conviene regañarlo, sino responder a sus preguntas y no dar importancia a la cosa.

En consecuencia, y lo mismo que ocurre con el resto de su conducta, al niño hay que enseñarle a dormir. En la actualidad existen algunas escuelas que, de acuerdo con esta idea, consagran varias horas diarias a determinadas clases sobre cómo se debe dormir. Jeannette Bouton, que está encargada de este tipo de enseñanza, hace notar que «el niño cree lo que ve... Ahora bien, no puede imitar al adulto en actitudes que le son desconocidas, tales como cerrar los ojos o dormir•.» Por eso, el nuevo personaje de «La dame qui dort» tenderá a demostrar, durante la hora de siesta en las escuelas, que el dormir no es una cosa reservada nada más que para los pequeños, sino que también los adultos duermen. Remedará ante mayores y pequeños los ademanes esenciales del dormir. Esta lección acerca del sueño en grupo ya desde nuestra más tierna infancia supone un nuevo paso adelante en el control personal de nuestros ritmos vitales.

• J. Bouton: *Réapprendre à dormir* (París, E. S.F., 1974).

LOS PEQUEÑOS INCIDENTES DEL SUEÑO

El sonambulismo

Entre los cinco y los doce años, aproximadamente hasta un 18 % de los niños presentan accesos de sonambulismo, siendo así que en los adultos la proporción no pasa del 1 al 6 %. Si quieres conocer si tu hijo ofrece síntomas de sonambulismo, puedes intentar levantarlo durante alguna fase de su dormir profundo. Si se mantiene en pie y empieza a andar siguiendo todavía dormido, hay posibilidades de que sea sonámbulo. En caso contrario, se caerá.

El sonambulismo no es cosa que vaya ligada a los sueños

El sonambulismo sobreviene siempre durante el sueño profundo del estadio 4 y nunca en el dormir de sueños. Por lo tanto, y en contra de lo que se podría pensar, no existe relación directa entre los sueños y el sonambulismo. Tampoco guarda relación con la epilepsia.

La imaginación popular ha compuesto un retrato no pocas veces demasiado fantástico o caricaturesco del sonámbulo. Este no se muestra ni tan rígido como un autómata, ni tan hábil como un funambulista. En consecuencia, convendrá vigilarlo bien para que no se haga daño•. A la inversa, el sonámbulo puede resultar peligroso por inadvertencia. Hace poco una joven inglesa, en estado de sonambulismo, mató a su padre y a su madre porque había creído ver que entraban unos ladrones en su casa. Fue absuelta en el tribunal como homicida involuntaria. Con todo, conviene prevenir dramas de este tipo no dejando armas u objetos peligrosos al alcance de un sonámbulo.

• Eso no obstante, hay que evitar el despertar a un niño sonámbulo. Habría peligro, en efecto, de provocar en él un desconcierto debido a que se encontraría en un lugar insólito al despertarse.

Por lo general, éste comienza por sentarse en la cama, después se levanta, a veces sale de la habitación y hasta puede bajar las escaleras. Si se le habla, no responde, a no ser con gruñidos o palabras raras. El acceso suele durar desde unos cuantos segundos hasta varias decenas de minutos. Al día siguiente, no recordará nada.

Algunos sonámbulos ocultan objetos mientras están dormidos, y a veces no volverán a dar con ellos hasta que se produzca otra crisis. El sonambulismo suele desaparecer al llegar la adolescencia. Pero puede volver a surgir en el adulto con ocasión de algún trauma emocional. Hoy en día contamos con tranquilizantes contra el sonambulismo.

Somnilocuencia y rechinar de dientes

Tanto la somnilocuencia (hablar estando dormido) como los rechinamientos de dientes son fenómenos mucho más frecuentes que el sonambulismo. Rara vez se dan durante un sueño profundo, sino el ligero y, a veces, durante los sueños. Los sonidos suelen ser mal articulados y, con frecuencia, incomprensibles, y el tono es a veces enfático. En la mayoría de las ocasiones estos incidentes carecen de consecuencias patológicas. Con todo, el rechinar de dientes durante períodos prolongados suele responder a una tensión nerviosa o a problemas psicológicos del durmiente. En tales casos conviene consultar al médico.

La enuresia

De un 5 a un 7 % de los niños comprendidos entre los tres y los cinco años se ven sujetos a la enuresia o emisión involuntaria de orina durante la noche. Suele ser más frecuente en los niños que en las niñas, y resulta rara entre los adultos. La incontinencia nocturna sobreviene por lo común después de un descenso del sueño profundo. Los sueños acerca de orina que pueden producirse en esos momentos no preceden a la emisión de ésta sino que la siguen. De ordinario, las causas de la enuresia hay que buscarlas en la psicología•. El niño atestigua, mediante ese acto, un rechazo respecto a la educación familiar o escolar que se le impone. Puede ser neceaaria la consulta a un psicoterapeuta, pero, lo más probable es que la enuresia desaparezca por sí misma con la pubertad. Entretanto, habrá que evitar toda sanción, que no haría sino reforzar la angustia del niño.

• Por ejemplo, regresión que acompaña al nacimiento de un nuevo hermanito, manera de atraer sobre sí la atención, postura de oposición para con la escuela.

En la actualidad se puede tratar de modo eficaz la enuresia mediante comprimidos de impramina tomados antes de ir a la cama.

Las pesadillas y los terrores nocturnos

Hay que distinguir las pesadillas, que son sueños de muerte y de guerra o simplemente sueños terroríficos, de los terrores nocturnos, que se manifiestan en ciertas formas de pánico corporal. Las pesadillas sobrevienen por lo general a la madrugada, durante el dormir rápido. El niño puede contarlas cuando se despierta, y el retorno a la realidad bastará de ordinario para tranquilizar su angustia.

Los somníferos no suponen ningún alivio para los terrores nocturnos

Por el contrario, los terrores nocturnos acontecen en el dormir profundo del estadio 4, al comienzo o en la mitad de la noche. El niño se sienta bruscamente, lanza alaridos, muestra una emoción fisiológica general y parece como alucinado. Durante un tiempo más o menos largo, no será posible la comunicación con él y, si se le pide que cuente lo que ha visto o sentido, no relatará más que algunos fragmentos muy pobres: algo parecido a un animal, a un hombre, que se avalanzaban sobre él o le mordían. Dado que estos terrores nocturnos se producen en el momento en que debería tener lugar el dormir paradójico, hay que evitar el administrarle al niño somníferos que disminuyan todavía más este sueño. Para los terrores nocturnos, así como para el sonambulismo, suelen recomendarse los tranquilizantes. En la mayoría de las ocasiones, a la mañana siguiente el niño habrá olvidado los tales terrores nocturnos, de suerte que sus padres se inquietarán más que él. Tampoco en este caso cabe más que el consejo de que se evite el despertar al sujeto de modo brusco, y, si es menester, explicarle la diferencia entre los sueños y la realidad.

5 Para ayudar a dormir

Los medios naturales

De acuerdo con distintas estadísticas, uno de cada dos individuos, o uno de cada tres, estaría sujeto a insomnios crónicos. Todos hemos sufrido, al menos ocasionalmente, algunos accesos de insomnio. Hablando con propiedad, el «insomnio» no existe, es decir no se da una carencia total de dormir, sino tan sólo unas personas que duermen mal. De todos es conocido el ejemplo de este o aquel individuo que sería capaz de pasar la noche en medio del ajetreo de distintas actividades, y que, sin embargo, no sentiría sueño durante el día siguiente. Por desgracia, no ha sido posible controlar en laboratorio una falta total de sueño. Por lo mismo, tranquilicémonos pues no existe nadie que goce del privilegio de poder pasar sus noches en vela.
Con frecuencia tendemos a creer que el insomnio es una enfermedad propia de las ciudades, y que el campesino, o el hombre de las sociedades tradicionales, no conoce semejante problema. No cabe duda que nuestro tipo de vida actual no está hecho para ayudarnos a dormir, pero pobres o ricos, aldeanos o intelectuales, todos somos unos insomnes en potencia.

Las causas y la naturaleza del insomnio varían con los individuos

El sueño no está disociado de nuestra vida diurna, y en la actualidad apenas si es concebible ya el insomnio como una enfermedad concreta que nos afecte a todos por igual. Antes bien, existe una gran cantidad de insomnios que reflejan la personalidad, las preocupaciones, intereses y modos de vida de cada uno. El insomnio puede estar ocasionado por una depresión nerviosa, por la edad o por una dolencia; puede tener causas fisiológicas lo mismo que subjetivas o psíquicas. En razón de esta diversidad de síntomas y orígenes, el médico habrá de mostrarse muy prudente en su diagnóstico y en el tratamiento correspondiente. Ya veremos cómo no existe un remedio único o milagroso.

Cuando alguien se queja de que no ha dormido lo suficiente, de que le falta sueño o se siente cansado durante el día, hay que procurar ante todo saber a qué categoría de insomnes pertenece. Los insomnios, por lo general, suelen deberse a algún exceso en la actuación del sistema de vigilia, o al mal funcionamiento de las estructuras encargadas de producir el sueño. La primera de estas dos causas es, con mucho, la más frecuente en el hombre; resulta mucho más raro que un insomnio provenga del fallo directo de los mecanismos neurofisiológicos del sueño. Entre los funcionales, cabe distinguir el insomnio ocasional y el imaginario; hay también una tercera clase, la del insomnio enfermizo.

EL INSOMNIO OCASIONAL

El insomnio ocasional suele ser frecuente y se instala de forma espontánea. Pero también es el que con mayor facilidad desaparece. Puede venir ocasionado por cualquier suceso impensado dentro del entorno que rodea al durmiente: la apertura de algún taller nocturno, una visita en el piso de los vecinos, una puerta que da golpes, algún grifo goteando... o bien puede ser consecuencia de haber cenado con exceso, de dolor de riñones o de un desgaste físico desusado a lo largo de la jornada anterior. En tales casos, puede uno sentir como que le pesan las piernas, que parecen anquilosadas y están llenas de hormigueos. Levantándose y andando un poco, desaparecerá esta molestia, aunque es posible que vuelva durante la noche.

No tiene nada de extraordinario el no poder dormir en semejantes circunstancias, y no queda otro remedio que lamentarse por pertenecer uno al gremio de los durmientes con sueño sensible. No supone ninguna cosa vergonzosa, ya que el dormir bien no quiere decir que uno haya de ser insensible a las perturbaciones de su medio ambiente. Incluso hasta se puede pensar que no sufrir insomnio de determinados períodos testimonia no ya un buen dormir, sino cierto mecanismo de huida.

La mayor parte de los insomnios accidentales son debidos a sucesos importantes de nuestra vida diaria. El tener que sufrir un examen, el perder un puesto, la muerte de algún ser querido o el nacimiento de un nuevo amor... son otras tantas situaciones capaces de provocar un insomnio más o menos transitorio. También es cosa sabida que hay algunos acontecimientos colectivos (como la Nochebuena para los niños, la declaración de renta o una elección presidencial cuando se trata de adultos) que producen, a nivel de grupo, una espera o ansiedad que repercute en el dormir. Hasta las personas más tranquilas y menos ansiosas son incapaces de dormir con facilidad si tienen problemas familiares o, por ejemplo, si su hija no vuelve de noche a casa por primera vez.

Se pueden explicar químicamente tales insomnios temporales

como consecuencia de una acumulación de adrenalina producida por las glándulas suprarrenales cuando nos vemos afectados por una emoción viva o tenemos que hacer frente a obligaciones que salen de lo ordinario. Nuestro cerebro, que ha permanecido en estado de alerta a lo largo del día, seguirá estándolo al llegar la noche merced al impulso adquirido.

Una sencilla experiencia nos ha permitido comprobar esa influencia que ejercen nuestras preocupaciones sobre el sueño. La resistencia de la piel varía durante una situación de stress: así, se ha podido observar que cuando se producía un sueño perturbado, había un aumento de la conductividad de la piel.

¿Cómo remediar esta clase de insomnio?
Cuando se trata de un desorden que es originado por algún suceso externo, un ruido o algo por el estilo, la supresión de dicho suceso bastará normalmente para que se produzca la vuelta del sueño. Si se trata de una afección psíquica o de una crisis pasajera, no cabe duda que el mejor remedio será la resolución de ese conflicto o crisis.
Pero no pocas veces rehusamos ver dónde reside el origen auténtico del insomnio y le echamos la culpa al propio sueño. En consecuencia, éste se convierte en la causa de nuestras desdichas. En la medida en que la razón del insomnio no descanse en el dormir mal, habrá otras alteraciones que se vengan, a unir con éste, como pueden ser dificultades en el trabajo, obesidad, bulimia•, o, por el contrario, falta de apetito, agresividad hacia nuestro entorno... Ante cada una de estas contrariedades nuestra tendencia será acudir al dormir como si fuera el único causante de todo. Por fin quedará resuelto todo ese engranaje bien por la integración del suceso traumatizante (en caso de que se trate de algún fallecimiento), o por un nuevo interés afectivo (si es cuestión de una pasión desgraciada), o incluso por una oferta de trabajo (cuando mediaba algún problema financiero). Entretanto, lo mejor seguirá siendo que nos adelantemos al futuro, imaginando la forma de proceder y soluciones nuevas en orden a los problemas que nos ocupan.

• *bulimia:* hambre excesiva.

Un insomnio momentáneo no constituye ningún drama

Si el insomnio accidental no queda zanjado en breve plazo, hay peligro, por desgracia, de que se convierta en obsesión. Hay algunos individuos para quienes el no dormir significa un drama tal que intentarán compensarlo haciéndose pasar ante la familia por unos mártires. En el fondo de todo su montaje teatral suele anidar no pocas veces cierto cúmulo de errores acerca de la naturaleza del dormir. En no pocas ocasiones se suele creer que el no dormir provoca enfermedades, o que uno va a ser capaz de trabajar al día siguiente. De hecho, poseemos muchos más recursos de los que hacemos que entren en juego. Los estudios psicológicos han venido a demostrar que, incluso después de una mala noche, si uno está suficientemente motivado y tiene interés en ello, puede trabajar como de ordinario.

En lugar de abonar al insomnio su tributo por partida doble —una vez por la noche y otra durante el día— sería mejor emplear ese excedente de tiempo, como hacen algunos niños, en jugar o en preparar el programa de trabajo para el día siguiente, si no ya en imaginar cosas agradables.

EL INSOMNIO IMAGINARIO

El falso insomnio es un fenómeno harto frecuente. El miedo a no dormir lo suficiente ha merecido incluso un nombre científico: agriniafobia o miedo al insomnio (agrinia). Por lo general, los que afirman que no han pegado ojo en toda la noche suelen ser histéricos o hipocondríacos•, pero es cosa que puede acaecerle a todo el mundo. Este tipo de insomnio consiste en una apreciación indebida del tiempo invertido en dormir.

• *hipocondríaco:* persona ansiosa en lo referente a su propia salud, cosa que con frecuencia se traduce en perturbaciones abdominales.

Los falsos insomnes suelen aducir en muchas ocasiones pruebas para justificar que no han dormido. Así, aseverarán que han oído dar todas las horas durante la noche. Ahora bien, se ha podido comprobar en laboratorio que puede uno dormir lo suficiente como para seguir contando las campanadas del reloj, sin que por eso tenga un sueño demasiado alejado de lo normal, con unos retrocesos más frecuentes a las fases del dormir ligero próximo a la vigilia. Son las fases en que uno se despierta con la sensación de que no ha estado dormido en absoluto y ha escuchado el reloj. De este modo se comprende mejor que pueda haber individuos que, a pesar de que dan la impresión de que son normales por completo, sean capaces de afirmar que no han dormido durante varios días o semanas.

La mayoría de las personas que duermen bien efectúan una evaluación exacta casi del tiempo que tardan en conciliar el sueño, o sea entre cinco y diez minutos. En cambio, los falsos insomnes pretenderán que tardan en hacerlo una hora, siendo así que en laboratorio se podrá comprobar que al cabo de un cuarto de hora ya están dormidos. La deformación del tiempo, junto a la impresión de que éste pasa muy rápido o que, por el contrario, no acaba nunca es una de las características propias de los estados de ansiedad o preocupación durante el estado de vigilia. *A fortiori*, cuando uno se halla en la oscuridad y solo, las horas se antojarán mucho más largas •.

• Ya notábamos este mismo alargamiento del tiempo en las experiencias efectuadas por espeleólogos que permanecían en el fondo de grutas en las que estaban privados de toda influencia exterior. Véase la pág. 15.

No cabe duda de que el falso insomnio resulta todavía mucho más penoso puesto que cuantos nos rodean no creen en él y también lo niega en parte el electroencefalograma. Por otro lado, es fácil sorprenderle en trampa al falso insomne con sólo hacerle caer en la cuenta de que no recuerda tal o cual incidente que haya podido ocurrir mientras dormía.

Cuando uno se despierta a la mañana... seguro de que no ha dormido

Según eso, ¿hay que desechar el falso insomnio y no hacer caso de él? Por supuesto que no, ya que el sentimiento subjetivo de haber dormido mal constituye en sí mismo un problema. Además, comparando el sueño de los buenos durmientes con el de los malos, se observan auténticas diferencias objetivas de orden y ritmo en la calidad de dichos sueños. El aspecto ilusorio de tales insomnios y el hecho de que no exista ningún medicamento específico para esta o aquella clase de dormir inducen a desaconsejar el empleo de somníferos. No se debe tratar un falso insomnio actuando sobre los mecanismos del dormir, sino sobre nuestra propia reacción psíquica respecto a él.

Convendrá que caigamos en la cuenta de que nuestra impresión de haber dormido mal no es totalmente exacta. En realidad, sólo a

Barry G..., *un agente inmobiliario, decía que se sentía molesto por haber tenido que jubilarse antes de tiempo como consecuencia de una pérdida de sueño por las noches y la consiguiente fatiga durante el día. Aseguraba que a la noche, luego de haberse acostado, permanecía una hora o más despierto y que se despertaba una serie de veces todas las noches sin que jamás fuera capaz de dormir a partir de las cinco de la mañana. «Ni siquiera dormía cinco horas cada noche», y su mujer nos dijo que se sentía obsesionado por la necesidad de contar con «su cantidad normal del sueño». Ni las pastillas ni el psiquiatra le habían aportado el menor alivio. Cuando le pedimos que llevara un diario y tomara notas cada cuarto de hora sobre sus sensaciones de somnolencia, corroboró sus dolencias con todo lujo de detalles. Eso no obstante, cuando vino a nuestra clínica para pasar en ella un par de noches completas de sueño controlado, su cuerpo nos contó una historia bien distinta. Barry G... era un durmiente normal. En realidad, tardaba diez minutos en dormirse, y sus ratos de vigilia no pasaban de los veinte minutos por noche. Disponía, pues, de siete horas y trece minutos de sueño normal.*

Barry G... fue invitado a que confrontara nuestras grabaciones con su pseudoinsomnio. Aquellos datos objetivos modificaron su experiencia subjetiva, y tres meses más tarde tenía que reconocer que gozaba de un dormir normal y que le parecía que se despertaba con menos frecuencia por la noche •.

• M. Mitler, C. Guilleminault, J. Orem, V. P. Zarcone y W. C. Dement: «Les troubles d[u] sommeil», en *Psychologie n.º 74 (marzo, 1976).*

medias estamos en desventaja: hemos dormido un número suficiente de horas, aun cuando las hayamos aprovechado mal. Por lo mismo, hay que distinguir entre la falta total de sueño y el no hacerlo más que con un ojo, por así decirlo. Semejante toma de conciencia puede ayudar a que retorne el sueño normal.

También conviene que sepamos que no existe una cantidad ideal y necesaria de sueño. Las ocho horas de dormir procedente de la división en tres tiempos iguales en la actividad desarrollada durante las veinticuatro horas del día (ocho para trabajar, ocho de esparcimiento y ocho para dormir) no suponen ninguna obligación, sino un término medio, pudiendo haber sujetos que tengan bastante con cinco horas de sueño, en tanto que otros dormirán muy mal aunque permanezcan doce horas en la cama.

La duración de nuestro dormir no debe ser fija sino revisable de acuerdo con las circunstancias

No sólo se dan variantes entre un individuo y otro, sino también en una misma persona. Si uno duerme una media de siete horas, puede haber períodos durante el año en que le bastará con seis; en cambio en otros momentos las ocho horas apenas si resultarán suficientes. Por lo tanto, debemos comprender cuál es nuestro propio ritmo en el dormir y conjugar una serie de factores ambientales y de la vida social que pueden alterar ese ritmo. El insomnio imaginario suele consistir con frecuencia en la falsa tendencia a imponerle al propio sueño un ritmo artificial y ajeno a nosotros mismos.

LOS INSOMNIOS ENFERMIZOS

Entre los insomnios enfermizos hay algunos que son debidos a causas fisiológicas, otros a estados psíquicos anómalos y otros terceros al abuso de somníferos. Las enfermedades graves es fácil que vayan acompañadas por cierto insomnio. En tales ocasiones convendrá usar calmantes, teniendo siempre en cuenta las contraindicaciones debidas a la enfermedad. Todo ello a despecho de una serie de prejuicios que estiman el sufrimiento como redentor.

Los insomnios neurológicos, que provienen de lesiones cerebrales, suelen ser excepcionales. En consecuencia, deben tranquilizarse todos aquellos que creen que tienen algún tumor en el cerebro dado que no duermen. Por otro lado, los enfermos aquejados por un mal grave suelen ser precisamente los que menos se quejan de insomnios.

Los procedentes de perturbaciones psíquicas van desde un estado parecido al normal hasta ciertos síntomas más graves, como pueden ser ciertos delirios. El pequeño insomnio de tipo neurótico se aproxima al imaginario y proviene de un exceso en el funcionamiento del estado de vigilia. Nuestras obsesiones, fobias o angustias nos asaltan justamente en el momento de dormir y las damos

vueltas sin que nos sea posible conciliar el sueño. Durante el día, el tema del insomnio llegará a convertirse en tales casos en un leitmotiv, como suele suceder a veces con el insomnio ocasional.
La mayoría de estos insomnios lo son del adormecimiento, y rara vez sobrevienen a mitad de la noche. El miedo a ésta y a las tinieblas, asociado a la imagen de la muerte, pasa a convertirse entonces en el motivo inconsciente del insomnio. Lo que caracteriza las quejas de los insomnes en su soledad: de noche nos sentimos solos, y el saber que el entorno familiar ya no responde a nuestro requerimiento agudiza esa soledad. Los vómitos, las perturbaciones gástricas y los dolores de cabeza que suelen asaltar en tales circunstancias a los insomnes les ayudan para establecer cierto contacto con aquellos que duermen. El niño llora, el adulto no lo hace pero se siente enfermo. No cabe duda de que la agresividad característica de éste, que se levanta con el pie izquierdo va unida a los celos que experimenta respecto a los que, con su sueño, desprecian su soledad.

El reducir las horas de sueño nunca supone más que una tregua

El miedo a la noche y la excesiva importancia que se le otorga a alguna actividad de la vigilia en relación con la urgencia de descanso pueden también provocar una especie de insomnio voluntario: no dormimos porque intentamos trabajar al máximo, porque el dormir no sirve para nada y es tiempo perdido. Es raro que sea uno capaz de mantener un ritmo abreviado en el dormir, si dicho ritmo no responde al que es propio de nuestro organismo. Por eso el hombre de negocios o aquel que toma sus responsabilidades demasiado a pechos corre el riesgo de sufrir de improviso una depresión nerviosa.

Juan Y..., *de cuarenta y cinco años, es director comercial adjunto: su promoción es todavía reciente y tiene que ponerse al tanto de todo el cúmulo de los asuntos a la par que se entrevista con el personal que ha de trabajar a sus órdenes. Son incesantes sus desplazamientos para acudir a todas las sucursales: como es un hombre muy responsable, cuando está en su despacho no es capaz de rechazar ninguna entrevista a cualquiera de sus colaboradores. La inestabilidad inherente al puesto y las concentraciones de empresas alimentan un clima de inseguridad en todo directivo. Con objeto de poder hacer frente a todas sus tareas, toma varios cafés cargados por la noche, se acuesta a la una y media de la madrugada y se despierta sobresaltado para las cuatro: ha olvidado algún apartado importante en el informe que acaba de someter a la dirección general. Ya no podrá volver a conciliar de nuevo el sueño más que en intervalos insuficientes, hasta que se levante a las siete y media. Cree que será fácil recuperar el sueño perdido en las noches siguientes. En realidad, a la misma hora se volverán a repetir el despertarse sobresaltado y la angustia, unidos a una rumia constante de las preocupaciones profesionales pasadas o por venir. Cuantos le rodean perciben la alteración de su carácter y sufren las consecuencias de sus cóleras explosivas e injustificadas. Está claro que la prolongada ausencia de sueño es la causa de tales modificaciones de conducta en un hombre cuya personalidad propende a ser demasiado rígida y perfeccionista*•.»

• L. Colonna, P. Ginestet: *les Troubles du sommeil et leur traitement* (París, Laboratorios Wyeth-Byla, 1974).

Si a este tipo de insomnes neuróticos, angustiados y nerviosos se les administran somníferos, hay peligro de que caigan en un proceso de habituación. Por lo mismo, hay que evitar de forma especial los barbitúricos. Si resulta imprescindible, el médico les prescribirá tranquilizantes; pero, cuando persiste el insomnio, el duplicar las dosis no logrará sino provocar una escalada que desembocará en la toxicomanía. Por lo tanto, es mejor buscar la solución al problema a nivel de la psicología, que es donde en realidad está situado. Hoy en día no supone ningún problema que cualquier neurótico acuda al psicoanalista a fin de resolver su conflicto personal generador de insomnio.

También suelen ir unidas a graves insomnios las enfermedades mentales, como depresiones, melancolía o manías, y los desórdenes psicóticos más agudos.

Lorenza P..., *de treinta y siete años, casada y con dos hijos, acude a consulta: a causa de un insomnio que se presentó de forma repentina tras la muerte de una de sus amigas más íntimas de la época colegial, que falleció de cáncer, su dormir se ve acosado por pesadillas de cortejos fúnebres y apariciones de la muerte: también se siente inquieta por su propia salud y trata de adivinar en sí misma los síntomas de la fatal dolencia que se ha llevado a su amiga. No encuentra ya gusto en las actividades domésticas, y los gritos y juegos de sus hijos la exasperan como si fueran un insulto a la desaparición de un ser que le era tan querido. La postura comprensiva de su esposo no es capaz de luchar con eficacia contra la impresión de vacío que encuentra en la existencia ni contra su enorme hastío físico y moral.*
Su humor es taciturno, pero Lorenza P... no presenta ideas de suicidio, antes al contrario, parece que teme a la muerte y anhela que alguien la ayude a superar esta fase difícil y auténticamente depresiva•.»

• Véase la nota de la pág. 56.

El esquizofrénico•, que se ve aquejado por su estado de sobreexcitación febril, pasará la noche sin parar de levantarse, pasear, hablar o andar manipulando con los objetos. Si se le administra un somnífero, hay peligro de que se acreciente su insomnio y agitación. Tampoco en el caso de alguien que padezca delirios logrará el consumo de hipnóticos otra cosa que reforzar las alucinaciones auditivas y visuales. Si bien estos graves desórdenes son patentes en momentos de crisis, resulta más problemática su detección entre dos crisis. Lo que importa es que el médico distinga si se trata de un insomne ocasional o de un depresivo. Una vez logrado eso, deberá prescribirle un antidepresivo para tomarlo durante el día, en lugar de un sedante para antes de acostarse•.

En consecuencia, no hay un remedio único contra el insomnio, sino toda una serie de técnicas e incluso, en determinados casos, de medicamentos tendentes a mejorar el marco higiénico del sueño.

• Véase la pág. 154.

• L. Colonna, P. Ginestet: *les Troubles du sommeil et leur traitement* (París, Laboratorios Wyeth-Byla, 1974).

LAS PLANTAS

La medicina por medio de plantas o fitoterapia (del griego *fiton*, planta) ha vuelto a colocarse de nuevo hoy en un lugar de privilegio, en tanto que las aplicaciones y recetas de medicamentos químicos van siendo cada vez más restringidos y matizados por obra de los efectos secundarios que tienen. Lo mismo que en épocas pasadas, se tiende otra vez a las tisanas o a las esencias aromáticas de plantas para curar los insomnios•.

Estos tratamientos entrañan pocos peligros y resultan eficaces para no pocos insomnios ocasionales, imaginarios e incluso para algunos debidos a la angustia o ciertas obsesiones. Maurice Mességué, célebre curandero del Gers, asevera que en un 80 % de los insomnios que él ha tratado por medio de plantas ha conseguido un éxito total, en un 10 % cierta mejoría, y en el otro 10 % el fracaso•.

Las tisanas son un remedio que se puede uno autoprescribir y que en no pocas circunstancias hasta constituyen todo un ritual familiar que antecede al irse a la cama. Tisana es el nombre común que se da a diferentes preparaciones de plantas destinadas a ser bebidas:

— *La infusión* consiste en echar agua hirviendo sobre la planta y dejarla así en infusión entre cinco y quince minutos. Hay que hacerla fuera del fuego. La tila, por ejemplo, se suele preparar como infusión. Rara vez se conserva ninguna infusión más allá de las veinticuatro horas.

— *La decocción*, por el contrario, se prepara directamente sobre el fuego. Se pone la planta en agua fría y se hace que hierva de diez a veinte minutos de este modo se logrará la decocción que contiene ciertas cualidades esenciales de la planta.

• Véase la pág. 149: el uso de las plantas en la práctica médica.

• M. Mességué: *Hombres, plantas y salud* (Barcelona, Mundo Actual, 1978).

— *La maceración* consiste en dejar una planta por espacio de varias horas o días dentro de un líquido (agua, alcohol o vinagre) a fin de conservarla o disolverla.
Aun cuando, por desgracia, sean cada vez más raros los herboristas, con todo sí es factible encontrar en las farmacias casi todas las plantas adormecedoras y calmantes. Entre las corrientes, aquellas cuyas virtudes tranquilizantes o dormitivas son ya conocidas desde hace mucho tiempo, cabe citar a la amapola y la tila, así como las hojas y flores de naranja. Más recientemente se ha descubierto que también el nenúfar es un poderoso sedante. Una ancestral receta preconizaba ya unas cataplasmas de nenúfar bajo los pies para lograr un sueño profundo y lleno de sueños tranquilizadores.

No siempre han sido las plumas el único contenido de las almohadas; sabemos que nuestros antepasados las hacían de paja. Ahora bien, el dormir sobre una almohada de plantas secas, como hojas de helechos o de lúpulo, ayudará a nuestra relajación cerebral y a que sobrevenga el sueño.

Según sea la planta elegida, habrá que utilizar sus órganos subterráneos (raíz, rizoma o bulbo) o los aéreos (hoja, flor, fruto, grano o corteza). En cada receta indicaremos cuál es la parte que se debe emplear.

Hay que secar las plantas para poder conservarlas

La mayoría de las plantas medicinales se pueden conservar durante mucho tiempo si se las deja secar, haciendo que pasen por lo que se llama la desecación. Al extraer el agua del vegetal, se impide su descomposición. Así para secar la tila, se colocará sobre un tamiz; las hojas y las flores eliminarán su agua antes que las raíces. Sabremos que una planta está ya seca cuando se pueda quebrar con facilidad.
Para hacer que se sequen las plantas, elíjase un lugar sombreado, con suficiente aire y que esté a una temperatura mediana. Por encima de los 40° C, se alteran ciertos principios de las plantas, como pueden ser los aceites.

RECETAS CONTRA EL INSOMNIO

Es difícil decir qué plantas convendrán más a cada uno para este o aquel tipo de insomnio. Las mismas plantas que lograrán que unos duerman, puede ponerles nerviosos a otros. Por lo mismo, hará falta probar varias veces antes de dar con aquella receta que nos conviene.
Con frecuencia la mezcla de varias plantas, a modo de tisana, será más eficaz que la acción de una sola. Así, hay varias plantas que

unidas tienen cualidades directamente sedantes: la valeriana, la amapola y la tila, junto a otras que poseen funciones reguladoras más generales.

La hierbabuena, por ejemplo, tiene un efecto calmante para los desórdenes intestinales, espasmos o cólicos; la salvia regula el sistema nervioso y actúa como estimulante en los estados de apatía y en los empachos. El agua de melisa valdrá para las indisposiciones digestivas y desmayos, así como en los casos de palpitaciones del corazón.

Vamos a indicar unas cuantas mezclas fáciles de realizar en casa:

• Fórmula 57 para dormir:

«Naranjo, hojas	30 g
Toronjil, hojas	30 g
Espliego, flores	20 g
Majuelo, flores	20 g
Valeriana, raíz	20 g
Verbena, planta	10 g
Hierbabuena, hojas	10 g

Mezclarlo bien todo. Dos cucharadas soperas por cada taza de agua. Dejarlo hervir durante dos minutos y que esté diez en infusión. Beber una taza por la noche, antes de acostarse•.»

• Se suele usar mucho la infusión de tila. Sus flores aromatizan: se recogen en cuanto se abren, hacia el día de San Juan, y se dejan secar sobre un tamiz.

También se puede hacer que la tila forme parte de una mezcla de majuelo (flores, un puñado), amapola (flores y cápsulas molidas, un puñado) y hierbabuena (hojas, un puñado)•.

• La infusión de mejorana y loto combate la ansiedad y las palpitaciones del corazón. Poner una pizca de mejorana (flores y hojas) por taza.

• También se puede tomar una cucharada de las de café de raíz de valeriana, hojas de toronjil y piñas de flores de lúpulo, en proporciones iguales para cada infusión. La valeriana tiene un olor detestable, que hace enloquecer a los gatos, crece en lugares húmedos y se recogen por el otoño sus raíces.

• Por fin, se puede mezclar un poquito de polvo de ortiga muerta con la comida que se haga a la noche.

• El jugo exprimido de plantas o su zumo pueden ser utilizados para uso interno: así, el zumo de lechuga se viene empleando contra el insomnio desde hace ya mucho tiempo. También puede prepararse la lechuga en cocción.

• R. Mantovani: *l'Art de se guérir soi-même* (París, Amour et Vie, 1966).

• M. Mességué: *Hombres, plantas y salud* (Barcelona, Mundo Actual, 1978).

Hay algunas plantas que, si bien tomadas en pequeñas cantidades provocan el sueño, cuando se consumen en dosis fuertes pueden producir insomnios, como ocurre con la tila o la manzanilla. Además, es mejor beber la tisana templada, pues, si está demasiado caliente, hay peligro de que excite.
En caso de que no baste con la infusión, también cabe tomar baños de pies o de manos con plantas y, sobre todo cuando se trata de niños, baños completos. A tal efecto, se utilizarán 500 g de flores de tila por cada litro de agua, o bien se echarán en la bañera 5 ó 6 gotas de esencia de pino.

Las tinturas de plantas
Por lo general, las tinturas de plantas se obtienen vertiendo alcohol diluido sobre las mismas. Se conservará todo junto por espacio de ocho a diez días en un frasco bien tapado, agitándolo con regularidad.
«El meliloto es una pequeña planta de los campos que tiene virtudes calmantes. Empleándolo como tintura, completará la acción de las tisanas. Después de lavarse las manos, se untarán con tintura de meliloto las palmas, dejando que se absorba sin secarlas•.»

• A. Lemaire: *les Secrets du docteur* (París, La Pensée moderne, 1965).

El empleo de plantas naturales en el tratamiento de los insomnios evita los fenómenos de habituación o intolerancia que suelen producir las sustancias químicas. De ahí que hoy en día haya una serie de investigadores, como el profesor Guerrier, de Montpellier, entre otros, que intentan hallar una explicación a estos sencillos remedios conocidos desde hace mucho tiempo.

LOS ALIMENTOS Y LAS COMIDAS
A la inversa, hay ciertos alimentos que ayudan a dormir. Ya hemos visto el efecto que producen las plantas vegetales, pero también era ya conocido hace mucho el empleo de la leche como sedante.

LA LECHE
Tomar un vaso de leche caliente o templada antes de acostarse constituye un remedio sano contra el insomnio. Hoy en día sabemos que la leche contiene triptofano, que es efectivamente un sedante.
Se puede añadir al vaso de leche —como se suele hacer en Inglaterra— algún cereal en polvo: todo el conjunto se llama un «horlick». Se ha podido comprobar que una bebida como ésta ayudaba a dormir.
Habrá, por fin, personas que prefieran tomar un yogur.
Cabe pensar que la leche, primer alimento de nuestra infancia, lleva consigo además un sentimiento de bienestar y de calor muy maternal.

Principales plantas calmantes contra el insomnio

	Propiedades e indicaciones	Modo de empleo
Majuelo *(Crataegus oxyacantha)*	Antiespasmódico. Vértigos, reglas dolorosas.	Infusión de flores y frutos, 1 cucharada sopera por taza antes de acostarse.
Albahaca *(Ocimum basilicum)*	Antiespasmódico. Insomnios nerviosos.	Infusión de flores, 1 cucharada al final de la cena, antes de acostarse.
Amapola *(Papaver rhoeas)*	Calmante, sedativo.	Infusión, 1 pizca de flores por taza antes de acostarse.
Lúpulo *(Humulus lupulus)*	Hipnótico, tranquilizante.	Infusión, 1 puñado de piñas por cada litro de agua, 1 taza antes de cenar.
Lechuga	Sedativo, hipnótico. Espasmos.	Decocción de hojas, 75 g. por cada litro de agua, cocer durante 30 mn. a fuego lento. 1 taza antes de acostarse.
Mejorana *(Origanum mejorana)*	Antiespasmódico. Contra la ansiedad y las jaquecas.	Infusión, 1 cucharada de postre por taza antes de acostarse.
Toronjil *(Melissa officinalis)*	Antiespasmódico, digestivo, sedativo.	1 cuch. de postre por taza antes de acostarse.
Naranjo amargo *(Citrus vulgaris)*	Antiespasmódico, ligero hipnótico.	De 1 a 3 gotas en un terrón de azúcar antes de dormir.
Adormidera *(Papaver somniferum)*	Hipnótico, anestésico.	No se debe emplear más que por prescripción médica.
Tila *(Tilia europea)*	Antiespasmódico, sedativo.	Infusión, 1 cucharada de postre por taza antes de acostarse.
Valeriana *(Valeriana officinalis)*	Calmante. Contra las perturbaciones nerviosas.	Maceración, 100 g. de raíz por 1 litro de agua templada durante 12 horas. 1 taza antes de acostarse.

LA MIEL

La miel contiene ciertas sales minerales que son necesarias para nuestro equilibrio (fósforo, calcio, sal y cobre) y muchas vitaminas (en especial A, E y K, pero también C, B y PP). La miel tiene distintas funciones terapéuticas, entre las que se encuentra la de resultar eficaz contra los insomnios. Una cucharada sopera de miel tomada en la cena ayudará para que sobrevenga el sueño. Según sea su procedencia, es decir según las flores que hayan libado las abejas, la miel podrá ser más o menos apropiada para combatir el insomnio: la mejor será la miel procedente de la tila.

EL VINAGRE DE SIDRA

En caso de que no baste con la miel, se puede recurrir a tomar una hora y cuarto después de la cena media cucharada de vinagre de sidra mezclada con dos cucharadas de miel. El vinagre de sidra es también abundante en fósforo, cloro, sodio y magnesio.

Café, tabaco, alcohol

El té, el café, el tabaco y el alcohol suelen ser, por lo común, otros tantos obstáculos para el sueño. Son, pues, excitantes que tendremos que desterrar si somos propensos al insomnio. Eso no obstante, no todo el mundo resulta igualmente sensible a los efectos del café o del alcohol. Hasta tal punto que habrá personas que, si se despiertan de noche, tomarán un café para volver a dormirse. Con todo, el alcohol en dosis elevadas perturba las estructuras de nuestro sueño, y el tabaco acelera la respiración y el latir cardíaco. Si se descompone nuestro sistema nervioso, difícilmente lograremos conciliar el sueño.

La cafeína aparece también en diversas bebidas elaboradas con extracto de nuez de cola. La Coca-Cola, por ejemplo, puede impedir dormir, cosa que ocurre no pocas veces con niños que beben varios vasos de Coca-Cola para merendar. Un vaso de Coca-Cola viene a equivaler a tres cuartos de taza de café.

LA CENA

La comida que se efectúa por la noche ha sido muchas veces objeto de debates contradictorios en lo referente a sus cualidades dormitivas. Para algunos, una cena abundante propicia cierto estado de somnolencia y reposo. Otros, en cambio, estiman que acarrea dificultades de digestión y que es nociva para poder conciliar el sueño.

En consecuencia, preferirán éstos una comida ligera por la noche, evitando cuanto pueda ser pesado o indigesto (grasas, féculas o dulces) o excesivamente rico (carnes).
Pero el comer demasiado poco es tan malo para el sueño como el hacerlo con exceso. Hay peligro de despertarse a media noche con hambre y, si no se satisface ésta, puede originarse el insomnio. Se ha podido comprobar que los insomnes de media noche suelen tener necesidad de proteínas y, a veces, en casos de ansiedad, de glucosa. De suerte que, cuando se despiertan a media noche, sentirán ganas de jamón, carne o queso, o de dulces. Si se sigue un régimen apropiado para estos casos, el sujeto que sea propenso a la obesidad engordará. De hecho, no pasa de ser algo abstracto el limitarse a la cena: un buen sueño está en función de la total higiene alimenticia, que comprende las tres o cuatro comidas del día. Si el almuerzo ha sido fuerte, convendrá hacer una cena frugal, y a la inversa. En cuanto sea posible, es de desear que se observe un perfecto orden alimenticio regular que otorgue poco más o menos idéntica importancia cada día a las diferentes comidas.
Una alimentación correcta supone cierta cantidad de elementos vitales (prótidos, glúcidos, lípidos, sales minerales, oligoelementos, agua, vitaminas y celulosa vegetal) así como una determinada calidad en los alimentos. En nuestro país, los insomnios suelen ser de ordinario consecuencia de exceso de alimentación unido a cierto desequilibrio en lo que comemos.

La ración diaria de comida está en función de la edad y del desgaste físico

Recuérdese que la ración alimenticia diaria de un adulto sedentario debe contener alrededor de 2.200 calorías, la de un adolescente de 2.400 a 3.000, la de un obrero o un deportista de 4.800 a 5.000 y la de una persona anciana no más de 1.800.
Un adulto debe consumir además unos 500 g. de glúcidos o azúcares (fruta, miel, leche, cereales o farináceas), 60 g. de lípidos o cuerpos grasos (productos lácticos, cerdo o nueces) y 95 g. de prótidos o proteínas (leche, huevos, queso, carne, pescado, cereales, legumbres o frutos secos). Esto es, que cada vitamina tiene su propia misión específica y no puede ser sustituida por otra. Fuera de la vitamina C, la cocción no destruye a las restantes vitaminas, contra lo que antes se creía.

Pueden encontrarse en las farmacias listas tanto de vitaminas como de calorías y otros elementos nutritivos, con lo que se simplificará el lograr una composición equilibrada de nuestras comidas. Vamos a indicar tan sólo, en los siguientes cuadros, aquellos alimentos que son especialmente ricos en las vitaminas correspondientes:

A	Pro A	B_1	B_2	B_6	B_{12}
Aceite de hígado de bacalao	Zanahoria	Huevo	Menudillos	Grano de trigo y maíz	Hígado de buey cordero o ave de corral
Aceite de atún	Espinaca	Levadura	Extractos de carne	Soja	
Hígado	Naranja	Nuez	Levadura		
	Perejil	Naranja	Huevo		
		Patata	Nuez		
		Ostra	Legumbres		

C	D	E	K	PP
Col verde	Aceite de hígado de atún	Harina integral	Harina de pescado	Levadura de cerveza
Berro		Semilla de trigo		Pescado
Grosella		Aceite de soja, de oliva		
Perejil				
Pimiento				
Cardillo				
Limón				
Tomate				

La cantidad de vitaminas que necesitamos varía según las estaciones. En primavera, precisaremos más vitaminas A (hígado, zanahoria, espinacas) y B, y en invierno, vitamina C. Eso no obstante, un exceso de esta última vitamina que se produzca inmediatamente antes de acostarnos puede producir insomnios.
La vitamina B, y de forma especial la B_6, ayuda a dormir. Por ello, en ciertos regímenes contra el insomnio se suele aconsejar la semilla de trigo, el arroz integral o la yema de huevo. Los productos lácticos y las legumbres que son ricas en calcio poseen también cierto efecto sobre el insomnio en razón del poder sedante que tiene el calcio.

Dos modelos de comidas propias para ayudar a dormir bien

En invierno:
1 sopa de tomate
De 100 a 150 g. de hígado de ternera
1 puré de patata
1 yogur y (o) una naranja

En primavera:
1 plato de verdura
1 loncha de jamón
1 arroz integral
1 dulce de cocina

Toda alimentación higiénica equilibrada supone un desayuno sólido, un almuerzo más abundante y una cena en la que se debe

evitar cualquier abuso. Pero, en caso de que se tome una cena abundante, convendrá hacerlo temprano, a fin de que la digestión acontezca antes de ir a la cama. Los alimentos requieren un tiempo mayor o menor para ser digeridos y para que nuestro estómago quede libre de ellos: las sustancias grasas exigen por encima de las cuatro horas; una loncha de jamón, un filete, las espinacas o las patatas, tres horas; el pescado cocido o ahumado, así como el pan normal o la coliflor, dos horas, y, finalmente, un par de huevos pasados por agua, un vaso de vino o un plato de patatas precisarán una hora cuando menos.
Por fin, como algunas bebidas y alimentos son más diuréticos que otros, a veces habrá peligro de que nos despertemos de noche con ganas de orinar. Por ejemplo, ocurrirá eso con los puerros, los espárragos, las cerezas, el melón, ciertas aguas minerales, el té, el vino blanco y la cerveza. No será conveniente tomarlos poco antes de acostarse.

LOS DESCANSOS DURANTE EL DIA Y LA SIESTA

Muchos insomnios son debidos a una actividad demasiado intensa en el transcurso del día, al superagotamiento o a que, desde que nos levantamos hasta la noche, no somos capaces de encontrar unos momentos para descansar. Y hemos de reconocer que este tipo de trabajo incesante es típico de nuestra civilización industrial, ya que tanto los pueblos primitivos como nuestros mismos mayores disfrutaban de abundantes fases de respiro durante la jornada. Incluso se puede notar el carácter de pueblos enteros según sean sus maneras de descansar más que por la capacidad de rendimiento y eficacia que demuestren. Siempre nos llama la atención el inmovilismo de los yoguis de la India, la indolencia de los árabes o la ponderada parsimonia de los antiguos griegos.

Distráete y dormirás mejor

En la antigüedad, tan sólo trabajaban unos pocos días, y el trabajo se veía interrumpido por fases de descanso o por ritos religiosos. Además la fiesta sucedía al trabajo, con lo que se cambiaba un cansancio desagradable, por otro grato. Notaremos que dormimos mejor cuando hayamos dedicado las horas que anteceden al sueño a cualquier actividad agradable, aunque sea fatigosa.
Por lo tanto, el trabajo intensivo no es algo natural al hombre, y, como hace notar Georges Devereux, «los primeros en trabajar de modo intensivo y continuo fueron los esclavos de la antigüedad: mineros (...) de Laurion y de Egipto, esclavos de las grandes explotaciones (...) de Roma, y morían por ello•». Siempre se suele aducir el ejemplo de unas cuantas grandes personalidades que supieron encontrar a lo largo de su quehacer diario distintos momentos de descanso y sueño en cuanto sentían que lo necesitaban.

• G. Devereux: «Réflexions ethnopsychalytiques sur la fatigue névrotique», e L. Chertok y M. Sapir: *l Fatigue* (Toulouse, Privat 1967).

Las siestas más cortas son las mejores

Otro remedio es el que emplean los meridionales, que acostumbran a echar una siesta al comienzo de la tarde, en los momentos de más calor del día. Aunque la mayoría de las personas, por desgracia, no suelan utilizar la siesta, sí siguen manteniendo unos horarios laborables que recuerdan esta tradición; así, por ejemplo, algunos de nuestros comerciantes cierran sus tiendas a la una y no vuelven a abrirlas hasta las cuatro.

Si bien la siesta hace descansar y devuelve las energías, con todo no es conveniente que sea demasiado larga. Se ha podido comprobar, en efecto, que hay algunos insomnios que se deben a haber dormido demasiado durante el día. Ese suele ser el caso, en especial, de las personas mayores. Una breve siesta descansa tanto como una larga. Basta, pues, con media hora.

Cuando la pausa... se impone

Lo mismo cabe decir de las pausas y ratos de descanso que se toman durante el trabajo. No es necesario que sean largos, pero sí deberían coincidir con una precisión de relajamiento físico y muscular. Ahora bien, la programación de las pausas y descansos de las fábricas no siempre permite lograr esa coincidencia entre el agotamiento real y el instante en que se detiene el trabajo. Este mismo desfase se llevará incluso hasta en la hora de ir a la cama: nos acostamos a tal hora porque tenemos que levantarnos a las seis o las siete de la mañana siguiente, cuando acaso nuestro auténtico cansancio hubiera exigido el acostarnos más pronto o más tarde.
El tomar el descanso tumbado no tiene por qué ser la mejor forma por fuerza de hacerlo, o, por lo menos, no es la única. En las estepas africanas, hay algunos soldados que descansan de pie; otros pueblos se ponen en cuclillas, y, sin ir más lejos, ¿quién no ha visto a más de un estudiante durmiendo sobre el pupitre con la cabeza entre las manos? Lo que haría falta es, como en el caso de este último, no tener vergüenza a tomarse un rato de reposo y ser capaz de descansar a pesar del trabajo.

El ritmo de descanso debe concordar con el de trabajo

Por otra parte, no hay que olvidar que las tareas regulares y repetitivas no reclaman el mismo tipo de reposo que las irregulares, que se centran en un esfuerzo intensivo.
Las primeras exigen un descanso que esté distribuido en breves espacios entre dos y cuatro horas. Las segundas tienen necesidad de un tiempo largo de recuperación para compensar el esfuerzo llevado a cabo. Mejor que insistir en el detalle que acude siempre a la pérdida de energía, a la sensación de flojedad o agotamiento y al sentirse uno incapaz de hacer nada sería valorar el tiempo de descanso que nos aguarda, bien se llame tiempo libre, holganza o convalecencia.

No pocos insomnios son debidos a que no sabemos aceptar nuestro tiempo libre, ni lo que hacer durante él. Entre los pueblos primitivos, el tiempo de no-trabajo se empleaba para rehacer las fuerzas.

EL AGUA Y LOS BAÑOS

El agua posee ciertas cualidades descongestionadoras que pueden actuar como reguladoras de la circulación sanguínea tanto de nuestros miembros como del cerebro. Así, la ducha, de acuerdo con su temperatura, podrá tener un efecto relajador o tonificante.

Por la noche, una ducha caliente eliminará los detritus que ha almacenado nuestro cuerpo y, si se toma con un chorro tenue que caiga sobre la columna vertebral, hará que se relajen los músculos de la espalda.

Por la mañana, en cambio, una buena ducha templada o fría, pero vigorosa, activará nuestra circulación y revitalizará los músculos.

En invierno, para las personas que sienten los pies fríos, los baños de pies, acompañados de fomentos sobre ellos, harán que la sangre llegue a las piernas y circule por ellas. Convendrá introducirlas hasta las rodillas en un recipiente de agua bien caliente, a la que se podría añadir una cucharada grande de harina de mostaza•. Por lo general, bastará con un cuarto de hora para restablecer una correcta circulación.

• El agua demasiado caliente es desaconsejabl para los individuos que padecen de varices. En cambio, les vendrá bien tomar baños de piernas templados y con bicarbonato de sosa.

En el verano, si uno tiene demasiado calor, un baño frío de pies por espacio de uno o dos minutos ayudará a la descongestión.

Los fomentos con compresas o con paños húmedos calientes no sólo sirven para los pies. Efectivamente, en casos de insomnio pertinaz suele ser bueno envolverse el vientre o los riñones con toallas mojadas durante un tiempo que puede oscilar de diez minutos a una hora antes de dormir. La medicina natural de Kneipp aconseja asimismo, en caso de que uno suela despertarse por la noche, «el baño de asiento frío, entre 14 y 18° C, durante diez segundos. Hay que tomarlo al levantarse, y volver a la cama enseguida sin secarse, en el hueco todavía cálido•».
El baño con flores de heno tiene un efecto relajador similar al de tila. Hay que permanecer en él durante un cuarto de hora.

• S. Kneipp: *la Médecine naturelle* (Colmar, Alsatia, 1965).

LA SEXUALIDAD

No hay relación directa entre la actividad sexual y el dormir. El orgasmo, en efecto, no produce sueño, como no pocas veces suele echarle en cara la mujer al hombre. Antes, al contrario, bastantes veces puede ser un factor de energía y actividad.

Por el contrario, sí existe relación directa entre la forma en que uno vive psicológicamente su vida sexual, y la prontitud en el dormirse. Algunas personas se dormirán nada más acabar de hacer el amor para evitar el enfrentarse con las exigencias o los discursos de la otra parte. Otros, en cambio, padecerán insomnios por verse sujetos a la impotencia o frigidez. En estos casos el insomnio pasa a ser un problema de sexualidad o de relaciones humanas.

El dormir dos juntos puede vivirse como un acto más íntimo que el propio acto sexual

Para muchas personas, y en especial cuando se trata de mujeres, el hacer el amor no es sinónimo de dormir con su pareja, al menos si no están casados. En tales casos, el dormir juntos resulta una forma de proceder más íntima que reclama un paso suplementario en la confianza y el abandono de uno mismo. En realidad, el dormir dos personas juntas no es algo tan natural como para no exigir una serie de mutuas concesiones por parte de los enamorados. Con todo, se ha podido constatar en laboratorio que, una vez adquirida la costumbre de dormir acompañado, se experimentan ciertas dificultades en hacerlo solo. Será menester en tales ocasiones volver a aprender a hacerlo así, como antes hizo falta acostumbrarse a dormir con otro. Por lo mismo, no conviene convertir a nuestra compañera o compañero de cama en el objeto fijo y rígido de alguno de nuestros ritos para dormir.

EL EJERCICIO FISICO

El ejercicio físico, si es comedido y no se hace en momentos muy próximos al ir a acostarse, tiene una influencia benéfica sobre el sueño: dormiremos mejor, menos y con una calidad de sueño superior. El ejercicio físico ayudará a la fijación del oxígeno en los músculos y esas reservas musculares propiciarán la metabolización y evacuación de los desechos que se han ido acumulando con la fatiga.

Eso no obstante, cuando uno lleva una vida sedentaria no hay que esperar que de la noche a la mañana el ejercicio le proporcione el sueño. Como en las restantes cosas que ayudan a dormir, también aquí la regularidad será la mejor garantía para la debida higiene del sueño. A veces podrá bastar con andar un poco antes de ir a la cama. A modo de ayuda, unos cuantos ejercicios respiratorios a la mañana pueden preparar nuestro sueño de la noche. Si nos despertamos pronto, es preferible que pasemos el tiempo que antecede al desayuno haciendo unos ejercicios de oxigenación y flexibilidad, que dejar que se nos peguen las sábanas.

EL YOGA

Los yoguis solían aconsejar para dormir el colocarse en una postura denominada «dradhasana»: acostarse sobre el lado derecho, con la cabeza hacia el norte y los pies hacia el sur, y teniendo las piernas estiradas, y no encogidas, a fin de facilitar la circulación de la sangre; el brazo derecho a lo largo del cuerpo y el izquierdo doblado bajo la cabeza, a modo de almohada. El dormir sobre el costado derecho ayuda a la primera parte de la digestión. En la segunda fase, convendría girar sobre el costado izquierdo.

Aunque uno no haya practicado nunca el yoga, no está mal hacer con regularidad antes de acostarse unos cuantos ejercicios corporales o respiratorios previos de los recomendados por los yoguis. Toda postura del yoga lleva típicamente emparejada la ausencia de esfuerzo en su ejecución, la inmovilidad y cierto equilibrio estable.

Ejercicios de relajación

Hay que tumbarse sobre una superficie que sea lisa y dura. Por lo tanto, estos ejercicios no pueden hacerse sobre la cama.

Cuatro ejercicios para principiantes

1. Tumbarse de espaldas, con los brazos un poco separados del cuerpo y las palmas de las manos mirando hacia arriba; las piernas separadas, con las puntas de los pies vueltas hacia fuera, y el mentón ligeramente hundido.
Dejar que se relajen todos los músculos.
Respirar tranquilamente mediante una respiración ventral. Es decir que, colocando una mano sobre el estómago y la otra sobre la caja torácica, se note cómo se hincha aquél al inspirar y se hunde en la espiración. La mano que queda sobre el pecho no debe moverse. Estirar una tras otra las piernas mientras se inspira, y relajarlas al espirar.

2. Tumbarse sobre el costado derecho, en la postura citada más arriba para dormir. Hacer diez respiraciones, y ponerse luego sobre el lado izquierdo.

3. Tumbarse boca abajo. Girar la cabeza hacia la derecha, con la mejilla contra el suelo. Elevar la pierna y el brazo derechos, con la mano derecha apoyada de plano y a la altura de la cabeza; mientras, la pierna y el brazo izquierdos permanecerám estirados, con la palma de dicha mano vuelta hacia arriba. Permanecer en esta postura haciendo varias respiraciones, para volver luego a empezar girando hacia la izquierda.

4. Colocarse de nuevo de espaldas, como en el primer ejercicio. Doblar las rodillas mientras se inspira y luego relajarlas al espirar. Permanecer un momento tendido procurando acompañar las res-

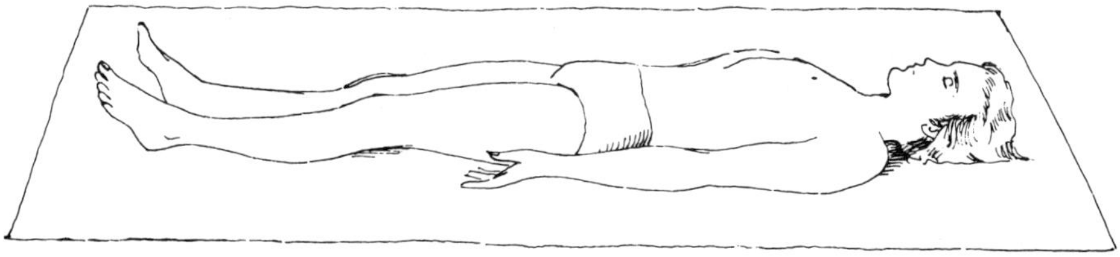

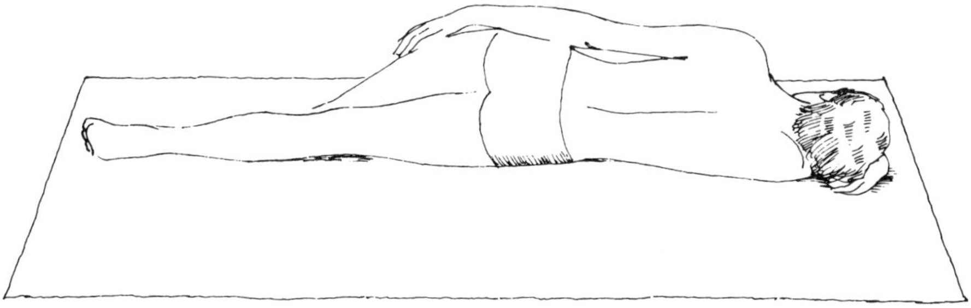

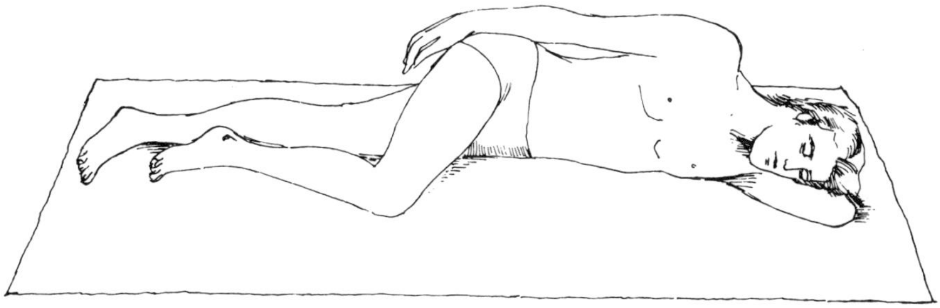

piraciones con cierta sensación como de estar flotando y relajado mentalmente.

La postura del loto: para iniciados
Para aquellos que están ya más acostumbrados a las posturas del yoga, y que sean capaces de adoptar sin mayor esfuerzo la posición llamada del loto, será aconsejable colocarse de ese modo antes de acostarse o cuando se produce algún insomnio por la noche.
La postura del loto consiste en colocar el pie izquierdo sobre el muslo derecho, lo más cerca posible de la ingle, y, echándose luego un poco hacia atrás, poner el pie derecho sobre el muslo izquierdo. Las manos descansarán sobre las rodillas, que permanecerán apoyadas en el suelo, con una posición bien equilibrada. Enderezar el busto sin echarlo para atrás, dejando brazos y hombros relajados.
Al comprimir la arteria femoral, la postura del loto hace que sea más lenta la circulación de las piernas y disminuyen los latidos del corazón. Después de varias respiraciones, se podrá dejar de hacerlo

por un momento. Con esa detención de la respiración aumentamos todavía más la disminución de la corriente sanguínea. Luego de un tiempo más o menos largo, notaremos cómo poco a poco nos va invadiendo el sueño.

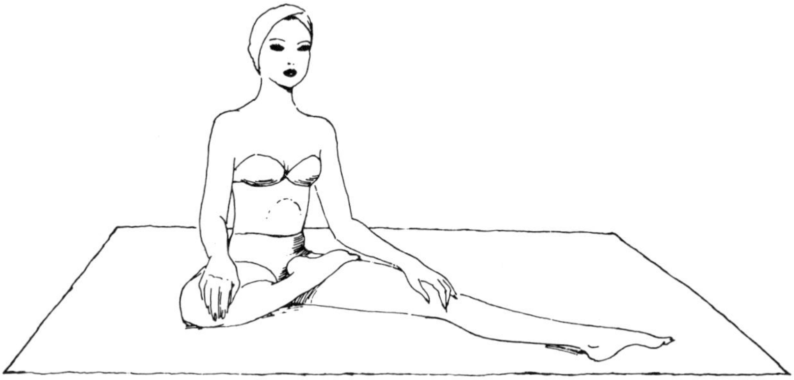

LA RELAJACION

Para dormir no se precisa una relajación completa de los músculos del cuerpo. Por lo menos en la fase del sueño lento, seguimos manteniendo cierta tensión en los músculos de posición. Pero la relajación como método que posibilita el reducir la presión de nuestros músculos, que han adquirido el hábito de contraerse involuntaria y automáticamente. Ahora bien, estas contracciones y tensiones locales pueden ser un obstáculo para el sueño.

EL TRAINING AUTOGENO DE SCHULTZ

En 1912, el alemán Schultz elaboraría, partiendo de las técnicas hipnóticas, un método de relajación que podía ser puesto en práctica por un sujeto sin contar con la ayuda de nadie. «Training autógeno» quiere decir «entrenamiento producido por uno mismo» (del griego *autos:* el mismo, y *gignomai:* engendrar). Desde entonces, este método, que tiende a lograr la relajación mental y a reducir las tensiones musculares, se suele utilizar de ordinario en la psicoterapia. Puede también ser útil para los casos de insomnio pertinaz. Con todo, conviene añadir que se trata de un método a largo plazo y que exige un auténtico esfuerzo sobre uno mismo, por lo que conviene ponerlo en práctica bajo control médico. En efecto, de un lado puede encerrar ciertos riesgos fisiológicos, y, de otro, la relación médico-paciente será importante en orden a resolver algunas de nuestras resistencias psicológicas respecto al sueño. También puede realizarse en grupos. En realidad, se trata de una higiene corporal y mental.

Ejercicios de training autógeno

Van graduados de menor a mayor dificultad, y constan de una serie de relajamientos que se efectuarán sobre:

1. los músculos;
2. el sistema vascular;
3. el corazón;
4. la respiración;
5. los órganos abdominales;
6. la cabeza.

No vamos a presentar aquí más que los ejercicios 1, 2, 3 y 4, que son los más apropiados para los casos de insomnio.

1. *El ejercicio pesantez (relajamiento muscular).*

Tumbarse de espaldas, con la nuca sobre un cojín pequeño, los ojos cerrados, los brazos descansando ligeramente flexionados a lo largo del cuerpo y las palmas de las manos vueltas hacia abajo. Aflojar las puntas de los pies, haciendo que giren hacia afuera. Sin hacer ningún movimiento ni hablar, representarse mentalmente las siguientes fórmulas:

a) «Estoy completamente tranquilo.»
b) «Mi brazo derecho (el izquierdo para los zurdos) es pesado.»

Debe uno sentir entonces cierta sensación de pesantez en el codo y en el antebrazo. Al cabo de medio minuto o de un minuto, se operará una «recuperación» que consiste en:

a) hacer una serie de flexiones y extensiones enérgicas de brazos;
b) inspirar y espirar profundamente;
c) abrir los ojos.

Estas tres operaciones se representan mentalmente por:

a) «doblar el brazo»;
b) «respirar»;
c) «abrir los ojos».

Se puede hacer dos veces este ejercicio, pero no convendrá prolongarlo por mucho tiempo. Al cabo de diez o quince días, se podrá aprender el ejercicio siguiente.

2. *El ejercicio del calor (relajamiento vascular).*
a) «Estoy completamente tranquilo.»
b) «Mis brazos y piernas son pesados.»
c) «Mi brazo derecho está muy caliente.»
El relajamiento de los vasos sanguíneos producirá entonces una sensación de calor que aportará una especie de estado de sedación, adormilamiento y flojedad. Cuando uno experimente rápida e intensamente calor y pesantez, pasará al tercer ejercicio.

3. *El ejercicio de la regulación del corazón.*
Este ejercicio consiste en aprender a sentir el propio corazón. Un 50 % de las personas no tiene conciencia de su corazón y deben procurarla. Para ello, se tumbarán de espaldas, con la mano derecha sobre el corazón y el codo ligeramente elevado. Deberán pensar: «Mi corazón late, tranquilo y fuerte.»
Una vez que se haya aprendido a sentir el corazón, se podrá, bajo control médico, acelerar o disminuir su ritmo.

4. *El ejercicio de la regulación de la respiración.*
Luego de haber efectuado los ejercicios precedentes, se concentrará uno sobre la fórmula:
«Respirar tranquilamente» o «Todo mi ser respira.»
Como se puede apreciar, los ejercicios del training autógeno no recurren al esfuerzo voluntario, como lo hacía la gimnasia, por ejemplo, para la espiración o inspiración. Se trata, más bien, de dejar que nuestro cuerpo siga su ritmo natural.

LA RELAJACION PROGRESIVA DE EDMUND JACOBSON

Hacia 1908, el fisiólogo americano Edmund Jacobson elaboró un método de relajación que se basa directamente en consideraciones neurofisiológicas. Se le recriminará no sin razón que dejó de lado el aspecto psíquico que contiene la relajación, pero el aprender a sentir los propios músculos, a dominar el cuerpo mediante la técnica de Jacobson no deja de ser un procedimiento práctico para conciliar el sueño. A pesar de todo, también aquí como en el caso del training autógeno, hay que contar con el control médico.

Ejercicio de relajación progresiva

1. Estando tumbado sobre la cama, se toma conciencia de la diferencia que existe entre un músculo tenso y otro relajado. Para esto, se explora poco a poco todo el terreno muscular del propio cuerpo, desde los pies hasta la cabeza, desde los dedos hasta la nuca y

desde los músculos de la mandíbula hasta los de los párpados, a fin de sentir las menores tensiones musculares. En cada músculo se ponen en juego estados de tensión y de relajamiento cada vez más sutiles: se va contrayendo y relajando cada músculo, al principio con energía y luego cada vez con mayor suavidad.

2. En una segunda fase, se aprende la relajación diferencial, que consiste en saber qué músculos pueden relajarse mientras los demás permanecen en reposo.

3. Por fin, se intenta conocer a qué tensión muscular responden estas o aquellas emociones corrientes en nuestra vida social (sentimiento de cólera, de timidez, miedo, envidia, etc.).

EL SUEÑO CONDICIONADO

A partir de los descubrimientos de Pavlov acerca de los reflejos condicionados•, se introdujo en Francia, por los años 1950, el método del parto sin dolor. Se trataba de condicionar a la mujer, por medio de una serie de ejercicios, para unos nuevos reflejos que le ayudaran en el parto.

De forma similar, y aproximadamente por la misma época, el Dr. Scandel propondría un método para condicionar nuestro sueño. Se trata, por un lado, de romper con las tensiones y actividades cotidianas gracias a ciertos ejercicios seleccionados, a la par que, por otro, se intenta «provocar el acceso del sueño merced a un relajamiento neuromuscular y a ciertos influjos reflejos•».

Nuestro cuerpo nos informa de que tenemos sueño por medio de una serie de manifestaciones, como bostezos, desperezamientos, relajación muscular... Entre esas reacciones automáticas y nuestro sueño media una relación de condicionamiento. El insomnio supone la pérdida de la relación de dependencia entre esos automatismos y el dormir que debería seguirlos. El método del sueño condicionado nos permitirá volver a condicionar el dormir gracias a unos cuantos ejercicios.

Esta reeducación exigirá la repetición diaria, y por espacio de cinco a diez semanas, de los ejercicios prescritos. Será menester seguir haciéndolos todavía quince días después de haber recuperado el sueño. El Dr. Scandel obtuvo con este método un 76 % de éxitos en casos de insomnios crónicos. Si uno es de temperamento activo, volverá a acondicionar el sueño con mayor celeridad que el que lo tenga apático.

• Recordemos muy sucintamente que Pavlov, fisiólogo ruso, descubrió que se podía provocar en un perro un reflejo de salivación ante el simple sonido de una campana, con tal de que previamente se le hubiera acostumbrado a oír dicha campana siempre que se le presentaba su comida.

• M. Scandel: Victoria sobre el insomnio (Bilbao, Mensajero, 1972).

Los ejercicios de sueño condicionado•

Hay que hacerlos por la noche en la cama y sin luz, para propiciar el estado de relajamiento, con los ojos cerrados y tumbado de espaldas. A ser posible, conviene que siempre se hagan a una hora regular. Comprenden seis movimientos de relajamiento muscular y

• Según M. Scandel: ibíd.

otros seis respiratorios; se repetirán los primeros cuatro veces y los segundos cinco.

Movimientos de relajación muscular

Ejercicio n.º 1

«Primer tiempo: dobla lentamente la rodilla derecha, empleando la menor cantidad posible de energía.
Segundo tiempo: deja volver a caer la pierna a su punto de partida, sin retenerla lo más mínimo, con un movimiento de abandono natural. El borde externo del pie se deslizará sobre la cama al ir y al volver. Procede de la misma forma con la pierna izquierda.»

Ejercicio n.º 2
«Realiza el mismo movimiento con las dos piernas simultáneamente. Emplea un abandono completo a fin de que el movimiento sea fluido. Los ejercicios 1 y 2 han de hacerse con los brazos extendidos a lo largo del cuerpo.»

Ejercicio n.º 3
«Primer tiempo: siguiendo aún con el mínimo consumo de energía, dobla lentamente el antebrazo derecho sobre el brazo. La mano, quebrada por la muñeca, ha de volverse hacia dentro, con los dedos abiertos medio doblados. El antebrazo seguirá manteniéndose relajado.
Segundo tiempo: deja que vuelva a caer pasivamente, por simple inercia, el antebrazo hasta su punto de partida; el segmento que va del codo a los hombros se apoyará sobre la cama en ambos tiempos.
Procede de igual forma con el otro brazo.»

Ejercicio n.º 4
«Realiza el ejercicio n.º 3 con los dos brazos a la vez.
La simetría del movimiento facilitará todavía más su relajación.»

Ejercicio n.º 5
«Primer tiempo: sin crispación ninguna y sin hacer esfuerzo, eleva lentamente la caja torácica contrayendo la pared abdominal. El abdomen se comprimirá, echando los hombros hacia atrás e hinchando el torso.
Segundo tiempo: relájate libremente tendiendo a eliminar toda contracción.»

Ejercicio n.º 6
«Primer tiempo: estiramiento general partiendo de la postura inicial, con los brazos a lo largo del cuerpo, las palmas de la mano

mirando hacia arriba; los hombros impulsarán el busto hacia lo alto, se contraerá el cuello, ahondando la espalda y haciendo que desaparezca el abdomen.
Segundo tiempo: haz que vuelvan a caer los brazos a lo largo del cuerpo relajando la musculatura.
Si la ejecución de estos movimientos resulta satisfactoria, el sujeto tiene que experimentar la sensación de que responden a una necesidad instintiva.»

Movimientos respiratorios
«Permaneciendo siempre con los párpados cerrados, echa hacia atrás los hombros, hunde los omoplatos y separa la cabeza, con lo que la respiración será armoniosa y fácil.»

Ejercicio n.º 1
«Manteniendo el ritmo respiratorio espontáneo por la nariz, percíbelo de modo consciente.»

Ejercicio n.º 2.
«El mismo ejercicio anterior, con un tiempo de descanso intermedio, se concluye espirando.»

Ejercicio n.º 3
«El mismo ejercicio del n.º 1, pero emitiendo el aliento por la boca, con los labios casi juntos.»

Ejercicio n.º 4
«Repite el ejercicio n.º 3 haciendo una pausa respiratoria.»

Ejercicio n.º 5
«Inspira con fuerza con la boca abierta. Levanta al principio el abdomen para hundirlo en seguida a fin de hinchar el pecho. Espira por la boca, con los labios juntos, dejando que vuelva a caer la caja torácica.»

Ejercicio n.º 6
«Bosteza de modo amplio a la par que estiras todo el cuerpo, de manera análoga a la del último ejercicio muscular.»

EL HIPNOTISMO
Es evidente que no podemos contar con un hipnotizador a domicilio cada noche (aunque ya hubo un doctor que tenía la costumbre de telefonear todas las noches a sus pacientes más enfermos para darles la señal de dormir). De hecho, lo que puede hacer un hipnotizador es enseñarnos a entrar, bajo el efecto de la hipnosis, en un estado que ayude a dormir, y darnos la voz de mando o la señal

que habremos luego de repetir cada noche antes de dormirnos.
Los remedios propiamente hipnóticos contra el insomnio consisten en el aprendizaje del autohipnotismo y en la sugestión psothipnótica. Hay que precisar que la hipnosis en sí misma es un estado diferente al del sueño, pero que es fácil pasar del estado hipnótico al sueño y viceversa.
El método más sencillo para producir el sueño suele consistir en hacer una señal, gesto o fórmula que le sirva al sujeto como condicionamiento que antecede al sueño. En casos de insomnio imaginario o cuando se trata de personas de temperamento ansioso puede resultar eficaz.
Por ejemplo, se te sugerirá bajo efectos de hipnosis que «siempre que lo necesites, te bastará con apartarte a un lugar tranquilo, relajarte y tocarte tres veces la frente con la mano derecha para que inmediatamente te encuentres en un estado de relajamiento profundo como el que estás sintiendo en la actualidad•.»

• G. R. Rager: Hipnosis sofrología y medicin (Barcelona, Scientia 1973).

La sugestión posthipnótica tiene a veces el inconveniente de que pierde con el tiempo su fuerza. En tales circunstancias, se podrán grabar en una cinta magnética los ritos necesarios para conciliar el sueño y después, cada noche, al ir a acostarse, se escuchará dicha cinta. Este procedimiento tiene la ventaja de que deja libre a nuestra mente.

El hipnotizador enseña a ponerse uno a sí mismo en estado de hipnosis

Puede asimismo el hipnotizador confiarnos, estando nosotros en estado hipnótico, las técnicas de relajación que capacitan para ponerse uno a sí mismo en estado hipnótico y engendrar así el sueño: «Ahora te encuentras muy bien, ¿verdad?, perfectamente tranquilo, perfectamente relajado. Cuando quieras volver a hallarte en el mismo estado, te bastará con cerrar los ojos, destensar los músculos de las piernas, dejando que se relajen, que se pongan sueltos, notando cómo se tornan flexibles; para pasar luego a aflojar los músculos de los brazos, haciendo que queden sueltos, que se relajen, e ir sintiendo poco a poco que tus brazos se ponen sueltos y pesados. Después relajarás los músculos de los párpados, dejando que pierdan su tensión, y los del rostro, en especial los de la mandíbula, de suerte que apenas se toquen tus dientes entre sí•.»

• Idem.

Otras técnicas que suelen ser clásicas tienen bastante parecido con los efectos del hipnotismo. En términos generales, dichas técnicas consisten en una concentración de la mente o los sentidos sobre algún fenómeno que se repita periódicamente a intervalos regulares: puede ser el proceso mental de contar corderos o simplemente contar; o el fijarse en un punto luminoso, en una lámpara de aceite sobre la que revolotean las manchas azuladas de la llama, o incluso oír una música clásica tranquilizante, como pueden ser algunas músicas asiáticas.

El dormir y la música

El Instituto de Musicoterapia de París ha preparado una serie de técnicas acústicas específicas para dormir. Se puede elegir entre discos que difunden consejos de relajación, u otros con impulsos sonoros de frecuencia apropiada para producir el sueño, o simplemente música clásica. Estos últimos han sido objeto de metódicos estudios, que han permitido clasificar las obras musicales por el grado de alivio y relajación que produzcan.
Por otra parte, la musicoterapia ofrece una ciencia entera de la composición y de la programación de músicas que se pueden escuchar antes de dormir. Hay que seguir un orden determinado y no contentarse con comprar cualquier clase de interpretación.

Relajación
«Largo» de la ópera *Jerjes* de Haendel;
Panis Angelicus de César Franck;
El lago de los cisnes de Tchaikovski;
Copelia (fragmentos) de León Delibes;
Adagio de Albinoni;
El cisne de Camilo Saint-Saëns.

Sosiego
«Aria» de la *Suite n.º 3 en Re mayor* de Juan Sebastián Bach;
«Intermezzo» de *Cavalleria rusticana* de Mascagni;
Ave verum de Mozart;
Requiem de Fauré•.

Con objeto de no interrumpir bruscamente el sueño, convendrá también usar a la mañana para despertarse un despertador eléctrico que vaya unido a un electrófono que proporcione música. A tal efecto, es de aconsejar el uso de discos con música alegre y animada que vayan incrementando su volumen.

• Según J. Lyon: *101 trucos para vencer el insomnio* (Barcelona, Sagitario, 1967).

PONERSE EN ESTADO ALFA

Como hemos visto, la onda alfa es típica del estado en que nuestro cerebro está en una fase de sosiego o adormecimiento. Por lo tanto, una de las técnicas que se pueden aplicar cómodamente para ponerse en estado alfa consistirá en hacer girar hacia arriba y hacia abajo los glóbulos oculares. Si queremos comprobar si nuestros ojos se hallan correctamente en esa postura de relajación, se puede fijar uno sobre una luz, cerrar los párpados y hacer que giren los glóbulos oculares. Normalmente ya no se deberá percibir la luz a través de los párpados. En caso de que se prolongue este ejercicio, notaremos cómo nos invade una sensación de bienestar.

Hay ciertos aparatos electrónicos que permiten detectar el propio ritmo alfa

En fecha reciente se ha intentado enseñar a los sujetos a controlar su propio ritmo alfa. A tal efecto, contamos con unos aparatos electrónicos que hacen posible el conocer al instante lo que ocurre en el interior de nuestro cerebro. Como quiera que estas técnicas de control de nuestros ritmos se valen de un proceso de regulación vital retroactivo (feedback), han sido denominadas como «biofeedback».

Para aprender a situarse en estado alfa se emplea un electroencefalógrafo que, cuando nuestro cerebro produce ondas alfa, enciende una luz azul o hace que suene un timbre. De este modo, aprenderemos con toda rapidez a dominar nuestro ritmo alfa, a acelerarlo o hacerlo más lento.

Las técnicas de biofeedback se asemejan a ciertos procedimientos que ponen en juego los reflejos condicionados.

En Rusia, por la época de las curas de sueño, solían acompañar el adormecimiento de un insomne, que previamente había tomado algún somnífero, con la progresiva iluminación de una luz azul. Poco a poco, se iba produciendo una vinculación entre esa luz azul y el sueño. Al llegar a este punto, si se sustituía el somnífero por un placebo•, la luz azul seguía provocando el sueño.

El biofeedback permite alcanzar en pocos días lo que el yoga o las técnicas zen• sólo logran tras varias semanas: un estado de relajación y sosiego mental en el que uno tiene la sensación como de estar flotando.

No es preciso cerrar los ojos para obtener el ritmo alfa, basta con estar atento a lo que ocurre realmente dentro de nosotros cuando se enciende la lucecita.

En la actualidad, en América se venden unos aparatos de transistores que ofrecen la posibilidad de hacer cada uno en su propia casa este aprendizaje de un estado apropiado para descansar.

• *placebo:* medicamento químicamente neutro, que, al no tener ningún efecto dentro del plano estrictamente fisiológico, resulta ser un producto inofensivo.

• *zen:* doctrina de Extremo Oriente que trata del influjo de la mente sobre el cuerpo.

Aprender durmiendo

Del dominio de nuestros ritmos de vigilia, ¿podremos pasar a dominar también el sueño? ¿Es posible utilizar este tiempo para algo que no sea dormir? A partir de 1947, una multitud de casas han lanzado distintos aparatos que harán realidad el que podamos aprender idiomas extranjeros mientras dormimos, desarrollarán nuestra memoria o nos ayudarán a luchar contra el trabajo o el insomnio. Incluso hasta hay algunos psiquiatras que se valen de tales aparatos para atender a sus enfermos mientras éstos duermen.
No sabemos aún cómo funciona semejante fenómeno, ni en qué proporciones es auténticamente eficaz. Sin embargo, parece que se da cierta similitud entre él y ciertos estados cercanos a la hipnosis. Hoy en día, en algunos países se enseñan idiomas extranjeros mediante sugestión efectuada en determinados estados de relajación mental. Los resultados obtenidos son francamente apreciables. Por lo tanto, no es imposible del todo que se pueda aprender algo mientras dormimos. Con todo, jamás se hará tal cosa durante el estadio 4 del sueño profundo, sino en las fases ligeras cuando empezamos a dormir o al final de la noche. En consecuencia, si se utilizan estos aparatos, será más provechoso ponerlos en funcionamiento al acostarnos o antes de despertar que tenerlos toda la noche actuando. Además, habría peligro, si se hiciera esto último, de notar menos descanso a la mañana.
Se ha podido advertir que las sugestiones tranquilizadoras que se efectúan durante ciertas operaciones quirúrgicas hechas bajo anestesia, podían acelerar la convalecencia del enfermo. Cuando así se hace, éste no recuerda nada de cuanto se dice en torno a él, sino sólo aquello que directamente le interesa.
El aprender durmiendo va aumentando a medida que practicamos este método de estudio. Por lo mismo, convendrá no desanimarnos si, de la noche a la mañana, vemos que no hemos retenido gran cosa de una primera lección estudiada durante el sueño. También es posible que uno esté mejor o peor dotado para este modo de enseñanza.

EL SUEÑO ELECTRICO

El sueño eléctrico, o electronarcosis, consiste en un sueño que se produce mediante el envío de una corriente eléctrica a nuestro cerebro. Por la década de los 1950, los soviéticos inventaron, efectivamente, un aparato (el Electroson) utilizable para los insomnios y las anestesias. Hoy en día existen otros instrumentos, como el Somlec 6, que se fabrica en Inglaterra, el Elecktrodorm alemán o el Sonotron brasileño, que es de uso individual.
Al revés de lo que hace el electrochoque, estos aparatos difunden una corriente débil, de unas cuantas fracciones de miliamperio, que no provoca ninguna contracción nerviosa o muscular. A pesar de ello, la electronarcosis no lleva consigo un sueño inmediato, sino que actúa de modo indirecto en un plazo más o menos largo, produciendo un efecto bienhechor en los casos de insomnios de origen nervioso debidos al asma, la hipertensión o la epilepsia, así como en las jaquecas. Importa mucho que se sepa elegir una frecuencia adecuada capaz de determinar en los diferentes sujetos el correspondiente estado de sosiego corporal y psíquico. Esta estimulación del cerebro hace además que disminuya nuestra necesidad de dormir.

LA HOMEOPATIA

La homeopatía (descubierta en la antigüedad por el médico griego Hipócrates y reinventada en el siglo XIX por el médico alemán Hahnemann) ha sido soslayada largo tiempo por la medicina oficial. Los homeópatas eran considerados como una especie de curanderos. En la actualidad, la homeopatía ha sido rehabilitada y está encuadrada dentro de la Seguridad Social francesa.

La homeopatía se distingue de la medicina oficial por tres rasgos:
— cuida los síntomas, creando una enfermedad análoga a la real, pero menos fuerte;
— emplea dosis infinitesimales, al contrario de lo que hace la medicina clásica;
— es una medicina personalizada, que toma en consideración todo el conjunto de alteraciones que se produzcan en un individuo a causa de tal o cual enfermedad.
Así, el efecto que puede producir un medicamento no es el mismo si se toma en grandes dosis o en pequeñas, ni si se prescribe a una persona sana que a otra que esté enferma. Según la tradición, la homeopatía atiende al mal mediante el mal.

Resulta especialmente indicada en el tratamiento de perturbaciones que se deriven de tensiones nerviosas debidas al medio ambiente y a cualquier clase de stress. Por lo mismo, es de aplicación de cara al insomnio. Los remedios homeopáticos se fabrican a base

de plantas, pero también entran algunos minerales o sustancias orgánicas o animales. Pueden estar preparados con ayuda de sueros y cultivos de microbios, o bien con la saliva, la orina o la sangre del propio enfermo. Estos medicamentos ofrecen la ventaja de que son menos tóxicos que los clásicos.
El médico homeópata le interrogará al paciente durante la consulta sobre su vida en general, y tendrá en cuenta los síntomas más curiosos que puedan acompañar a su insomnio, como, por ejemplo, si al acostarse siente los pies helados. En la prescripción de un medicamento habrá de considerar la estación del año, así como las influencias climáticas y meteorológicas.
El empleo de un remedio homeopático tiene algo de rito: hay que dejar que las píldoras se disuelvan bajo la lengua, sin tocarlas con los dedos para no comunicarles impurezas; se han de tomar entre las comidas, y, por fin, hay que evitar usar una serie de estimulantes y especies (como el té, el café, el alcohol, el tabaco, la pimienta...).

La homeopatía trabaja el terreno en el que se asienta el insomnio

Tanto en los casos de insomnio como en las restantes enfermedades, la homeopatía no ofrece ningún tratamiento concreto, sino que más bien se fija en un temperamento, en un insomne con toda su personalidad. Por lo tanto, los remedios homeopáticos no suelen consistir en somníferos o soporíficos que proporcionen al punto el sueño. El tratamiento tiende a reequilibrar nuestro organismo y sus funciones principales y, en consecuencia, los efectos son por lo general duraderos. Por lo tanto, puede ocurrir que el sueño sobrevenga pronto o que, por el contrario, tarde tres o cinco semanas.

Los remedios homeopáticos se designan siempre por su nombre latino, cosa que facilita su localización incluso en el extranjero. Además, cada producto corresponde a un temperamento particular, a un tipo de alimentación o a determinadas influencias cósmicas. De suerte que, como podremos ver en los siguientes ejemplos, el homeópata personaliza su medicación:
— a un sujeto soñoliento después de las comidas, pero que se despierta a media noche, le prescribirá Nux Vomica. *Nux Vomica* es sedentario, abusa con frecuencia de los excitantes y su lengua está sucia en su parte posterior;
— a una persona que no puede dormirse porque ha de examinarlo todo lo que hace al cabo del día y trazar planes de cara al futuro, le aconsejará Cofea;
— para un insomnio que está sustentado en el agotamiento social, el abuso del tabaco y una superexcitación nerviosa, dará Gelsemium;
— a una mujer que esté en el período de la menopausia, y que le cueste dormir y se despierte fatigada le prescribirá Lachesis.

Lachesis *es una mujer que supera ya la cuarentena, y que presenta alternancias de excitación y depresión. Su excitación se traduce en una locuacidad excepcional, que le lleva a hablar en todo momento y a gran velocidad, sin llegar incluso a veces a concluir sus palabras o frases. Por la noche se muestra particularmente activa y no es capaz de dormir. En cambio, a la mañana, al levantarse, se siente cansada, triste y sin ánimo, tanto más cuanto que durante la noche suele tener por lo general sueños siniestros de muertes o entierros correspondientes a miembros de su propia familia o de sí misma. Por fin, se muestra muy celosa sin motivo, desconfiada, suspicaz y altiva*•.»

• P. Michaud: l'Homéopathie (París, Denoël, 1957).

— Lycopodium hace referencia a las personas cansadas, irritables y que tienen un dormir agitado.

Lycopodium *es un ser intranquilo (...) Siempre cansado, se lamenta de que va perdiendo la memoria y de sentir cierta incapacidad para el trabajo intelectual (...) No tiene la menor confianza en sí mismo, teme las dificultades y se las exagera. No le gusta hablar, siente horror a la gente y, sin embargo, no quiere quedarse solo. Es muy suspicaz, se expresa con vehemencia, e incluso emplea términos groseros cuando se encoleriza, pues en tales momentos pierde por completo el dominio propio. A pesar de que se siente soñoliento después de las comidas y al atardecer, con frecuencia ve interrumpido su sueño por pesadillas o se despierta sobresaltado*•.»

• Idem.

— Por fin, aquellos que tienen miedo a dormirse porque temen a la noche y a los ladrones, podrán tomar Natrum Muriaticum.

Natrum Muriaticum *es un adolescente alto y delgado, de una sensibilidad extrema, que está con las lágrimas en los ojos por el menor motivo como, por ejemplo, oír música. Es de carácter melancólico, y cualquier consuelo que se le aporte, lejos de tranquilizarlo, le hace llorar todavía más. Es ansioso, tiene miedo a estar solo y, a pesar de que habita una casa apartada, se cuida mucho todas las noches de mirar, antes de acostarse, si todas las puertas tienen echado el cerrojo. Finalmente, es tímido hasta tal extremo, que le es imposible orinar en presencia de alguien*•.»

• Idem.

Como se puede ver, el homeópata confirma el diagnóstico médico mediante una fisonomía de la persona que ha de ser tratada. Y las propiedades de las sustancias vegetales, minerales o animales que emplea no son ajenas a las razones profundas de nuestros insomnios.

LA ACUPUNTURA

La acupuntura, que se hallaba ya desarrollada en China desde 2000 años antes de Cristo, ha sido ignorada por Occidente, al igual que la homeopatía. Tan sólo a comienzos de nuestro siglo se introducirá en Francia. La acupuntura ha sido objeto, en estos últimos años, de un renovado interés, y unas cuantas operaciones quirúrgicas espectaculares han venido a demostrar que es capaz de sustituir con creces a la anestesia química. Este uso de la acupuntura como anestesia es, por lo demás, muy reciente, ya que en la propia China no data más allá de 1950.

La Asociación Francesa de Acupuntura y el Instituto de Acupuntura de Francia son los encargados de difundir hoy en día entre nosotros los principios en que se basa esta medicina china que, sin embargo, sigue sin formar parte del programa de las Facultades de Medicina.

La medicina occidental es una medicina material, que intenta reparar las perturbaciones anatómicas, las lesiones orgánicas, los tumores o los síntomas sugestivos. La china es una medicina energética, a la que no le interesan tanto los síntomas en sí mismos cuanto las energías de donde proceden tales síntomas. Para los chinos, todo cuerpo sano descansa en el equilibrio de dos energías: el yin y el yang. Toda enfermedad provendrá de una alteración de ese equilibrio energético. La acupuntura consiste en restablecer dicho equilibrio bien descargándolo, haciendo que desaparezca la energía en los puntos en donde hay demasiada, o aportándola allá donde escasea.

¿Es el insomnio una falta de energía yin o un exceso de energia yang?

Lo mismo que la homeopatía, así también la acupuntura trata el terreno que sustenta nuestros insomnios. Tiene asimismo una filosfía o teoría acerca de las relaciones entre el hombre, sus enfermedades y el medio ambiente que le rodea (el cosmos). De esta concepción se pueden deducir diferentes clases de insomnios.

En efecto, el insomnio suele corresponder por lo general a la energía yin que representa a la oscuridad, al frío, la interioridad o la condensación; en cambio, la vigilia es propia de la energía yang, es decir de la luz, el calor, la exterioridad y la expansión.

El yang nace a media noche y va creciendo progresivamente hasta el mediodía, momento de su apogeo; luego disminuye hasta la media noche. A la inversa, el yin nace a mediodía y decrece a partir de la media noche, hora de su máximo desarrollo. Así, los insomnios de antes de la media noche no son similares a los de después de ese instante. Antes de la media noche sufrimos perturbaciones de sueño y de energía yin; a partir de esa hora, las perturbaciones son de vigilia y de energía yang.

La hora en que se suelen producir nuestros insomnios puede revelar también al acupuntor el órgano o la función que se ven afectados, puesto que cada órgano contiene el máximo nivel de energía a una hora determinada. La energía permanecería dos horas en cada órgano: partiría de los pulmones a las tres de la madrugada, para esparcirse a las cinco por el intestino grueso, a las nueve por el estómago, a las once a nivel del bazo y el páncreas, a las diecisiete por los riñones, a las diecinueve por el sistema circulatorio, a las veintiuna por las funciones respiratorias, digestivas y genitales, a las veintitrés por la vesícula biliar, y, por fin, a la una por el hígado.
La acupuntura toma también en consideración los ritmos y estaciones. En invierno, convendrá levantarse tarde y acostarse pronto, y desarrollar una actividad reducida como lo hace el resto de la naturaleza. Por el verano, habrá que levantarse con el alba y acostarse al crepúsculo. Por lo demás, hasta llegar la revolución industrial y el nacimiento de la electricidad, éstos eran los ritos que seguían nuestros antepasados respecto al levantarse y acostarse. En algunos países, el retraso de la hora en el verano en relación con el invierno es sensiblemente un trasunto de esa misma variante.

¡Dos clases de energía, doce meridianos y más de setecientos puntos de acupuntura!

Las energía yin y yang circulan por nuestro cuerpo a lo largo de doce meridianos. Dichos meridianos constituyen sendos recorridos muy precisos que discurren por nuestros miembros y por el tronco y que van unidos a los órganos y a las vísceras. Así, tendremos el meridiano del pulmón, del intestino grueso, del corazón... Cada meridiano contiene cierta cantidad de puntos: se cuentan hasta un total de más de setecientos puntos de acupuntura. Si los meridianos son los canales, los puntos son las compuertas que permiten equilibrar el rendimiento de la corriente de energía. La apertura o el cierre de dichas compuertas se efectúa por medio de unas finas agujas, por lo común de acero, pero hay veces que pueden ser de oro y plata. Tan sólo se clavan unos pocos milímetros y la duración del tratamiento oscila de diez a veinte minutos. Hay ocasiones en que el acupuntor puede hacer girar la aguja con un movimiento vivo.

Para los insomnios que van unidos a fuertes angustias, las sesiones de acupuntura se podrán suceder cada dos o tres días. Cuando son accidentales o crónicos, cada semana o cada quince días. Cuanto más pronto se trate un insomnio, antes desaparecerá. Por término medio, de seis a ocho sesiones lograrán restablecer el sueño. Con todo, la primera sesión lo mismo puede provocar el sueño como reforzar el insomnio.

No existe ningún punto propio del insomnio. El acupuntor puede pinchar en lugares muy distantes de aquel que creemos que es la causa directa de nuestros achaques (por ejemplo, en la mano para una jaqueca). La acupuntura resulta muy eficaz para tres campos que suelen acompañar no pocas veces a nuestros insomnios, como son:

— por una parte, todo lo que suponga dolor muscular, neuralgia, lumbago, tortícolis, reumatismo o ciática;

— por otra, las perturbaciones digestivas (náuseas, estreñimientos, vértigos), del aparato respiratorio (rinitis, alergias, zumbidos de oídos) o circulatorias (adormecimiento de las manos o los pies, hemorroides, palpitaciones del corazón), determinadas enfermedades de la piel que producen picores crónicos, y trastornos del aparato genital y urinario (dolencias prostáticas o secuelas de la menopausia);

— por fin, todo cuanto atañe a las alteraciones psíquicas: angustia, estado depresivo, nerviosismo o jaquecas (con excepción de los casos de neurosis agudas).

La acupuntura, por lo mismo que está orientada a personas de cualquier edad, desde el bebé hasta el anciano, supone una terapia contra los insomnios carente de todo riesgo. Por lo tanto, es preciso que superemos esa ligera reticencia que tenemos respecto a las agujas o ante una medicina extranjera.

Las medicaciones

Las drogas para dormir suponen hoy en día un auténtico problema social. Resulta, efectivamente, que unos tres millones de franceses toman todas las noches algún comprimido antes de acostarse, y que el consumo global de tales somníferos o tranquilizantes aumente cada año de un 15 a un 20 %. Los estudios llevados a cabo en Francia por el Centro de Investigaciones y de Documentación sobre el consumo (CREDOC) señalan que las recetas de los médicos de médicina general, cuentan un tranquilizante o un barbitúrico destinados a aliviar a los insomnes en un 10 ó 15 % de las ocasiones. En consecuencia, estas drogas calmantes o soporíferas ocupan el séptimo puesto dentro de los medicamentos prescritos por los médicos. Si tomamos como referencia los volúmenes de ventas de los laboratorios farmacéuticos, podemos notar que en los laboratorios Roche, en estos últimos años, el 36 % de las ventas corresponde a cuatro tranquilizantes, mientras que los laboratorios Wyeth-Byla alcanzan el 35 % con sólo dos productos tranquilizantes. Los estuches de somníferos o tranquilizantes suelen contener de diez a treinta comprimidos. Pues bien, en Francia, en 1970, se vendieron en las farmacias treinta y ocho millones de cajas de bartúricos, quince millones de tranquilizantes, ocho millones de neurolépticos, cinco millones de antidepresivos y diez millones de psicoestimulantes.
Y Francia no se queda sola en este consumo orgíaco. En Estados Unidos, en 1968, diez millones de personas tomaban estimulantes; veinte millones, barbitúricos, y treinta millones recurrían a distintos sedativos o tranquilizantes. Todo lo cual viene a suponer que un 20 % de las prescripciones médicas correspondían a drogas capaces de aumentar o disminuir la vigilia del cerebro.
Durante mucho tiempo, los somníferos y tranquilizantes no fueron considerados como medicamentos peligrosos, las drogas siempre quedaban para individuos al margen de la ley, que se proveían, mediante procedimientos ilegales, de drogas

no prescritas por ningún médico. Los alucinógenos y psicodélicos soportaban todo el peso de la reprobación y eran objeto de una política preventiva, en tanto que el somnífero era tenido como algo tabú. Por lo menos, como ocurrió varias veces, cuando se conocían los peligros de algún sedante determinado, se apresuraban a descubrir otro cuyos méritos sin par eran alabados.
A todo esto hay que añadir una división social: los jóvenes y marginados recurren a la droga, en tanto que los honestos adultos toman a plena luz su comprimido diario. En realidad, el límite entre un intoxicado por tranquilizantes o somníferos y otro por las drogas denominadas fuertes, es mucho más frágil de lo que no hace mucho tiempo se podía creer. La habituación a los primeros puede ser tan contumaz y deteriorante como cuando se trata de los últimos.

LA FARMACIA DEL SUEÑO

LAS PLANTAS

La utilización de sustancias vegetales para procurar bienestar y sueño es algo muy antiguo. La medicina de Hipócrates recurría ya al opio extraído de la adormidera. Y la antigüedad representaba al dios del sueño, Hipnos, con un ramo de adormidera en la mano. Tanto los egipcios como los babilonios empleaban ciertas solanáceas como la belladona o el beleño. La belladona tiene unas bayas negras peligrosas, y basta con unas pocas para matar a un niño. La raíz de kawa, que se produce en las islas del Pacífico, es también un somnífero bastante poderoso.
Podemos citar además entre estos sedativos de origen vegetal a la valeriana, la pasionaria y la mandrágora. En la India, se utilizaba la raíz de rauwolfia, de la que hoy se saca la reserpina. El cáñamo indio fue también empleado durante mucho tiempo como somnífero.
A comienzos del último siglo aparecieron las primeras síntesis químicas elaboradas a partir de los vegetales cuyas virtudes dormitivas eran conocidas. Se identificaron así los derivados del opio, como la morfina (que representa el 10 % del peso del opio) o la cocaína (que está contenida en él a razón de 0,5 a 3 %). Por aquella época se afirmaba aún que estos productos sintéticos provocaban un sueño natural. Pero pronto se comprobó que la morfina y la cocaína entrañan cierta dependencia.
Fueron identificados también los derivados de la belladona y el beleño. La belladona proporcionó la atropina, que se emplea sobre todo como espasmolítico•, mientras que el beleño contenía atropina y escopolamina.
Asimismo, hacia la mitad del siglo XIX fue cuando se descubrieron los bromuros de potasio o calcio, que se utilizaron por aquel en-

• *espasmolítico:* que suprime los espasmos.

tonces como somníferos. Pero los bromuros eran mal eliminados y provocaban cambios en el humor, por lo que fueron abandonados. Entre 1860-1870, les sucedió el empleo del cloral y el sulforal. Este último fue, a su vez, desechado a causa de su toxicidad renal. El cloral se utiliza todavía hoy en día en forma de jarabe de hidrato de cloral, que casi sólo lo emplean los niños y ancianos. Después tuvieron lugar las primeras anestesias a base de éter y cloroformo. En 1853, el Dr. Snow dormía a la reina Victoria con cloroformo, con lo que se desatarían no pocas disputas religiosas y morales.

En la actualidad, los derivados de las plantas somníferas se utilizan para casos de enfermedades graves o de carencia en los toxicómanos. También se suele recurrir a la morfina o al láudano•.

• Por otro lado, infusiones como la verbena, la tila o la valeriana, siguen representando una ayuda eficaz para el tratamiento de los insomnios ligeros o como higiene diaria que antecede al sueño. Véase la pág. 120.

LOS HIPNOTICOS

Nos acercamos así paso a paso al descubrimiento de medicamentos que tenían una función más directamente relacionada con el dormir. Se les adjudica el término general de hipnóticos o sedativos. En realidad, este último atributo resulta impropio, puesto que puede darse sedación sin dormir.

LOS BARBITURICOS

La primera revolución dentro de este sector la constituyó el hallazgo de la acción hipnótica de los barbitúricos, a comienzos de nuestro siglo, gracias a los trabajos de Emil Fisher y de von Mebring. A partir de esa época, han proliferado dichos barbitúricos, hasta llegar en nuestros días a unos 2.500 compuestos, de entre los cuales sólo unos cincuenta están comercializados y doce se emplean de forma corriente.
La elección de un barbitúrico depende de la rapidez de su acción sobre el cerebro y del tiempo que tarda en ser eliminado. Según eso, hay dos clases de barbitúricos.
Los primeros barbitúricos sintetizados entre 1900 y 1930 producían el sueño en torno a los cuarenta minutos después de su absorción, y su efecto podía sobrepasar las ocho horas; ahora bien, su eliminación resultaba muy lenta, pudiendo llegar a durar varios días, con lo que se presentaban algunos problemas secundarios. Los primeros barbitúricos fueron el barbital y más tarde el fenobarbital.
A partir de 1935, se descubrieron los barbitúricos de eliminación rápida. Algunos de ellos producían el sueño en menos de quince minutos; pero se trataba de un sueño que apenas si excedía alguna vez de las cinco horas (tal es el caso del secobarbital o el amobarbital). Hay otros, como el pentobarbital, que se asemejan a los barbitúricos clásicos por lo que duran, pero con la ventaja de que se eliminan con más celeridad. Estos barbitúricos pueden ser utili-

zados por vía intravenosa y se emplean en ciertos tratamientos psiquiátricos para lograr un sueño prolongado o un análisis bajo el influjo de las drogas.
Los barbitúricos de acción duradera presentan dificultades en despertarse el sujeto; con todo se prescribirán para los insomnios de media noche. Los de acción rápida serán utilizados en insominios que repercutan sobre el adormecimiento.

Los barbitúricos suelen producir muchas veces alteraciones psíquicas y desórdenes físicos

Eso no obstante, los barbitúricos van siendo cada vez más relegados por una serie de razones: unas atañen a su nefasto efecto sobre las personas que tengan un temperamento nervioso y angustiado, otras a ciertas perturbaciones secundarias a nivel fisiológico. La prescripción de un barbitúrico entraña el peligro de que oculta la causa auténtica del insomnio. Además, su acción benéfica cesa muy pronto, y entonces habrá que aumentar las dosis.
Desde 1910, el incremento del número de barbitúricos y las posibilidades de autoprescripción no han hecho otra cosa que aumentar todavía más los riesgos de intoxicación. Un informe presentado en 1972 por Denicker, Ginestet y Loo sobre los perjuicios de la automedicación evidenció el consumo primordialmente de barbitúricos en las intoxicaciones de jóvenes. Al igual que la mayoría de los hipnóticos, los barbitúricos refuerzan la acción del alcohol.

Los barbitúricos pueden agudizar una tendencia suicida

Entre los síntomas psíquicos que puede ocasionar el consumo abusivo de barbitúricos, cabe señalar: una deficiencia de la capacidad intelectual y de las motivaciones para el trabajo, así como ciertos resultados más pobres en distintos tests psicológicos; un descenso de la afectividad, con tendencia a no sentir el nivel de las emociones; alteraciones psicomotrices, descoordinación en los movimientos, y, por fin, cuando se produce una fuerte intoxicación, la euforia se conjugará con un estado de confusión que se asemeja al delirio producido por el alcohol. Por lo mismo, los barbitúricos han supuesto y acarreado no pocas muertes, en especial entre las personas con tendencia suicida y entre los psicópatas. En estos casos es criminal el ceder a las peticiones de tales sujetos en caso de que sea conocida su situación psíquica. So capa de ayudarles a dormir, se propiciará su suicidio.

Los barbitúricos, unidos a los anticoagulantes, pueden resultar mortales en ciertas enfermedades de la sangre

Son también numerosos los desórdenes físicos que pueden originar los barbitúricos. Con frecuencia el que los utiliza se despertará con tortícolis o con dolores en los músculos de los hombros. El sueño que producen no es normal: son raras las fases de dormir paradójico y hay veces que ni siquiera se dan; además la tensión arterial es baja y se paraliza la secreción de jugos gástricos, con lo que no cabe duda de que se sosiegan las perturbaciones digestivas. En cambio, no se eliminan los dolores, e incluso hasta hay peligro de que puedan aumentar. Por fin, poseen una acción activadora sobre el hígado: éste pasa a producir más encimas• y a elaborar ciertas proteínas (porfirinas). Ahora bien, las personas que padezcan una afección a la sangre llamada porfiria, pueden correr riesgo de muerte si su hígado produce ese exceso de proteínas. Semejante aceleración en el funcionamiento químico de nuestro cuerpo por obra de los barbitúricos hará que resulte peligrosa su utilización si va unida a otros terapéuticos, como pueden ser los coagulantes.

• encima: sustancia biológica que favorece diversas reacciones químicas.

LOS NUEVOS MEDICAMENTOS PARA DORMIR

Los barbitúricos no son más que una clase más dentro de los medicamentos psicótropos, es decir que actúan sobre el psiquismo. A partir de 1950 se elaboró todo un conjunto de hipnóticos no barbitúricos y sustancias psicótropas no hipnógenas (esto es, que no producen el sueño), pero que pueden ser utilizados para combatir las causas psíquicas del insomnio. Por lo común, suelen clasificarse estos medicamentos en tres grupos, siguiendo a Delay y Denicker:

1. Aquellos que disminuyen la actividad mental (psicolépticos) mediante:
— drogas que hacen dormir (hipnóticos);
— tranquilizantes mayores (neurolépticos);
— tranquilizantes menores contra la angustia (ansiolíticos).
2. Aquellos que acrecientan la actividad mental (psicoanalépticos), entre los que están:
— los antidepresivos, estimuladores del humor;
— los anfetamínicos, estimuladores de la atención;
— los psicoestimulantes.
3. Aquellos que desvían la actividad mental (psicodisléticos).

Para un profano, resulta práctico acogerse al cuadro precedente en orden a no confundir los tranquilizantes con los antidepresivos, pensando que cualquier droga que nos pueda prescribir el médico cuando nos quejamos de insomnio es sin más un somnífero. En realidad, no pocas de las sustancias que poseen propiedades sin relación alguna, en apariencia, con el sueño se utilizan hoy en día en el tratamiento del insomnio.

Los tranquilizantes mayores (neurolépticos);
Hacia 1950, se comprendió que había algunos medicamentos antiinflamatorios o antialérgicos que poseían también propiedades sedantes. Tales medicamentos pertenecen al grupo químico de las fenotiacinas.

El efecto tranquilizante de los neurolépticos quedó evidenciado en los enfermos mentales

El descubrimiento por parte de Delay y Denicker, en 1952, de las propiedades de la clorpromacina dentro del tratamiento de los enfermos mentales abrió «la era de la moderna farmacología».
La clorpromacina era conocida como agente que reforzaba la acción de la anestesia•.
Pero sólo a partir de 1952 se utilizó de forma sistemática en los casos de psicosis crónicas y esquizofrenia. Hasta entonces, no se sabía cómo tratar a los enfermos mentales aquejados de agitación aguda, delirio y manía. Este tranquilizante permitió calmar a tales pacientes que antaño se veían relagados a los servicios más duros de los hospitales psiquiátricos, y canalizar su agresividad o su ansiedad.
La clorpromacina fue seguida por una docena de otros tranquilizantes mayores, junto con otros hipnóticos no barbitúricos como la meclocualona y la metacualona además de la difenidramina. Estos últimos productos lograrán su fama en el campo de la toxicomanía: si se toman a la vez que el alcohol o en grandes dosis, provocarán alucinaciones. Por esta razón, fueron estudiados junto con el L.S.D.•.
Por lo tanto, los tranquilizantes mayores se emplearon en un principio atendiendo a sus efectos sobre los psicóticos. Ahora bien, como producen cierto estado de letargia y somnolencia diurna, sirven también para conciliar el sueño. Al revés de lo que sucede con los barbitúricos, los tests de cualidades intelectuales son en estos casos positivos; sin embargo, en los tests de atención sostenida son los barbitúricos los que prevalecen sobre los tranquilizantes. Estos tranquilizantes mayores tienen unas influencias secundarias sobre las hormonas sexuales y las de las glándulas suprarrenales. De todos modos, su empleo para casos de insomnio debe ser limitado.

• Henri Laborit, biólogo y farmacólogo, había ya advertido esta influencia anestésica durante la amputación efectuada a un herido en el campo de batalla.

• *L.S.D.:* dietilamina del ácido lisérgico.

Los tranquilizantes menores (ansiolíticos)
Como su mismo nombre indica, los tranquilizantes menores tienen un efecto calmante o sedativo más ligero. El más antiguo entre ellos es el meprobamato. Los derivados de las benzodiacepinas habían de conferir cierto auge a los tranquilizantes, que por entonces recibieron el nombre de «píldoras de la felicidad».
Son los tranquilizantes y no los neurolépticos los que más conoce el gran público: cabe mencionar entre ellos el clordiacepóxido, el nitracepam y el diacepam. Los tranquilizantes eliminan la agresividad de algunos animales, proporcionan cierto relajamiento a sus músculos, reduciendo las tensiones, la ansiedad y las convulsiones, y haciendo que se emboten las emociones.

Como norma general, son preferibles los tranquilizantes a los barbitúricos

Como quiera que la mayoría de nuestros insomnios son debidos a las tensiones que producen nuestras actividades durante el día, los tranquilizantes ocupan un lugar privilegiado para su tratamiento. Los trabajos llevados a cabo por Jouvet muestran que estos últimos influyen menos que los barbitúricos en la calidad del sueño. Por otro lado, la ventaja de los tranquilizantes es que pueden ser tomados durante el día, con lo que se previene el mal funcionamiento, o el exceso del mismo, del sistema de vigilia que es el que nos impide dormir por la noche.
Eso no obstante, y al margen de sus ventajas, también los tranquilizantes acaban por entrañar cierta dependencia. Si a una persona que toma grandes dosis de ellos le son quitados de golpe, es posible que se le presente un delirio onírico visual o auditivo, o incluso crisis epilépticas (que, con todo, son mucho menos frecuentes que en el caso de una intoxicación a base de barbitúricos).

Los antidepresivos
En aquellos insomnios que tengan por causa un estado depresivo, melancólico o letárgico, se podrá recurrir a los antidepresivos, que, al restablecer el humor en el paciente, proporcionarán una ayuda para que pueda conciliar el sueño. Los antidepresivos estimulan, por lo general, la atención: de ahí que no sea aconsejable tomarlos a partir de las cuatro de la tarde.

Existen dos clases de antidepresivos:
— las impraminas;
—Los IMAO (o inhibidores de la monamida oxidosa). Estos IMAO impiden que se degrade la monoamina oxidosa de las sustancias esenciales para el cerebro y aumentan los distintos compuestos necesarios para el estado de vigilia. Un individuo apático, de acuerdo con las dosis que se le administren, podrá recuperar su vivacidad al cabo de cinco o diez días.

Los antidepresivos pueden inducir al suicidio a un sujeto que esté demasiado deprimido

Los antidepresivos suponen dos peligros:
— la aparición de un estado de excitación en vez del de letargo:
— el inducirle al sujeto al suicidio, toda vez que la liberación ha actuado a nivel físico tan sólo, sin afectar a lo moral.
Además de eso, los antidepresivos —al contrario que los tranquilizantes y neurolépticos— ponen en funcionamiento nuestras estructuras vitales de un modo profundo. Muchos de los intentos de suicidio que pueden subseguir al consumo de antidepresivos lograrán su objeto.

Los estimulantes

El descubrimiento de los antidepresivos data de 1957. Antes recurrían a ciertos estimulantes psíquicos, como las anfetaminas, a fin de superar una noche de insomnio o para lograr un insomnio voluntario cuando había que hacer algún trabajo importante. Sin embargo, las anfetaminas poseen efectos paradójicos: en algunos, aumentan el estado de vigilia, aceleran el pulso o suprimen de modo parcial el cansancio, en tanto que, para otros, en especial cuando se trata de niños excitados, tienen un efecto calmante y producen el sueño.

Con todo, las anfetaminas van siendo hoy en día cada vez menos usadas, ya que, al cabo de algún tiempo, provocan el retorno masivo del cansancio. El dormir que proporcionan es pobre en sueño paradójico y pueden ocasionar vértigos, dolores de cabeza o falta de apetito. Finalmente, si se toman en dosis fuertes, hay riesgo de perturbaciones cardiovasculares.

EL USO CORRIENTE DE SOMNIFEROS

Contra lo que cierta publicidad pregona, no existe medicamento alguno que sea capaz de producir un sueño natural ni que actúe específicamente sobre el cansancio físico o psíquico. Tampoco es posible restablecer el sueño paradójico, antes bien, parece que la mayor parte de los medicamentos contra el insomnio lo que hacen es perturbar la calidad del sueño.

Durante mucho tiempo, los barbitúricos aventajaban a los somníferos, pero la evolución actual da la impresión de mostrar una mayor predilección hacia los hipnóticos no barbitúricos. En Francia, en 1973, los barbitúricos no representaban más que el 35 % de las ventas de somníferos. A fin de prevenir contra los peligros de toxicomanía y contra las prescripciones hechas a la ligera por algunos facultativos, una serie de hipnóticos no barbitúricos, que antes se dispensaban con sólo la receta médica, han pasado a ser objeto de un control más severo, yendo a engrosar la categoría de las drogas del cuadro B, de suerte que el médico dispone de una libreta con matrices limitadas para prescribirlos.

Además, hasta estos últimos años la información sobre los medicamentos no era excesiva entre los consumidores. Por otra parte, lo que servía como información tanto para los médicos como para los pacientes era esencialmente la publicidad que hacían los propios laboratorios farmacéuticos. Hoy en día, en cambio, hay ciertas obras, como la del Dr. Pradal, «Guía de los medicamentos más usuales•», que ponen en tela de juicio la proliferación de sustancias medicamentosas y nos ofrecen un diccionario de los productos más empleados con sus indicaciones y contraindicaciones. Cualquier publicación informativa que esté compuesta en un lenguaje

• H. Pradal: *Guide des médicaments les plus courants* (París, Le Seuil, 1974).

no esotérico ayudará de cara a prevenir sobre los riesgos de toda medicación que se funde en habladurías●.

● Es interesante comparar la información que ofrece de un medicamento el diccionario Vidal, de uso entre los médicos, y la que presenta para el mismo producto la obra del Dr. Pradal, que resulta inteligible para cualquiera.

Estas informaciones más objetivas dan margen para descubrir que los nombres de marca de no pocos somníferos encubren una misma denominación común. Con frecuencia se ha solido comentar el detalle de que el mero hecho de atribuirle a un producto farmacéutico un nombre determinado de marca hacía que su precio variase en proporciones considerables. Los gastos de publicidad de los laboratorios superan con creces a los de investigación.

¡Infórmate!

Los somníferos tienen muchas contraindicaciones

Junto a las contraindicaciones que dimanan de algún sector específico, como pueden ser la edad avanzada, el alcoholismo o alguna dolencia mental, se pueden citar una serie de circunstacias en las que no se puede recurrir sin peligro a medicamentos psicotrópicos. En especial hay que aludir a las enfermedades respiratorias y las afecciones al hígado o a los riñones. Por otro lado, no se deben usar simultáneamente distintos medicamentos sin consultar al médico. Los somníferos tienen tendencia a acrecentar sus propiedades recíprocas, así como el efecto de los analgésicos. De igual manera, la absorción de bebidas alcohólicas desarrolla la alteración de la conciencia bajo la hipnosis.

A pesar de todo, no bastan esas advertencias parciales para suplir al médico, sino que ha de ser a éste a quien, en cierto modo, tenemos que exigirle la información que nos haga falta. En lugar de hablar con él de cualquier minucia, para acabar, en el momento de la despedida, de un modo indiferente y culpable con un «Doctor, ¿podría también darme algo para dormir?», sería mejor que nos preocupásemos por los efectos secundarios o por los peligros de habituación del somnífero o tranquilizante que se nos va a prescribir.

En efecto, ¿qué médico se adelantará él por su cuenta a explicarnos las razones que le han podido mover a elegir más un tranquilizante que un somnífero, o viceversa? ¿Habrá alguno que, si le decimos que hemos probado ya todo contra el insomnio, no sea capaz de encontrar todavía un último invento entre los hipnóticos que descansan en el arsenal de muestras gratuitas que le ha dejado el representante del laboratorio? ¿Quién nos avisará que los accidentes son diez veces más frecuentes en los conductores que han tomado algún tranquilizante que en los que no lo han hecho?

No se puede dejar de la noche a la mañana de tomar un tranquilizante

Las afecciones yatrógenas son las enfermedades provocadas por las prescripciones médicas. Como acaba de demostrar Ivan Illich●, éstas no son escasas. No sólo los tranquilizantes fuertes empleados con los enfermos mentales, sino también los benignos pueden en-

● I. Illich: *Némesis mé dica* (Barcelona, Barra 1975).

gendrar desórdenes si su uso excede una determinada duración y no se disminuyen progresivamente las dosis.
Se pueden fomentar los insomnios por unas ampollas de vitaminas que uno tome demasiado cerca de la hora de acostarse o por algún antidepresivo que se haya confundido con un hipnótico de acción rápida.
Los insomnios del comienzo de la noche pueden ser atajados por un somnífero rápido y de breve efecto que, por lo mismo, proporcionará el impulso necesario. Los de media noche o de madrugada con frecuencia suelen ir ligados a ciertos estados depresivos, y en tales ocasiones requieren un tratamiento a fondo.

LA TOXICOMANIA

La habituación a los somníferos, la toxicomanía, no se puede dudar que constituye el problema más importante que plantea la lucha contra el insomnio. En Estados Unidos, hay treinta millones de americanos que dependen más o menos de los hipnóticos y, más en concreto, de los barbitúricos. Una encuesta efectuada por F. Davidson y sus colaboradores sobre 2.339 bachilleres franceses, chicos y chicas, de entre 15 y 20 años, demostró que aproximadamente un 5 % de los primeros y un 10 % de las chicas habían ya tomado hipnóticos. Ronald D. Laing, psiquiatra inglés, hace notar que no pocas veces el recurso a somníferos o tranquilizantes en gran escala encubre alguna depresión. Sugiere que en las toxicomanías importantes, por ejemplo a base de heroína, la droga servirá para detener la evolución de una psicosis. Las drogas, tanto dulces como fuertes, ayudan, en efecto, a afrontar las tensiones y conflictos que, sin ellas, podrían llevarnos, a la destrucción.

Junto a desfallecimientos intelectuales y estados de confusión como los ya descritos, las intoxicaciones crónicas por barbitúricos u otros hipnóticos llevan consigo ciertas perturbaciones neurovegetativas, como la desnutrición o la deshidratación. En estas intoxicaciones, al igual que en las agudas derivadas de un consumo excesivo de hipnóticos, es preciso hospitalizar al sujeto.

Un somnífero por la noche y un estimulante al levantarse: he ahí el comienzo del círculo vicioso

El tomar un somnífero por la noche no implica, por fuerza, que uno sea un toxicómano. Con todo, el umbral se franquea con facilidad. Quien ocasionalmente utiliza un somnífero no siente urgencia alguna de volver a tomarlo al día siguiente a aquel en que ha tenido un insomnio. Se despertará con relativa facilidad y despejado. En cambio, la persona que está acostumbrada a tomar un somnífero todas las noches, se sentirá desorientada y con angustias si no cuenta con su comprimido. Este pasa a desempeñar para ella no pocas veces el papel de un placebo, y muchas veces bastaría cual-

quier píldora no hipnótica para cumplir a la perfección el mismo cometido, con tal de que el insomne crea que se trata de un somnífero. El uso habitual de éstos suele ir unido, por lo general, a un despertar dificultoso. De ahí que sea fácil el caer en una nueva costumbre: la de tomar algún estimulante para compensar los efectos del somnífero.
Poco a poco, el organismo se va alterando y hay que aumentar las dosis de ambos medicamentos. Una vez alcanzada la fase de intoxicación crónica, ya no serán sólo los momentos de dormirse o despertar los que se verán transtornados, sino que la misma coordinación de movimientos del drogado se tornará dificultosa: aparecerá con frecuencia agresivo o deprimido, apenas si será capaz de tenerse en pie y hablará con dificultad. Se asemejará a cierto estado comatoso. Hay algunos toxicómanos que, con tal de que no superen un umbral límite, serán capaces de tomar cada día de un gramo a un gramo y medio diario de barbitúrico sin manifestar todos esos síntomas. Por contra, con dos o tres gramos, seguirán viviendo, pero en un mundo en el que los retornos a la realidad irán siendo cada vez menos frecuentes.

La cura de desintoxicación: tarea de larga duración

Llegado ese extremo, es menester someterse a una desintoxicación. Pero, como ya hemos visto, la supresión brusca de somníferos no supone ninguna cura de desintoxicación y puede ocasionar graves perturbaciones fisiológicas. Se requerirán varias semanas o meses para salir de semejante estado. La cura de desintoxicación comenzará con una disminución progresiva de los días en que se han de tomar somníferos; luego vendrá el reducir las mismas dosis diarias.

Sandra W.... *tuvo en otro tiempo un disco cerebral desplazado, con dolores dorsales muy agudos que la mantenían despierta toda la noche. Empezó a tomar hipnóticos, pero, cuando su espalda dejó de hacerla sufrir, se vio presa de un grave insomnio, acompañado de un gran cansancio durante el día, por espacio de más de diez años. En el momento en que acudió a vernos, tomaba al día una dosis de la más complicada de medicamentos. A pesar de esa farmacopea, su insomnio persistía e iba a peor. A todo lo anterior había añadido un ponche que contenía de dos a cuatro gotas de burbon. Su dependencia de los medicamentos requirió una desintoxicación progresiva de dieciocho meses, bajo un prudente control médico, que se intensificaba en cuanto intentaba disminuir su dosis. Cuando llegó a la etapa final, su libertad respecto a la droga seguía aún siendo muy precaria, y nuestras grabaciones mostraron que durante la primera noche sin pastillas no había dormido nada en absoluto; al día si-*

guiente, logró hacerlo durante ocho horas con un sueño agitado. En las tres noches siguientes, el comienzo del sueño se retrasaba dos horas cada día, como si su ciclo fuera de veintiséis horas en lugar de las veinticuatro normales. Aún no sabemos si este problema de ciclo era causado por las drogas, por la desintoxicación o por los ritmos naturales del cuerpo que no coincidían con nuestro ritmo de veinticuatro horas por día, Sandra W.... había restaurado su ritmo de sueño y fue reenviada a su casa cuando estuvo fuera de peligro•.»

• W. C. Dement y colab.: «Les troubles du sommeil», en *Psychologie*, n.º 74 (marzo, 1976).

Pierre Passouant relata una experiencia efectuada en Inglaterra, en la que un grupo de insomnes tomaba hipnóticos a voluntad, mientras otro era animado intensamente por los médicos a no recurrir a medicamentos más que en un caso de auténtica necesidad. Al cabo de varios meses, el primer grupo seguía recurriendo a los hipnóticos, pero un sesenta por ciento de los segundos habían renunciado a ellos•. Por lo tanto, en la mayoría de las ocasiones podemos arreglárnoslas sin somníferos, con tal de que estemos suficientemente motivados.

• P. Passouant: *le Sommeil, un tiers de notre vie* (París, Stock, 1976).

No existe ningún somnífero universal

Cualquier droga, y en especial si es hipnótica, está en función del individuo que la toma y de la hora en que lo hace. De ahí que resulte absurdo el creer que un somnífero, cuyos méritos nos ha alabado algún amigo, ha de resultarnos satisfactorio por obligación. Entre otras cosas, nuestro peso determina la cantidad de droga que podemos soportar. Las mujeres, por ser más receptivas, tendrán mayor sensibilidad a dosis menores que las de los hombres.

Por tanto, somos responsables, al menos en parte, de la persistencia de nuestros insomnios. Hay que prescindir del prejuicio sobre la existencia de una píldora mágica que sea válida para todos y a cualquier hora. También conviene dar de lado a la creencia opuesta de que, cuantos más medicamentos tome uno, mayores probabilidades tendrá de dormir o curarse. Siguiendo semejante idea, hay personas que toman quince medicamentos al día o engullen hasta veinte comprimidos de una sola vez. Cuando ocurre tal cosa, es imposible evitar las recíprocas influencias nocivas de tantas medicaciones.

LOS SUICIDIOS

La mayoría de los intentos de suicidio son debidos a alguna intoxicación mediante barbitúricos. Estos representan de un 40 a un 45 % de las intoxicaciones voluntarias. Suelen ser sobre todo las mujeres las que más acuden a los somníferos para suicidarse. En primer lugar, aparecen destacados en cabeza los barbitúricos y, entre ellos, los más peligrosos y eficaces serán los de acción rápida. La celeridad en producir el estado de coma hace imposible no pocas veces la intervención a tiempo.

En segundo lugar entre las drogas empleadas para suicidarse, de un 30 a un 35 % de casos, están los tranquilizantes. Aun cuando sean menos tóxicos que los barbitúricos, hay algunos que, si se toman en dosis elevadas, producen riesgos de asfixia y exigen una ayuda en la respiración. Los antidepresivos en fuertes cantidades pueden acarrear crisis cardíacas.

Un intento de suicidio se puede reconocer por diferentes síntomas: falta de coordinación en los gestos, vómitos, alteraciones en la atención que van desde la fijación o la simple obnubilación hasta el coma. Es menester recordar al respecto que, en Francia, los bomberos garantizan un servicio especializado para trasladar a los suicidas hasta los Centros contra los envenenamientos: en París, el hospital Fernand-Widal; en Lyon, el hospital Edouard-Herriot, y en Marsella, el hospital Salvator.

LA EDAD

Por encima de cualquier abuso o empleo indebido de somníferos, hay una serie de factores orgánicos que repercuten sobre nuestro sueño y sobre el efecto de los medicamentos utilizados para remediar los insomnios. Todos sabemos que las personas de edad se lamentan de que no pueden dormir, a pesar de lo cual las veremos con frecuencia adormiladas durante el día. Es cierto que el número de horas de sueño nocturno disminuye con la edad y pasa de las siete u ocho horas, por término medio, a unas seis. Con todo, esta pérdida de sueño parece que queda compensada por los diferentes ratos que duermen al cabo del día. Sin embargo, lo característico de la vejez al respecto no es tanto la falta de sueño en cantidad sino la distinta clase de que goza ese sueño.
Cuanto más vamos envejeciendo, con mayor frecuencia nos despertamos por la noche. A los cincuenta años, no es raro el hacerlo tres veces cada noche; a los ochenta, habrá personas que se despierten más de siete veces. Los ancianos pueden despertarse muy pronto, hacia las cinco de la madrugada, y no volver a conciliar el sueño sino al cabo de una hora. Pueden asimismo pasarse sin dormir un 20 % del tiempo que pasan en la cama. Ahora bien, no carece de riesgos en su caso esta permanencia prolongada en la cama.

En fecha reciente se ha descubierto una forma de insomnio bastante frecuente entre las personas de edad: el despertarse cuando están soñando. Acaso sea ésta una de las razones por las que recuerdan mejor que los más jóvenes lo que sueñan. Precisamente durante estos períodos de interrupción de los sueños es cuando las personas de la tercera edad suelen levantarse para dar un paseo por la casa o por la calle.
Y tendremos también el caso de personas que creen que han oído

ladrones hurgando por su casa, y que descubren, en plena noche, a su abuela comiendo unos pasteles o lavando la ropa.

Para hacer que una persona anciana recupere el sueño hay que aliviar su soledad y rodearla de cariño

No se puede tratar a la ligera el insomnio de las personas ancianas, argumentando que es normal que a su edad duerman menos. El cansancio, la ansiedad y los achaques físicos justifican la calidad deficiente de su sueño: tales insomnios pueden ser debidos a alguna perturbación prostática, a la arteriosclerosis o, incluso, al cambio en el modo de vida —jubilación, inquietud a causa de unos nietos que les han sido confiados a su cuidado...

En tales casos, es delicado el recurrir a hipnóticos. Convendrá evitar el uso de barbitúricos por cuanto hay peligro de que produzcan confusión mental o cierto estado de sobreexcitación o de que inviertan los ritmos del sueño. Se les podrán dar algunos calmantes ligeros. Con todo, no cabe duda de que el mejor remedio es el cariño y el interés con que debemos rodear a tales personas ancianas, ya que, efectivamente, la soledad es la causa más frecuente de sus alteraciones en el dormir.

El insomnio en el niño

El tratamiento del insomnio de los niños es similar al de un anciano. Hay que evitar el darle al pequeño un somnífero a causa de que uno tiene que salir de noche. El niño, lo mismo que el adulto, adquiere pronto una dependencia física y psicológica respecto a los hipnóticos.

LAS CURAS DE SUEÑO

La cura de sueño es una de las técnicas más antiguas entre los tratamientos normales para los insomnios y perturbaciones que puedan estar relacionadas con ellos. Si bien en Europa todavía siguen utilizándose, van siendo cada vez más raras entre los psiquiatras americanos. La cura de sueño consiste en provocar un sueño de quince a dieciocho horas diarias durante un período de una a tres semanas. Aun cuando en un principio se practicaban sólo mediante barbitúricos, hoy en día suelen lograrse con una combinación de varios hipnóticos (barbitúricos y no barbitúricos) y tranquilizantes; con preferencia se unen medicamentos de acción rápida con otros de acción duradera.
El sueño no es continuo, contra lo que a veces se cree, sino que se ve interrumpido por determinados descansos y controles de pulso, temperatura y tensión. Para el quinto día, el estado de sueño suele tender, por lo general, a reducirse por sí mismo.

La cura de sueño debe quedar limitada a ciertos casos muy concretos...

Hubo un tiempo en el que la cura de sueño servía como remedio para cualquier trastorno del carácter. En la actualidad, su pres-

Las mujeres embarazadas

Por lo general, las mujeres encinta suelen dormir más, pero, durante las primeras semanas del embarazo, no es difícil que sufran insomnios. Será menester en tales circunstancias una gran prudencia en el empleo de drogas•. Los peligros de los medicamentos se acrecientan en especial durante los diez primeros días. Ahora bien, por desgracia, es ése un período en el que la mujer no siempre sabe si está embarazada. Por precaución, pues, será mejor el abstenerse del consumo de drogas antes y durante un embarazo. Conviene evitar de forma primordial los barbitúricos que salvan la barrera de la placenta y pueden localizarse en el feto. No se conocen bien los riesgos que esto lleva consigo, puesto que no es posible el hacer experimentos sobre mujeres embarazadas. Algunas investigaciones llevadas a cabo en Australia con recién nacidos de madres que habían tomado barbitúricos, ofrecen una proporción considerable de cataratas. Si no queda otro remedio que acudir a un somnífero, convendrá elegir algún medicamento ya conocido y que se haya empleado durante bastantes años sin efectos nocivos.

Las hormonas sexuales tienen ciertas repercusiones sobre el sueño. De forma experimental se ha llegado a hacer uso de ellas como elemento sedativo. Por desgracia, hasta ahora no es posible tal empleo sin que produzcan efectos secundarios (menstruación). También se ha podido constatar que las mujeres que habían de sufrir alguna operación mientras estaban embarazadas, requerían una dosis menos importante de anestesia que las que no lo estaban, y que los hipnóticos actuaban con más celeridad sobre las mujeres que utilizaban la píldora.

• Recuérdese la Talidomida, hipnótico y tranquilizante benigno, que, en 1957, se distribuía sin dificultad.. cuando se descubrió que los niños nacidos de madres que habían tomado Talidomida, eran deformes. Sin embargo, este fármaco había sido objeto de experiencias con animales en gestación, sin consecuencias sobre su prole.

cripción queda reducida a ciertas alteraciones mentales acusadas, como puede ser la melancolía unida a una gran ansiedad, el estado pasional agudo derivado de algún fallecimiento o de los celos, o algunos estados psicosomáticos• persistentes o enfermedades dolorosas.

• *psicosomático:* enfermedad que se manifiesta en un síntoma corporal, pero cuya supuesta causa sería de orden psíquico.

... y limitada también en cuanto al tiempo

De todos modos, esta cura no proporciona un sueño normal, y además supone una serie de peligros si no es detenida a tiempo. Así, se puede presentar cierto estado letárgico y de desinterés por la vida, o, por el contrario, puede dar lugar a un auténtico estado de insomnio. Todas las contraindicaciones que atañen a los medicamentos para provocar el sueño son válidas *a fortiori* para las curas de sueño: hay peligro de que con ellas se agraven las enfermedades del hígado, los pulmones o el corazón. Por lo mismo, precisan un cuidado y vigilancia continuos por parte de los médicos y enfermeros.

Las medicaciones no son los únicos medios capaces de producir el sueño. Ya hemos visto cómo en Rusia, siguiendo las teorías de Pavlov acerca de los reflejos condicionados•, se recurrió a unas curas de sueño que se fijaban en el medio ambiente sonoro y lumínico del enfermo. En Francia se desarrollarán asimismo las técnicas de relajación, de maternidad o dormir colectivo, con la idea de producir un sueño que sea normal.

• Véase la nota de la pág. 135.

LAS CLINICAS PARA DORMIR

Cuando padecemos insomnios o hemos llegado a tener que valernos todos los días de somníferos, ni se nos pasaría siquiera por la mente el acudir a una clínica. Ahora bien, cada vez va siendo más necesario el proceder a una serie de controles físicos o electroencefalográficos antes de prescribir ningún somnífero o de tratar un insomnio. A partir de 1960, se han ido abriendo en Estados Unidos distintas clínicas para dormir *(sleep clinics)* que tienen esencialmente dos objetivos: por un lado, descubrir y establecer el diagnóstico de la enfermedad de sueño que padece el individuo en cuestión, y, por otro, desintoxicar a los millones de norteamericanos que toman barbitúricos. Cotejando el sueño de un enfermo con el de una muestra de su misma edad y medio ambiente social, pero que duerma bien, se podrá precisar cuáles son las dolencias de ese presunto enfermo. Bastará, una vez logrado eso, con someterlo a observación por espacio de tres a cinco días para saber en qué clase de enfermedad del sueño hay que situar su insomnio.

Las grabaciones del sueño han dado pie para distinguir los enfermos:

— que tienen falta o exceso de dormir lento;

— que tienen falta o exceso de dormir rápido;
— que tienen ciclos desordenados de dormir y de sueños;
— que se duermen con excesiva lentitud o rapidez;
— que se despiertan con demasiada frecuencia y demasiado pronto;
— que están aquejados por trastornos fisiológicos (fallos respiratorios) o psíquicos (pesadillas).

Todas estas posibles causas de una perturbación del sueño no siempre son detectables mediante una sola consulta habida con el médico. Cuando se trata de algún insomnio persistente, sería, pues, conveniente proceder a un examen médico a fin de saber con exactitud a qué puede ser debido.

El gran perturbador del sueño puede ser... el propio barbitúrico

En Los Angeles, W. C. Dement y su ayudante, de origen francés, C. Guilleminault, están intentando resincronizar los ciclos del dormir en los insomnes luego de que éstos hayan abandonado los barbitúricos. En realidad, el 40 % de sus pacientes no son auténticos insomnes, sino individuos que duermen de siete a ocho horas. Pero el abuso de barbitúricos ha producido en ellos un desarreglo en su química cerebral. Dement y sus colaboradores han podido demostrar cómo la absorción de un solo comprimido barbitúrico bastaba para descomponer el trazado del sueño durante una semana. La clínica para dormir le permitirá al paciente dormir cuando quiera, volviendo a conducir su sueño a una estructura normal. Como cualquier otra enfermedad, la pérdida de sueño requiere para su curación tiempo, paciencia y perseverancia.

LOS EXCESOS DE SUEÑO

EL HIPERSUEÑO

El hipersueño es el fenómeno inverso al insomnio, y, por lo tanto, consiste en dormir con exceso. Las mismas causas psíquicas (tensión de espíritu, ansiedad, retraso en la entrega de algún trabajo o mal de amores) que en unos producirán insomnio, en otros engendrarán exceso de sueño o una tendencia desmesurada al desvarío. Con todo, el dormir mucho nada tiene de patológico, y hay algunas personas que tienen realmente necesidad de más horas de sueño que las demás y que tienen que dormir diez horas o más.

Se podrá detectar el aspecto enfermizo del hipersueño por el hecho de que, después de haber dormido durante un tiempo suficiente, el sujeto se despertará con la impresión de que está amodorrado y con ganas de volver a acostarse: se hallará en una situación análoga a la de un individuo que se despertara bruscamente en plena noche, sin saber dónde está ni qué es lo que hace. De hecho, en estos casos el dormir suele ser agitado y lleno de sueños, que, con frecuencia, son angustiosos.

Como decíamos al hablar de los insomnes, mejor será procurar cuidar la causa social, familiar o afectiva de semejante enfermiza necesidad de dormir que tomar vitaminas o estimulantes para intentar mantenerse despierto. Tampoco convendrá olvidar que determinados espacios cerrados, estrechos u oscuros —y otro tanto se diga del aislamiento y la soledad— no hacen sino fomentar este estado letárgico. En cambio, un hipersomne, si se ve solicitado por personas ajenas a su ambiente o por actividades distintas a las normales, puede muy bien notar que se le quitan las ganas de dormir. A la inversa, ¿quién no ha advertido en ciertas parejas la propensión de uno de los cónyuges a dormirse durante cualquier velada en la que se esté aburriendo, en tanto que el otro se divierte?

El hipersueño es tan preocupante como su contrario el insomnio

El hipersueño ocasional es preocupante, pero rara vez engendrará trastornos duraderos. Sin embargo, si se deja que se instale un estado hipersomne, pueden derivarse una serie de perturbaciones para el funcionamiento neurovegetativo (ritmo cardíaco, funciones respiratorias) o para el sistema nervioso. Ahora bien, no pocas veces la preocupación será mayor ante un insomnio que ante su contrario. Sin embargo, hay bastantes hipersomnes que son unos auténticos enfermos del sueño, con unas causas fisiológicas que todavía son mal conocidas. Se trata de la narcolepsia, la enfermedad de Pickwick y la de Klein-Lewin. El hipersueño más grave es la encefalitis letárgica o enfermedad del sueño.

La narcolepsia

Narcolepsia es el nombre que se da a cierta cantidad de síntomas característicos no tanto de un dormir demasiado prolongado —como es el hipersueño—, sino de un sueño que sobreviene de improviso, en los momentos o lugares más variados.

Los principales síntomas de la narcolepsia son:
— repentinas ganas de dormir o estados de somnolencia a lo largo del día;
— caídas repentinas debidas a cierto debilitamiento muscular denominado «cataplexia»;
— parálisis generalizada que sobreviene a la noche o a la madrugada;
— alucinaciones visuales o auditivas aterradoras que preceden al dormir o al despertarse.

Aun cuando la narcolepsia sea poco conocida del gran público, no es tan rara como pudiera pensarse, pues afecta aproximadamente a una persona de cada mil. Por lo general, suelen ser los hombres y no las mujeres los que se ven aquejados de esta dolencia. Se puede instalar desde la adolescencia, en la pubertad, pero hay algunos síntomas, como los ataques de cataplexia, que pueden presentarse más tarde, depués de los cuarenta años.

La narcolepsia: un trastorno de la función propia del sueño paradójico

Se ha hecho notar cómo esta dolencia podía ser hereditaria. La narcolepsia ha sido llamada a veces «enfermedad de Gélineau», por el nombre del médico francés que, en 1880, descubrió sus síntomas. Anteriormente, era considerada como una forma derivada de la epilepsia. Hoy en día sabemos que esos bruscos accesos de sueño no dimanan de la epilepsia, sino que son otros tantos desarreglos de la función del sueño paradójico. Efectivamente, mientras que en el dormir normal la fase paradójica no sobreviene sino después de un período de sueño lento, en un sujeto narcoléptico dicha fase paradójica se asienta en cuanto aquél se duerme. Cabe, pues, suponer que el sueño que siente el narcoléptico consiste en una irrupción de la fase paradójica durante el día.

«Por espacio de veinte años, Alberto B..., *un mecánico de cuarenta y cuatro años de edad, había sido objeto de una serie de diagnósticos erróneos. En el transcurso de los ocho últimos años, consultó a un psiquiatra que lo calificó como esquizofrénico•. En realidad, en modo alguno era psicótico, sino que unos cuantos aspectos de su forma de proceder eran, efectivamente, inestables. Se sentía molesto por una profunda somnolencia diurna y por accesos de sueño. Cuando se excitaba o intentaba realizar un acto motor concreto, sus músculos perdían de pronto el vigor y se caía. Encontraba dificultades para trabajar y, de vez en cuando, ni siquiera era capaz de matar una mosca en la pared, por miedo a caerse. Contaba que sus relaciones sexuales le resultaban difíciles, a no ser que "actuara como una máquina" para evitar el fracaso. Con frecuencia tenía también apariciones impresionantes y había de soportar horribles pesadillas.*
Dado que echaba siesta a diario, lo sometimos al polígrafo• durante ese tiempo de la jornada.
La grabación certificó una secuencia de sueño que podía ser debida a algún fallo neurológico. Nuestro paciente pasaba de un estado de atención normal a un breve lapso de atonía• muscular, para hundirse luego directamente en un sueño paradójico agitado•.»

• Véase la nota de la pág. 56.

• A fin de registrar los rasgos del dormir.

• *atonía:* falta de tono.

• W. C. Dement y colab «Les troubles du sommeil», en *Psychologie* n.º 74 (marzo, 1976).

Estos enfermos no suelen presentar, por lo general, ninguna lesión en los centros nerviosos, y su dolencia puede persistir durante toda la vida, a pesar de que siguen siendo normales en todo el resto de sus funciones. En todos nosotros se advierten ciertos descensos de atención aproximadamente cada dos horas; el narcoléptico llevará este fenómeno a su máxima expresión. El número de accesos es variable, de uno a seis y aún más. El narcoléptico puede ser comparado con un individuo que careciera de sueño y que se durmiera en cuanto intentara efectuar cualquier actividad molesta.

En los casos más graves, el dormir del narcoléptico se asemeja al del recién nacido, ya que es capaz de permanecer durmiendo quince y hasta dieciocho horas diarias. Y lo hará lo mismo si está andando que si ve la televisión.

Accesos efímeros pero reiterados y prácticamente incontrolables

Los accesos vienen a durar de cinco a diez minutos, y desaparecen tan súbitamente como habían surgido. Al despertar no muestra ni pérdida de memoria ni sensación alguna de malestar o de inconsciencia. En cambio, el sujeto no es capaz de saber cuánto tiempo ha pasado en tal estado. Las crisis son a veces periódicas y, cuando esto ocurre, el enfermo tiene la posibilidad de organizar su tiempo en función de ellas: si siente que le llega el acceso de sueño, intentará asimismo prevenirlo (así, un profesor había adoptado la costumbre de pincharse con un alfiler de corbata). Pero, por lo común, suele ser imposible atajar el fenómeno que surge de improviso. De ordinario, lo que provocará el sueño o el descenso de tono muscular serán las emociones fuertes o inesperadas, pero también pueden serlo el cansancio o la inmovilidad.

En la cataplexia, lo mismo que en las parálisis del despertar, el sujeto pierde la conciencia: no queda dormido, pero está imposibilitado de menear su cuerpo, un brazo o una pierna. La cataplexia reviste no pocas veces para quien la contempla una apariencia pintoresca.
El individuo cataléptico da la impresión de que tomará al pie de la letra ciertas expresiones como «morir se risa», «quedar paralizado por el miedo» o «quedarse boquiabierto de rabia». No cabe duda de que se trata de una auténtica enfermedad. Hay ocasiones en que el sueño del narcoléptico puede estar precedido de alucinaciones táctiles, sensaciones de comezón, impresiones de torbellinos o auténticos montajes escénicos similares a los que hemos descrito al hablar de los fenómenos del adormecimiento. De suerte que la dolencia de Gélineau tiende a disimular todo un cúmulo de perturbaciones de la atención: desde una lentitud desusada en el desempeño de cualquier tarea hasta una imposibilidad total para actuar.

Hasta ahora, su tratamiento habitual consistía en prescribirles estimulantes y anfetaminas. Hoy en día se intenta compensar el sueño paradójico que parece que falta en el narcoléptico haciendo que duerma mucho, y teniendo en cuenta que hay algunas drogas que si se toman en momentos muy próximos al acostarse no harían otra cosa que acentuar todavía más dicha ausencia. También se recurre en la actualidad a los antidepresivos. Pero el problema capital para el tratamiento de semejantes enfermos es que se habitúan muy pronto a los medicamentos. De ahí que un cataléptico llegara a tomar hasta cuarenta comprimidos al día. Una solución clásica consistirá, por lo mismo, en cambiar de medicación. Pero las treguas que se producen siguen siendo de corta duración.

Un maestro, partidario de los métodos clásicos de enseñanza, en cuanto veía que algún niño no hacía lo que tenía que hacer, tomaba una larga vara de tres metros y le golpeaba con ella en la cabeza. Si el maestro caía en la cuenta de que el alumno le había visto, no ocurría nada. Pero si tenía la fortuna de sorprender al pequeño haciendo el tonto, se derrumbaba ante la clase, y por ello perdía su fama por completo•.»

• Buge, extractos de conferencia (París, 1976).

Una mujer, que solía salir del metro todas las mañanas en la estación de Saint-Marcel, sentía terror a que la tropezaran, pues, si la empujaban por la espalda, se caía por efecto de la sorpresa. Además tenía miedo a que la gente se preocupara por su estado, ya que se conmovía tanto al ver que los demás se ocupaban de ella, que entonces su cataplexia se duplicaba•.»

• Idem

«*Un obrero minador se caía siempre que estallaba una mina. Pero era también aficionado a la pesca y, cuando pescaba, todo iba bien hasta el momento en que veía hundirse el corcho. Entonces, a la par se hundía también él. A pesar de que le entusiasmaba jugar a las cartas, no era posible que tuviera buen juego sin que se desplomara sobre la mesa, con lo que dejaba ver su juego. Estando en el hospital, durante la visita del médico, se veía obligado a poner la sábana sobre su cabeza, porque el simple detalle de decir al llegar: "¿Qué tal?. ¿Cómo vamos hoy?" le hacía caer en cataplexia*•.»

• Idem.

La enfermedad de Pickwick

Carlos Dickens, en «Las aventuras del Sr. Pickwick», ofrecía una descripción muy pintoresca de un criado hipersonne: Joe era un muchacho obeso que se dormía al ir a clase y roncaba con estrépito cuando servía a la mesa. En efecto, es cosa muy peculiar de este tipo de hipersueño el que a la obesidad se una un temperamento soñoliento y que tenga perturbaciones en la función respiratoria. Estos hipersomnes roncarán al dormir y la inactividad les inducirá a dormitar o a dormir en una sala de espera, mientras cambia un semáforo en rojo o en un restaurant. En tales casos roncan durante unos minutos y luego se despiertan.

El pickwickiano tiene un sueño peturbado por ronquidos y paros en la respiración

Por la noche, el pickwickiano tendrá un dormir agitado y se despertará muchas veces, a la vez que experimentará movimientos y sobresaltos. Con frecuencia estos síntomas irán unidos a una breve interrupción respiratoria de unos treinta segundos. Este fallo respiratorio, llamado «apnea», se produce cuando están durmiendo, y la ligera asfixia que se sigue hace que el sujeto se despierte. El ronquido en un durmiente normal consiste en un descenso momentáneo de la tonicidad de los músculos de la faringe y puede verse incrementado por cualquier infección de las vías respiratorias, un catarro o dolor de garganta, así como por el hecho de dormir de espaldas, con la cabeza echada hacia atrás. En los casos de la enfermedad que estamos considerando, el fenómeno es parecido, pero la pérdida del tono en la faringe llega a ser desmesurada, de suerte que la lengua, al quedar demasiado tiempo echada para atrás, obstruye las vías respiratorias (si se llega al caso extremo, habrá que abrir la tráquea del paciente para evitar una asfixia total). Los centros nerviosos de la respiración se encuentran trastornados y el ex-

«*Un albañil,* Ramón J..., *roncaba con tanta fuerza, cuando estaba en el ejército, que una noche sus compañeros de dormitorio sacaron su dormido cuerpo de la sala para librarse de semejante estruendo. Nos explicó que, desde hacía ya dos años, estaba casi constantemente medio dormido. Este hipersueño, unido a una fuerte obesidad y a ciertos síntomas cardiovasculares, lo encasillaban en la categoría bautizada con el nombre de síntomas pickwinkianos (...) En el transcurso de una sola noche, nuestro paciente pickwickiano dejó de respirar en ciento treinta y cuatro ocasiones.*
La historia de Ramón J... tuvo un feliz desenlace gracias al descubrimiento del alemán W. Kuhlo y sus colegas que probaron que la traqueotomía era un tratamiento que se podía aplicar a estas apneas a veces mortales. En consecuencia, los cirujanos de la universidad de Stanford practicaron un orificio justamente debajo de la laringe del enfermo, e introdujeron por él un tubo respiratorio. Ramón J... podía cerrar el tubo durante el día, cuando respiraba con normalidad. Seis meses más tarde, había recuperado su peso normal y era de nuevo capaz de trabajar, bien despierto, con plena dedicación•.»

• W. C. Dement y colab.: «Les troubles du sommeil», en *Psychologie*, n.º 74 (marzo, 1976).

ceso de gas carbónico impide que actúe ya el mecanismo de inspiración y espiración.

Si se tratan a un mismo tiempo la obesidad (mediante curas de adelgazamiento) y la insuficiencia respiratoria, tenderán a desaparecer tanto el hipersueño como la somnolencia propias de la enfermedad de Pickwick.

Las alteraciones de sueño producidas por paradas de la respiración no son, con todo, exclusivas de los obesos o los hipersomnes. Es fácil encontrarlas, en efecto, en sujetos de corpulencia normal, y suelen ir unidas al insomnio. La falta de oxigenación de la sangre, aunque sea por muy poco tiempo, puede llevar consigo en ciertas personas crisis cardíacas. Dement y Gélineau, en Los Angeles, constataron apneas que podían durar tres minutos y repetirse de trescientas a cuatrocientas veces a lo largo de una noche. De tal manera que hay algunos individuos que, de siete horas de dormir normal, cuatro horas y media las pasan en estado de asfixia o semiahogo.

Una operación de amígdalas puede restaurar un ritmo respiratorio normal

Para tratar estos insomnios es esencial saber que la mayoría de los somníferos acentúan el malestar, pues hacen que sea más lento el ritmo de la respiración. Cuando se toman en fuertes dosis, hay peligro incluso de que los mismos hipnóticos lleguen a producir la muerte. A veces bastará con extirparle a un niño las amígdalas para que recupere su ritmo de sueño, evitando así las perturbaciones cardíacas, ya que las amígdalas, al poder obstruir las vías respiratorias, propician las paradas de la respiración. Finalmente, hoy en día sabemos que muchas muertes de recién nacidos se han debido a trastornos respiratorios y apneas de hasta dos minutos. Vigilando en tales casos al niño mientras duerme, se puede obviar semejante peligro.

La enfermedad de Klein-Levin

La somnolencia periódica unida a un hambre anómala o enfermedad de Klein-Levin fue descrita por primera vez en 1936. Se trata de una dolencia que afecta en particular a los adolescentes de sexo masculino, y apenas a las chicas.

Consiste:

— por un lado, en un sueño normal pero irresistible, que ocupa unas dieciocho horas del día, interrumpido a veces por breves momentos en que el enfermo despierta, y que le lleva a éste a permanecer adormilado, soñoliento y a bostezar;

— por otra parte, en una necesidad desmesurada de comer (bulimia o hiperfagia), que puede hacer que el enfermo engorde diez kilos en quince días o tres semanas.

Más de tarde en tarde, el síntoma que acompaña al sueño puede ser un rechazo total a comer.
Estos episodios de dormir y de hambre se asientan entre los quince y los veinte años; su duración va desde unos cuantos días tan sólo hasta las seis semanas, pudiendo cesar por espacio de varios meses y reaparecer más tarde. Por lo general, dejarán de producirse hacia los treinta años. Durante mucho tiempo se ha creído que los muchachos tímidos y poco comunicativos que padecían esta dolencia eran unos esquizofrénicos. Aun cuando todavía en nuestros días no se conozcan sus causas ni el tratamiento adecuado, se piensa que es un trastorno nervioso que afecta a múltiples funciones, entre las que se encuentran las del dormir y el hambre.

La enfermedad del sueño
La encefalitis letárgica o enfermedad del sueño suele acompañar a las infecciones producidas por un virus o por un parásito. Los primeros estudios sobre la enfermedad del sueño comenzaron cuando, en 1917 y 1923, von Economo• se interesó por la epidemia de encefalitis que reinaba por entonces en Europa. La encefalitis letárgica proviene de lesiones del cerebro provocadas por ciertos agentes infecciosos, y se traduce en accesos de sueño cada vez más frecuentes e irresistibles. Hay ocasiones en que también se opera una inversión en el ciclo día-noche, de suerte que el paciente duerme durante el día y se siente agitado por la noche.

• Von Economo (1876-1931), neurólogo austríaco.

La mosca tsetsé origen de una enfermedad que puede ser mortal

La más conocida entre las enfermedades infecciosas del sueño (la tripanosomiasis) se debe a un parásito que transmite la mosca tsetsé, relativamente frecuente en el Africa oriental. Al contrario de lo que muchos piensan, la mosca tsetsé no paraliza mediante el sueño al hombre que contamina. La enfermedad del sueño puede durar dos o tres años, y los trastornos del mismo sueño tan sólo se presentarán al cabo de varios meses de incubada. Llegado ese momento no se da una ausencia de sueño rápido, sino cierto desarreglo en el lento, así como en el ciclo sueño-vigilia. La enfermedad del sueño puede conducir a la muerte, y tan sólo es curable cuando se la coge en sus comienzos. Los primeros síntomas consisten en unos accesos intermitentes de fiebre, con dolores de cabeza y progresivo adelgazamiento. Más tarde, se instalarán las ganas de dormir, y después una serie de alucinaciones auditivas y visuales que irán en aumento.

6
Freud y los sueños

El psicoanálisis y el sueño

Hacia 1900, Sigmund Freud inaugura un nuevo acceso a la psicología humana. Por primera vez desde el Renacimiento, un médico va a estudiar los fenómenos irracionales en sí mismos. Ya no serán considerados éstos en adelante como unos pálidos trasuntos de la conciencia; antes bien, van a ir ocupando poco a poco toda la escena en donde se desarrollan las relaciones del médico con sus enfermos mentales. Estamos ante el nacimiento del psicoanálisis. Los sueños tuvieron un puesto capital dentro de toda esta aventura. En efecto, para Freud el sueño ocupa una posición clave entre los fenómenos que, sin que nosotros mismos caigamos en la cuenta, actúan sobre nuestra mente o nuestra forma de proceder, y sobre el conocimiento que podemos lograr de ambas cosas. De ahí que, tanto en su teoría como en la práctica, hiciera de «la interpretación de los sueños el camino real que lleva al descubrimiento del inconsciente en la vida psíquica•.»

• S. Freud: *La interpretación de los sueños* (Barcelona, Bruguera, 1976).

EL HOMBRE DE LOS SUEÑOS

Pero en Freud los sueños no poseen tan sólo un valor científico, sino que también están revestidos de cierto matiz subjetivo. Por lo general, se le suele conocer como teórico de los sueños, pero se echa en olvido que era un aficionado a tales sueños. Eso no obstante, ya desde su juventud Freud había adquirido la costumbre de tomar notas de sus sueños en unas libretas, concediéndoles probablemente más importancia de lo que cabría esperar en un hombre de ciencia.

Por desgracia, sabemos que en 1885 destruyó todas sus notas y cartas anteriores a fin de que, según confiesa él mismo, «sus biógrafos se atormenten•.» Con todo, las cartas de su novia Martha Bernays que se conservan, muestran que, desde 1883, le transcribía el relato de sus sueños. Cabe suponer, a través de tales cartas, que la primera atracción que sintió Freud hacia la vida onírica se vio inspirada más por la oniromancia tradicional y los encantos de los artistas románticos que por las consideraciones científicas de los sabios del siglo XIX.

• Cartas de Martha Bernays, 28 de abril de 1895. *Briefe*, 1873-1939 (S. Fischer Verlag).

Por lo tanto, lo que le llevará a Freud a servirse de los sueños y de sus poderes en orden a elaborar una nueva teoría de la psicología humana será una mezcla de curiosidad científica y seducción personal. Pero, aun cuando él creía que, por fin, había vencido el secreto de los sueños, ¿no se tomaron éstos a su vez una cierta venganza? En efecto, cuando los autores actuales intentan reconstruir cómo pudo desarrollarse la juventud de Freud y su personalidad, acuden a los sueños, en justo retorno de las cosas, como se puede ver muy claro en la serie de conferencias radiofónicas que Marthe Robert tuvo acerca de la vida y obra de Freud•. Freud identificado por medio de sus sueños o Freud el hombre de los sueños seguirá siendo para nosotros la figura alegórica de una teoría que buscó, a lo largo de su elaboración, la naturaleza del hombre a través de sus sueños.

• M. Robert: *la Révolution psychanalitique*, t. I y II (París, Payot, 1964).

La ciencia de los sueños tendrá un impacto enorme, pero tardío

El primer análisis de un sueño completo efectuado por Freud data de 1895. Se trata del denominado «la inyección de Yrma»; tuvo lugar en un café de las afueras de Viena, y Freud, escribiendo a su amigo W. Fliess, se preguntaba si algún día se colocaría allí una placa conmemorativa que llevara esta leyenda: «En esta casa fue donde, el 24 de julio de 1895, se le reveló al Dr. Sigmund Freud el secreto de los sueños•.» Marthe Robert hace notar que no exite placa alguna que conmemore semejante evento, pero que «la fortuna de "La ciencia de los sueños", que no ha cesado desde hace más de sesenta años, vale más por sí sola que cualquier monumento•».

• «Lettres à W. Fliess» 12-6-1900, en *la Naissance de la psychanalyse* (París, P.U.F., 1956).

• M. Robert: *la Révolution psychanalytique*, t. I (París, Payot, 1964).

En realidad, la fortuna de la obra principal de Freud acerca de los sueños, «Die Traumdeutung» (traducida primero como «La ciencia de los sueños», luego como «La interpretación de los sueños» y, por fin, como «La significación de los sueños•») fue desigual. En el prólogo a la segunda edición de su libro, nueve años después de la primera, que data de 1899, Freud atestiguaba que tanto los psiquiatras como los filósofos le habían otorgado escasa importancia. Apenas si se vendieron trescientos ciencuenta ejemplares en los seis primeros años, y, en Francia, Pierre Janet ni siquiera la cita en su reedición de 1913 de «l'Automatisme psychologique», y no precisamente por ignorancia. Más tarde, en «Mi vida y el Psicoanálisis», Freud, rencoroso, escribirá: «Pero cuando el psicoanálisis se tornó también en Francia un tema de discusión, Janet se portó mal, mostró escasa competencia y se valió de unos argumentos que no eran demasiado convincentes•.»

• Esta traducción ha sido propuesta hace poco por la escuela lacaniana.

• S. Freud: *Ma vie et la psychanalyse* (París, Gallimard, 1949).

Semejante indiferencia para con la teoría freudiana de los sueños mostrará todavía Jean-Paul Sartre en su libro «l'Imaginaire»•, o Roger Callais en «l'Incertitude qui vient des rêves•».

• J. P. Sartre: *l'Imaginaire* (París, Gallimard, 1940).

• R. Callois: *l'Incertitude qui vient des reêves* (París, Gallimard, 1956).

Mas «La interpretación de los sueños» conocerá nueve ediciones, será traducida a varias lenguas y se puede asegurar que es la cuna del interés, tanto psicológico como científico, que nuestro siglo ha mostrado por los sueños.

Freud no siempre mostró igual interés por los sueños

Con todo, parece que en el momento en que su teoría acerca de los sueños empezaba a adquirir un puesto privilegiado, el mismo Freud se desinteresaba por ella. Sea por amor contrariado, por haber constituido una pasión de juventud o por infidelidad propia de un anciano, lo cierto es que Freud había tal vez dejado de lado el tema de los sueños en favor del de la muerte. En su relación presentada al 34.° Congreso de psicoanalistas de lenguas romances en 1974, acerca del tema de los sueños, J. Rallo, M. T. Ruiz de Báscones y C. Zamora de Pellicer señalan tres períodos en la obra de Freud•:

— De 1883 a 1900, basándose en el estudio de sus propios sueños y de los de sus pacientes, Freud elaborará una teoría científica sobre el funcionamiento psicológico del hombre, de eso que él llamará nuestro «aparato psíquico».

— De 1900 a 1917, los sueños seguirán siendo el eje central de su reflexión y le darán ocasión para establecer ciertos puentes entre lo patológico, lo normal e incluso la creación artística.

— Por fin, de 1917 a 1939 —año de su muerte— los sueños desaparecerán, por así decirlo, de entre sus preocupaciones teóricas. «La revisión de la teoría de los sueños», de 1920, a pesar de su título, no hará otra cosa que repetir teorías ya tratadas. Tan sólo las consideraciones sobre «El sueño y la telepatía» (1922) parece que perfilan un último escarceo.

J. Rallo Romero, M. T. Ruiz de Báscones y C. Zamora de Pellicer: «Rapport au 34e congrès de psychanalystes de langue romane. Madrid, 1974» en *Rev. franc. de psych.* 5-6, t. 38, «Le rêve».

Los autores de esta división tripartita hacen notar que «las lamentaciones formuladas por Freud en 1932 de que "los psicoanalistas se comportan ante los sueños como si no hubiera ya nada que añadir al respecto", les parecen que constituyen una autocrítica». Tal vez los sueños ocupaban en Freud un lugar demasiado íntimo.

En efecto, escribía así en 1908: «Para mí, "La interpretación de los sueños" tiene un significado subjetivo que no he logrado captar hasta no haber concluido toda la obra. He llegado a comprender que no pasaba de ser sino un fragmento de mi autoanálisis, mi reacción ante la muerte de mi padre, el drama más punzante para la vida de un hombre. Una vez que lo he descubierto, ya no soy capaz de borrar los rasgos que ha dejado en mí semejante influjo•.» Se puede, pues, considerar que «La interpretación de los sueños» pertenece al género literario de las confesiones. Pero, por primera vez, no trataba tan sólo de narrar la propia vida sentimental del sujeto haciendo que hablasen sus sueños, como se lamentan algunos críticos que hacía Rousseau respecto a los románticos, sino que desmonta Freud los mecanismos de esas novelas psicológicas: toma los sueños, en cierto modo, a la letra, y, como se hace con cualquier escrito, quiso hallarles un sentido.

• S. Freud: *La interpretación de los sueños* (Barcelona, Bruguera, 1976).

De la hipnosis al análisis de los sueños

En un principio, Freud se vio seducido por las técnicas de hipnosis o sugestión que se empleaban en Francia. En 1885 aparecerá como discípulo de Charcot• en la Salpêtrière de París,

• J. M. Charcot (1825-1893), profesor de anatomía patológica. Estudió el hipnotismo, que él consideraba como algo patológico, en relación con la historia.

y, en 1890, seguirá las clases de Bernheim• en Nancy. Así pues, las técnicas hipnóticas permitían producir o detener ciertos síntomas histéricos, como las parálisis de algunos miembros; por sugestión, reprobación o presionando con la mano sobre la frente del paciente, se lograba que éste secundase las órdenes del médico. Con todo no cabe duda de que la hipnosis no le habría conducido a Freud al psicoanálisis sin la observación fortuita que hizo Breuer• de la existencia de una vinculación entre los síntomas orgánicos de una de sus pacientes y los pensamientos de ésta. En efecto, Breuer cayó en la cuenta de que, cuando su enferma era capaz de expresar verbalmente sus «fantasmas afectivos», eso hacía que desaparecieran los síntomas que tenía. Estos resultados, desarrollados por Breuer y Freud en sus «estudios sobre la histeria», mostraron cómo una novela psicológica, una escenificación sentimental o afectiva —lo que Freud llamará fantasmas— podían actuar sobre la vida mental y sobre la conducta de sus pacientes sin que ellos cayeran en la cuenta. De ahí a ver en el sueño un testimonio real de la existencia de tales fantasmas, no mediaba más que un paso. Y este paso fue franqueado sin dificultad cuando los enfermos de Freud, sometidos a la regla de oro del naciente psicoanálisis —a saber, la regla de la «libre asociación»—, se pusieron a narrar sus sueños. Ya no faltaba más que encontrarles a éstos sentido.

• Bernheim (1839-1919), médico. Consideraba a la hipnosis como normal y relacionada con la sugestión.

• Breuer y S. Freud: *Etudes sur l'hystére* (París, P.U.F., 1956).

Según eso, tal vez los sueños de Freud no hubieran quedado nunca más que como unas confesiones íntimas de no haber mediado esa casualidad que hizo que empalmaran una investigación sobre las causas psicológicas de las enfermedades histéricas con un interés para con los fenómenos no científicos como los sueños, la literatura o el arte.

ANTES DE FREUD

Nuestro siglo, subyugado por el psicoanálisis, suele pretender con frecuencia que la psicología del sueño empieza con Freud, como si antes que él no hubiera existido más que la nada. Ahora bien, lo que ocurre es tal vez lo contrario. En efecto, el psicoanálisis y el análisis del sueño pudieron nacer precisamente porque el siglo XIX había suministrado un enorme material de reflexión acerca de los sueños: reflexión literaria, artística y científica.

La impresión que tenía Freud respecto a cuantos le precedieron es, en conjunto, desfavorable. En una carta a Fliess, hace esta observación comparando metafóricamente la composición de su libro: «Al principio está el bosque oscuro de los autores (que no veían los árboles), bosque sin perspectiva y en el que es fácil perderse; luego se abre una senda profunda, a través de la cual conduzco al lector: la de mis muestras de sueño con todas sus peculiaridades, detalles, indiscreciones y malos juegos de palabras. Por fin, de golpe, llega la cumbre, la visión panorámica y este interrogante: "Dime, por favor, a dónde quieres ir."•

• S. Freud: «Lettres à W. Fliess» 6-8-1899, en *la Naissance de la psychanalyse* (París, P.U.F., 1956).

Pero esta ambición del joven investigador no debe inducirnos nunca a tomar su repulsa como un total desinterés. Porque, en realidad, las teorías que le precedieron le servirían en parte como hilo conductor para delimitar las fuentes y funciones del sueño, para intentar integrarlas o para superarlas: "Así —dice— los resultados más dispares y contradictorios de los estudios llevados a cabo hasta el presente quedan sostenidos tanto por lo que nuestra teoría del sueño tiene de novedoso como por una unidad superior. No pocos de ellos han sido utilizados de forma distinta a la que hubieran podido sospechar sus autores, y muy pocos han sido desechados por completo•."»

• S. Freud: *La interpretación de los sueños* (Barcelona, Bruguera, 1976).

FREUD Y LAS TRES TEORIAS DE LA EPOCA

En la segunda mitad del siglo XIX, la psicología se caracterizaba por lo que respecta a los sueños por su aspecto experimental y por su desprecio para con la actividad psicológica de los mismos. Tal era la actitud en especial de los médicos, mostrándose, sin embargo, menos inclinados a ella los filósofos y los «psicólogos aficionados». Con todo, difícilmente se hubieran comprendido ciertas afirmaciones como las de Schubert, que veía en el sueño la liberación del espíritu de cara a la naturaleza, la evasión del alma de las cadenas de la sensibilidad, y otros juicios análogos aducidos por Fichte y otros. Todo el mundo consideraba al sueño como una exaltación de la vida del espíritu. «En nuestros días —dice Freud—, sólo los místicos o las personas devotas repiten semejantes apreciaciones. La penetración de un pensamiento científico ha actuado sobre lo que se pensaba acerca del sueño•.» Dicho pensamiento se había desarrollado con las investigaciones «psicológicas» de Fechner, y Wundt abriría, en 1878, en Leipzig, un laboratorio de psicología experimental.

• S. Freud: *La interpretación de los sueños* (Barcelona, Bruguera, 1976).

Primera teoría: lo que produce un sueño es la excitación corporal...

En estos laboratorios del siglo XIX fue donde tuvieron lugar las primeras investigaciones biológicas acerca de los sueños. En efecto, se pretendía ver, por medio de toda suerte de estímulos acústicos u ópticos, en qué medida unas excitaciones corporales, somáticas, podían influir sobre los sueños.
Otra técnica de moda por aquella época para analizar el pensamiento consistía en estudiar las leyes de asociación de ideas. De la yuxtaposición de estas dos series de investigaciones habría de deducirse una teoría orgánica y mecánica de la formación de los sueños. Podemos resumirla así:
— Las estimulaciones sensoriales, que provienen del medio ambiente externo (carillón de un reloj, niño que llora...) o de algún trastorno interno (mala digestión, sed...), producen en la mente cierta cantidad de imágenes.
— Dichas imágenes son otras tantas alucinaciones o ilusiones.
— Estas se unen de acuerdo con las leyes de asociación de ideas.

A. Maury, el principal representante de una teoría orgánica del sueño, contaba en un libro sobre el dormir una serie de experiencias de este estilo:
«1. Se hacen cosquillas en los labios o en la punta de la nariz con una pluma: sueña con una tortura espantosa: le colocan una máscara de pez sobre el rostro y luego, al quitársela, se lleva consigo la piel.
2. Se hacen chocar unas tijeras y un par de pinzas: oye que suenan campanas, después un toque de alarma, y se cree estar en junio de 1848.
3. Se le hace que huela agua de colonia: está en El Cairo, en la tienda de Juan María Farina. A esto se unen otras locas aventuras que no es capaz de narrar.
4. Se acerca un hierro caliente a su rostro: sueña que una cuadrilla de "fogoneros" se ha introducido en su casa y le obligan a entregar su dinero poniéndole los pies sobre carbones rusientes.
5. Se hace que caiga sobre él, en varias ocasiones, la luz de una lámpara a través de un papel rojo: sueña con una tormenta, con calor, y se vuelve a encontrar en una tempestad que sufrió un día al cruzar el Canal de la Mancha•.»
Como se puede apreciar, no ha quedado ninguno de nuestros sentidos al margen de la investigación experimental. En este texto, van siendo estudiados sucesivamente el tacto, el oído, el olfato, la sensibilidad térmica y, por fin, la vista. Cabría concluir de todo ello que los estímulos externos no sólo actúan sobre los sueños, sino que incluso tienen un influjo diferente según su calidad.

• A. Maury: *le Sommeil et les rêves* (París, Didier, 1878).

ESTRUCTURA LINEAL DE LA FORMACION DE LOS SUEÑOS

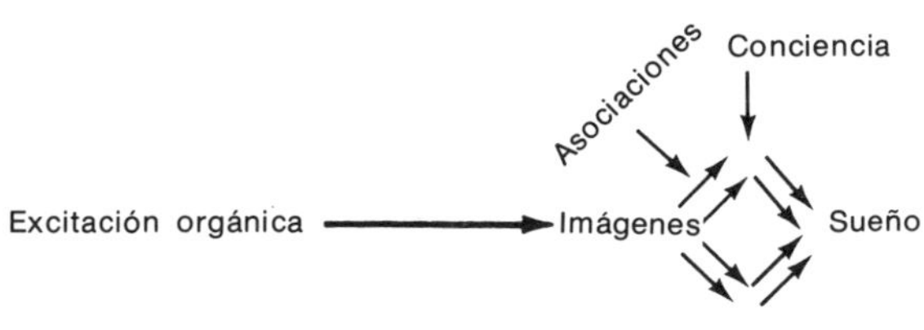

— A su vez, estas asociaciones provocan otras nuevas imágenes.
— Finalmente, todo el conjunto se organiza en cuanto cabe, dada la escasa actividad intelectual que se da durante el sueño.

No hay nada dentro de esta teoría que explique en realidad por qué surge precisamente tal imagen y no tal otra. Freud no negará que en los sueños se dan ciertos elementos que «proceden del estómago», ni rechazará que haya un desorden externo mientras dormimos que pueda tener su influjo sobre los sueños; pero se opondrá a cualquier teoría que vea en ello un principio de explicación. De hecho, parece que no pocas veces la mente carece de interés respecto a las impresiones orgánicas; se comporta «como el durmiente de la anécdota que, cuando le preguntan: "¿estás durmiendo?", responde que "no", y, si le añaden: "Entonces, présteme unas pesetas", se escuda en seguida tras un: "Estoy durmiendo".»

... la actividad psíquica, por su parte disminuye mientras dormimos

Entre las teorías imperantes en el siglo XIX se hallaba, por tanto, esa teoría orgánica, que también era conocida como la teoría de la «vigilia parcial», puesto que, mediante ella, el sueño manifestaba un descenso en la actividad psíquica, aflojamiento «de los enlaces y empobrecimiento del material utilizable•.»

• S. Freud: *La interpretación de los sueños* (Barcelona, Bruguera, 1976).

Suponía cierto prejuicio común acerca de la inutilidad del sueño. Freud ilustró esta idea que sostenían los representantes de las ciencias exactas con la vieja comparación del «hombre que, desconociendo la música, deja deslizarse sus dedos sobre las teclas de un instrumento. De acuerdo con esta comparación, el sueño sería algo carente por completo de sentido. ¿Cómo iban a ser capaces de producir el menor fragmento musical los dedos de semejante ignorante•?»

• Idem.

Segunda teoría: mientras dormimos la actividad psíquica no duerme

En cambio, hubo otros que, pensando que la naturaleza no ha creado nada sin razón, se opusieron a Maury: el marqués de Saint-Denis• estimaba, en efecto, que, mientras dormimos, se conserva nuestra actividad intelectual. Freud, valiéndose de metáforas psiquiátricas, arguyó contra los primeros que convertían al sueño en «una especie de debilidad o confusión mental», en tanto que los segundos lo confundirían con una a modo de «paranoia»•. Llevando más adelante la comparación de Freud, podríamos añadir que él mismo eligió una senda intermedia y que convirtió al sueño en una neurosis.

• Hervey de Saint-Denis: *les Rêves et les moyens de les diriger* (París, Tchou, 1964).

• S. Freud: *La interpretación de los sueños* (Barcelona, Bruguera, 1976).

Tercera teoría: hay que definir el sueño sin recurrir al estado de vigilia

Dentro de las teorías que por entonces existían, las preferencias de Freud se encaminaban a una tercera, para la cual lo peculiar del sueño eran ciertas cualidades que le eran propias y que la vigilia o poseía sólo en parte o carecía de ellas en absoluto. Freud, en efecto, revalorizará al sueño, distinguiéndolo del estado de vigilia, y presentará las bases científicas para una teoría que seguía siendo todavía literaria o romántica.

LOS MECANISMOS PSICOLOGICOS DEL SUEÑO

Eso no obstante, los psicólogos clásicos habían ya estudiado ciertos mecanismos psicológicos del sueño.
Entre ellos cabe citar:

— *La transformación de la representación en alucinación.* Efectivamente, todos los autores sabían que el sueño sustituye los pensamientos por imágenes; habían advertido que si uno se dormía oyendo una serie de sonidos, éstos se transformaban en visiones durante el sueño.

— *La dramatización o puesta en escena.* El sueño no se contenta con presentar imágenes independientes unas de otras, sino que las organiza, las escenifica. Hasta tal extremo es esto así que ese teatro se impone a nuestro espíritu como si fuera la auténtica realidad.

— *La ausencia de control voluntario.* En el sueño, nos encontramos en un estado en el que padecemos unas representaciones contra las que no somos capaces de actuar conscientemente.

LAS FUENTES PSICOLOGICAS DEL SUEÑO

Los sabios del siglo XIX habían descrito también tres fuentes de sueños que no eran orgánicas, sino psicológicas:

— *Los sucesos recientes.* Así, algunos autores habían señalado que el sueño muestra una clara preferencia por las impresiones del día precedente. Por lo mismo, concluían de ahí que mediaba cierta relación entre el pensamiento de la vigilia y el onírico.

> «*Sueño:* me suscribo a un periódico que cuesta 20 FL al año en la librería S. y R. *Fuente:* mi mujer me había recordado la víspera que todavía le debía 20 FL de la entrega semanal que le suelo hacer•.»

• S. Freud: *La interpretación de los sueños* (Barcelona, Bruguera, 1976).

— *Los sucesos insignificantes.* Otros habían advertido que, contra lo que suele suceder en el estado de vigilia, el sueño tenía tendencia a recordar no precisamente los sucesos importantes sino las cosas indiferentes o sin importancia. Esta apreciación peculiar de la realidad induciría a pensar que existe una excisión entre la vida diurna y la nocturna.

«La muerte de uno de mis allegados, señalaba Hildebrandt, que nos trastornó y bajo cuya impresión nos dormimos muy tarde por la noche, desaparecerá de nuestra memoria hasta que el despertar la vuelva a reproducir con una funesta pujanza. En cambio, una verruga que tenía un amigo en la frente, y al cual acabábamos de ver, jugará su papel dentro del sueño, a pesar de que, en cuanto lo despedimos, no habíamos vuelto a parar mientes en ello ni un solo instante•.

• Idem.

— *Los recuerdos de la infancia.* Finalmente, se había patentizado la gran memoria de que gozan los sueños o su «hipermnesia», ya que resultaba que en sueños se llegaba a unos recuerdos de la infancia que uno creía ya olvidados hacía tiempo.

«Maury refiere cómo en su infancia solía ir con frecuencia de Meaux, su ciudad natal, al cercano pueblo de Trilport, en donde su padre dirigía la construcción de un puente. Una noche, en sueños, se vio a sí mismo jugando por las calles de Trilport. Un hombre que vestía una especie de uniforme se le acercó. Maury le pidió que le dijera su nombre. Se llamaba C... y era guarda del puente. Una vez despierto, Maury, dudando de la exactitud de su recuerdo, le preguntó a una sirvienta antigua, que llevaba en casa desde su infancia, si se acordaba de un hombre que tuviera semejante nombre. "Por supuesto —respondió ella—. Era el guarda del puente que construía su padre"•.»

• Idem.

FREUD: LA ESTRUCTURA DEL SUEÑO

En las teorías clásicas, las distintas fuentes del sueño daban lugar a oposiciones y contradicciones insolubles, mientras quedaban sin explicación sus caracteres psicológicos. El principal mérito de la concepción freudiana fue el de su coherencia: permitía, en efecto, explicar las distintas fuentes del sueño sin que mutuamente unas excluyeran a las otras, y redestribuían las funciones psicológicas que les eran propias.

El doble del sueño: contenido latente y contenido manifiesto

Con esto, Freud tergiversó nuestra concepción del sueño, convirtiéndolo en un objeto doble. Pero, mientras los pueblos arcaicos pensaban que el sueño tenía su doble fuera del propio sueño, en Dios o en el Diablo, Freud, con una inversión genial, colocó esa alma del sueño dentro del mismo hombre. A esta nueva fuente psíquica del sueño la llamará su «contenido latente», o también los «pensamientos del sueño»; en tanto que el sueño como tal, ese que recordamos al despertar, se denominará «contenido manifiesto».

«Hay, pues, que admitir —dice Freud— que en la formación del sueño intervienen dos procesos psíquicos esencialmente diferentes. Uno de ellos crea pensamientos de sueño parecidos por completo a los de la vigilia, y el otro se configura de forma extraña y anómala•.» Insiste, en efecto, Freud en que el contenido latente es el producto de un sistema de pensamientos lógicos. Estos pensamientos del sueño contendrán los deseos del sujeto, expresados a modo de fantasmas, así como toda clase de anhelos más o menos confesados por su conciencia. Por el contrario, el contenido manifiesto pone en juego otro tipo de pensamiento más primitivo; en éste residirá el origen de la elaboración del sueño manifiesto y de sus características extraordinarias.

• S. Freud: *La interpretación de los sueños* (Barcelona, Bruguera, 1976).

Una definición del sueño que resuelve las oposiciones clásicas

Esta repartición de los sueños les permite de un solo golpe asentar un pie en la vigilia y otro en el dormir. Los intereses de la vigilia se prolongan en el contenido latente, y será precisamente éste el que tendrá como función el lograr que pasen a los sueños las preocupaciones o alegrías del día. Pero también se inscribirán a ese nivel los recuerdos de infancia del que sueña; y donde encontrará las significaciones, los fantasmas y los deseos que alimentarán los sueños será en el depósito del inconsciente. «El sueño —dice Freud— continúa las emociones e intereses habidos durante la vida de vigilia: eso es lo que ha quedado demostrado por completo con el hallazgo de los pensamientos latentes del sueño... Pero también hemos podido apreciar lo que vale la opinión opuesta: el sueño rebusca entre los restos indiferentes del día y no se adueña de alguno de los grandes intereses de la vida de vigilia sino cuando el trabajo de esa vida le permite. Nos ha parecido que esto era lo que caracterizaba el contenido de los sueños, expresado de manera deformada por el pensamiento del sueño•.»

• Idem.

El contenido manifiesto da pie, según eso, a comprender por qué aparecen en el sueño unos recuerdos insignificantes, y cómo no son incompatibles tales recuerdos con los de la vigilia, más importantes, que residen en los pensamientos de los sueños.

Eso no obstante, para Freud no existe ninguna fuente de sueños que sea indiferente, ni tampoco hay «sueños inocentes», con la excepción acaso de los sueños de niños. Porque, generalmente, aquello que aparece como indiferente a nivel del sueño manifiesto va siempre ligado mediante una serie de cadenas asociativas a algún elemento cargado de emoción o deseo que, a su vez, se sitúa dentro del contenido latente. A la interpretación le corresponderá el desenredar este complejo ovillo de relaciones•.

• En otro capítulo abordaremos el tema de la técnica para analizar los sueños.

LA FABRICA DE SUEÑOS

Junto al contenido latente y manifiesto, hemos visto cómo aparecían dos nuevas nociones psicológicas al interpretar los sueños: la de inconsciente y la de trabajo del sueño. La teoría freudiana elaboró otros dos conceptos más: el deseo y la censura. El deseo y la censura servirán para explicar la relación que media entre el inconsciente y el trabajo del sueño.
En efecto, para Freud un sueño es producto de dos factores: el primero queda representado por ciertas tendencias o pulsiones que surgen en el interior del sujeto, sin que alcancen el umbral de su conciencia. El segundo factor es un sistema organizativo de imágenes del sueño que deformará el contenido latente, para producir el sueño manifiesto que nosotros conocemos.

El inconsciente

El término «pulsión» expresa la idea de una fuerza mantenida en algún punto dentro de nuestro organismo o de nuestro psiquismo y que intentará periódicamente liberarse en forma de ola de ideas. Según eso, sentiríamos dentro de nosotros mismos unos accesos de pensamiento similares a los que padecemos de fiebre; seríamos como una máquina de explosión que, en algún lugar, comprime una masa de percepciones y reflexiones para hacer que estallen en los sueños.

Las pulsiones van unidas al contenido latente y representan el principio creativo que engendrará el sueño. En efecto, los pensamientos diurnos, es decir aquellos que tenemos a lo largo del día, que sean capaces de instigar un sueño no supondrían nada para Freud si no tuvieran una vinculación con una fuerza impulsiva o un deseo que él sitúa en esa zona inaccesible denominada inconsciente. Recurriendo a una comparación, dirá: «Es muy posible que algún pensamiento diurno desempeñe el papel de empresario del sueño; pero, como se suele decir, un empresario que tiene una idea y quiere llevarla a cabo, no puede hacer nada sin un capital, le hace falta recurrir a un capitalista que sufrague los gastos; y este capitalista que compromete los fondos psicológicos precisos para el lanzamiento del sueño es siempre, sin excepción y al margen del contenido que pueda tener el pensamiento diurno, un deseo que viene del inconsciente•.»

• S. Freud: *La interpretación de los sueños* (Barcelona, Bruguera, 1976).

Sabemos que el descubrimiento del inconsciente supuso una revolución dentro del campo de la psicología. Freud relegó la conciencia a un lugar secundario, convirtiéndola en una especie de órgano de los sentidos que captaría mejor o peor los datos que llegan del inconsciente. Por lo que respecta a éste, veía en él la realidad esencial de nuestro psiquismo. Sin embargo, reconocía que no sabíamos nada de lo que el inconsciente es en sí mismo: «Su naturaleza íntima nos es tan desconocida como la realidad del mundo exterior, y la conciencia nos informa acerca de él de una forma tan incompleta como los órganos de los sentidos lo hacen sobre el mundo exterior•.»

• Idem.

Con todo, el no conocer cómo es biológicamente el inconsciente no nos impide el conocimiento de su existencia. En efecto, tampoco sabemos mucho mejor cómo son exactamente la memoria o la imaginación; en cambio, sabemos que funcionan. Freud intentó saber cuál era el funcionamiento del inconsciente. Así, descubrió que cierto número de manifestaciones del hombre, como el sueño, los chistes, determinadas actitudes de la vida diaria o ciertas formas de proceder patológicas eran producto del inconsciente. Existen, pues, en nosotros una fuerza o una organización biológica que actúa, sin que caigamos en la cuenta de ello, sobre nuestras representaciones del mundo. Y el sueño es una puerta que se abre sobre el inconsciente.

La censura y el rechazo

Pero las imágenes que se dan en un sueño no son idénticas a las representaciones del inconsciente. Freud explica con habilidad esta diferencia de clase existente entre las representaciones del sueño y las del inconsciente, afirmando que hay pensamientos que nuestro yo consciente no puede aceptar y, en consecuencia, rechaza. Por suerte, el sueño es un estado ambivalente: en él la conciencia se halla lo suficientemente dormida como para que pasen los deseos rechazados, pero no tanto como para que lo hagan intactos. De ahí también que en el sueño haya que aceptar cierta forma de censura. Esta se presenta de tal manera que obstaculiza a las representaciones que estén demasiado cargadas emocionalmente para el que duerme, el acceso a los sueños de éste, y, por lo mismo, que puedan tener peligro de despertarlo o, lo que sería aún peor, que choquen contra sus prejuicios conscientes.

Por consiguiente, para Freud el sueño está en libertad vigilada. La censura, «guardián de nuestra salud mental», nunca duerme profundamente, sino que «cierra la puerta que conduce a la motilidad•. Las pulsiones procedentes del inconsciente, que ordinariamente se encuentran inhibidas, pueden actuar en el escenario; podemos dejarlas funcionar ya que son inofensivas, puesto que no llegan a poder poner en movimiento el aparato motor. El dormir garantiza la seguridad de la fortaleza que hay que guardar•.»

• *motilidad:* facultad de moverse.

• S. Freud: *La interpretación de los sueños* (Barcelona, Bruguera, 1976).

ESTRUCTURA EN PROFUNDIDAD DE LA FORMACION DE LOS SUEÑOS

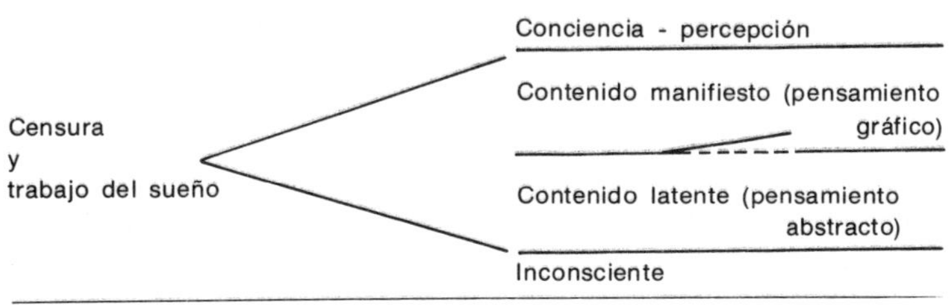

No cabe duda de que las líneas precedentes se han quedado ya viejas y de que esta parte de la teoría freudiana está hoy día sometida a crítica. Pero, sin embargo, este juego entre lo que se rechaza y lo que puede pasar es lo que le inducirá a Freud a su célebre definición del sueño: «El sueño es el cumplimiento (disfrazado) de un deseo (reprimido, rechazado)•.» La interpretación de los sueños tendrá por objeto descubrir, tras ese disfraz, cuáles son los pensamientos que se desean.

• Idem.

El sueño cumplimiento de un deseo
La manera más evidente de poner a prueba la tesis de Freud consiste en acudir al análisis de los sueños infantiles•. Estos, en efecto, se caracterizan por un deseo que se expresa con frecuencia directamente a nivel del contenido manifiesto.

• Freud profetizaba que «la psicología del niño estaría llamada a presta a la psicología del adult los mismos servicios qu la morfología y la embriología de los animales inferiores han prestado al estudio de los animales superiores en la escala» (L'Interpr. des rêv.) París, P.U.F. 1967.

> «Mi hijita —refiere Freud—, cuando contaba tres años, tuvo un sueño muy claro. Se sintió inspirada por la belleza del paisaje de Aussee. La niña había hecho por primera vez un viaje sobre el lago y el tiempo que había durado el paseo se le había antojado sumamente corto. No quería abandonar la belleza del embarcadero y lloraba con ardientes lágrimas. A la mañana siguiente, nos dijo: "Esta noche he ido de paseo al lago." Cabe esperar que en esta ocasión el paseo hubiera sido más largo•.»

• Idem.

Los sueños de adultos con frecuencia suelen ser harto complicados. A una amiga que había soñado que tenía sus reglas, Freud le responde que había soñado precisamente aquello porque no las tenía y que, en el fondo, era un deseo de «disfrutar aún por algún tiempo de su libertad antes de las miserias de la maternidad•.» También puede ocurrir que un sueño exprese un deseo que ha sido reprimido durante el día precedente.

• Idem.

> «Una mujer un tanto bromista le responde a una joven amiga que acaba de desposarse y le pregunta, con alabanzas excesivas, qué es lo que ella piensa acerca del muchacho; al proceder así, está imponiendo silencio a su juicio, pues a gusto le hubiese dicho la verdad: "Es un hombre de los que sólo cabe uno en docena." A la noche siguiente, sueña que le es planteada la misma cuestión y que responde con la fórmula: "Para cualquier pregunta ulterior, basta con indicar el número"•.»

• Idem.

Pensaba Freud con tal seguridad que el sueño no podía por menos que expresar un deseo que acabó por demostrar que hasta los mismos sueños penosos o las pesadillas no eran otra cosa que los travestis de un deseo. Hasta, si se quiere, de un deseo masoquista•.

• Su idea acerca de las relaciones que mediaba entre la sexualidad y la neurosis influyó sin du en su juicio. Ya verem qué hay que decir sobr esto cuando abordemos las críticas hechas por Jung respecto a la teor freudiana.

La gramática del sueño
Como hemos visto, el deseo en el adulto no es algo simple. En efecto, unas veces no se atreve a decir lo que piensa, otras no piensa lo que dice... es decir, que es realmente inconsciente de lo que quiere. Dentro de esa maquinaria, el sueño desempeña un papel activo: no se contenta con asociar imágenes al azar, sino que crea un lenguaje con su propia lógica. En su descripción del trabajo del sueño, Freud nos trazó las líneas maestras de una sintaxis del sueño; esta sintaxis viene a ser para el psicólogo como el equivalente a las reglas lógicas para una psicología del pensamiento consciente.

El sueño para Freud: un mecanismo con cuatro engranajes

Freud, en efecto, se consagró a esta nueva tarea de hacer una lista de las estructuras que funcionan dentro del sueño. Estas reglas de gramática, de organización o representación, que él pondrá en claro, hacen que el sueño sea lo que es, es decir una representación del mundo o de nuestros pensamientos que difiere profundamente del modo en que percibimos durante la vida de vigilia. Pero la divergencia entre la forma de pensar consciente y los sueños no queda situada para Freud ya como si fueran éstos una clase más débil o menos organizada. Esta diferencia —dice él— «no quiere decir que el trabajo resulte más descuidado, incorrecto o incompleto que el del pensamiento en estado de vigilia, ni que contenga más olvidos; sino que entre estas dos formas hay una disparidad de naturaleza, y por ello no pueden ser comparadas. El trabajo del sueño no piensa ni calcula; por decirlo de un modo más general, no juzga, sino que se contenta con transformar•.» Freud señala cuatro grandes procesos de transformación utilizados por los sueños:

• S. Freud: *La interpretación de los sueños* (Barcelona, Bruguera, 1976).

1. *La condensación.* El sueño tiene que producir unas intensidades más fuertes que las que se dan en la forma de pensar propia de la vigilia. Para ello, recoge pensamientos dispersos en el contenido latente a fin de condensarlos en una sola imagen. El estar obligado a tener que representar varios pensamientos mediante una sola imagen constituye a la par la pobreza y la riqueza del sueño. En efecto, cada uno de sus elementos se ve en esta forma enriquecido, superdeterminado; partiendo de él, se podrán desarrollar una serie de cadenas asociativas que vayan en distintas direcciones.

Los efectos de la condensación pueden resultar evidentes, como, por ejemplo, la formación de personalidades colectivas. Un personaje que aparezca en sueños constará de rasgos tomados de dos o más personas diferentes. Los detalles que más resaltarán en una figura de sueños serán, pues, aquellos que pertenezcan a más de un individuo. De ahí la doble impresión de conocido y extraño que se suele desprender de tales imágenes. También habrá condensación de palabras o nombres. Un vocablo, en apariencia exótico y carente de sentido, reflejará, una vez compuesto correctamente, las preocupaciones de aquel que sueña.

«Cierto colega —cuenta Freud— me había enviado uno de sus trabajos. Hablaba en él de un descubrimiento fisiológico reciente, al que, según mi modo de ver, sobreestimaba, y lo hacía en términos harto enfáticos. A la noche siguiente, soñé una frase que se relacionaba ostensiblemente con dicho trabajo: se trataba de un estilo realmente *norekdal.* Me costó mucho comprender cómo había podido formar semejante palabra: en apariencia, era una parodia de los superlativos «colosal», «piramidal»...; pero no acababa de ver de dónde venía. Por fin, descubrí en dicho vocablo monstruoso los dos nombres Nora y Ekdal, reminiscencias de dos dramas famosos de Ibsen. Poco antes había leído, en un periódico, un artículo sobre Ibsen de aquel mismo autor al que yo criticaba en mi sueño•.»

• S. Freud: *La interpretación de los sueños* (Barcelona, Bruguera, 1976).

La condensación viene a ser, en cierto modo, como un atasco del sueño, un excedente de significación que le lleva al sueño a decir en una sola imagen más de lo que seríamos capaces de emitir en nuestro lenguaje de vigilia. Este último, en efecto, tiende a presentar cada cosa mediante un solo signo. Por eso, la condensación ha sido comparada a una figura propia del lenguaje poético como es la metáfora. Esta condensa, efectivamente, varios significados dentro de una sola imagen. Este paralelo del trabajo del sueño y el lenguaje poético fue realizado por Román Jacobson y reasumido por Jacques Lacan•.

• R. Jacobson: «Deux Fonctions du langage e deux types d'aphasie», *Essais de linguistique générale* (París, Minuit, 1963); J. Lacan: «L'instance de la lettre dans l'inconscient», en Escrits (París, Le Seuil, 1966).

2. *El desplazamiento.* El desplazamiento, por el contrario, es un proceso de deslizamiento, de paso hacia delante. También en esta ocasión el sueño deja en la penumbra significaciones. De ahí que haya sido comparado el desplazamiento con la metonimia, figura retórica que consiste en tomar la parte por el todo.

Freud descubrió el desplazamiento al constatar que el contenido manifiesto del sueño se centraba de un modo diferente por completo a lo que lo hacían los pensamientos latentes correspondientes•.

• De suerte que el desplazamiento aparece como un movimiento complementario de la condensación.

Pero también puede ocurrir no pocas veces que el desplazamiento recaiga no sólo sobre representaciones, sino incluso sobre emociones que acompañan al sueño. En éste, tanto las emociones como los afectos, por valernos de la terminología de Freud, se desplazan con libertad. Semejante desplazamiento de la carga afectiva de un objeto que la ha hecho nacer a otro que sustituye al primero es un proceso que se da ya en la misma vida ordinaria. Será «la ternura de la solterona para con los animales, el ardor del soldado por defender un trozo de tela desgarrada, la bandera, o el furor de Otelo por un pañuelo perdido•». Los sueños llevan este principio hasta el extremo, acostumbrando a dar valor y poner en escena sucesos secundarios, a los que revestirá de emoción.

• S. Freud: *La interpretación de los sueños* (Barcelona, Bruguera, 1976).

Eso no obstante, si bien los afectos circulan dentro del sueño, no sufren en sí mismos ninguna transformación; eso es lo que los distingue del tratamiento que reciben las representaciones. En efecto, aun cuando las imágenes del sueño resulten extrañas, las emociones que se expresan a través de ellas son semejantes a las de nuestra vida diurna•.

• Stricker hacía ya notar que, si bien los sueños suelen ver unos ladrones imaginarios, el temor a ellos es real.

De entre las diferentes formas de proceder que emplea el desplazamiento de los afectos, puede citarse aquella que consiste en no experimentar emoción allá donde esperaría uno encontrarla según la vida real; así como la que transforma los afectos en su contrario. Las claves de sueños solían emplear con frecuencia este principio de contraste.

«Un hombre de cierta edad —cuenta S. Ferenczi•— fue despertado de noche por su mujer, inquieta porque la oyó reírse a carcajadas mientras dormía. Más tarde contó que estaba teniendo el sueño siguiente: "Me encontraba tumbado en la cama. Entró alguien al que conocía; quería yo dar la luz, sin lograrlo; lo intenté de nuevo, pero en vano. En esto, mi mujer saltó del lecho para acudir en mi ayuda; no tuvo más éxito que yo y, molesta por hallarse a medio vestir delante de un hombre, renunció a seguir adelante, y se volvió a la cama. Todo ello resultaba tan cómico, que no pude contener la risa como un loco." Mi mujer me dijo: "¿De qué te ríes?" Y yo seguí riéndome, hasta que me desperté. Al día siguiente, el hombre se sentía agotado y tenía dolor de cabeza. "Es de tanto reírme" —decía.
En el análisis, el sueño aparece como algo mucho menos divertido. La persona conocida que entra es, en los pensamientos latentes del sueño, la imagen de la muerte, la gran desconocida mencionada la víspera. El anciano, aquejado de arteriosclerosis, había tenido ese día razones para pensar en la muerte. La risa convulsiva sustituye al llanto y los sollozos ante la idea de la muerte, y la luz que el enfermo no logra encender es la de la vida. Este triste pensamiento puede unirse a ciertos recientes intentos de relación sexual conyugal infructuosos, en el transcurso de los cuales la ayuda de su mujer a medio vestir no logró el menor éxito. Pudo percatarse de que iba en ese terreno a la deriva. El trabajo del sueño supo transformar la triste idea de la impotencia y de la muerte en una escena cómica, cambiando en risa los sollozos•.»

• S. Ferenczi (1873-1933): uno de los fundadores del grupo de Budapest de la Asociación Psicoanalítica Internacional. Formuló una serie de críticas respecto a la terapéutica psicoanalítica freudiana, sin alejarse radicalmente de Freud. S. Ferenczi contribuyó en gran manera a la difusión del psicoanálisis.

• S. Freud: *La interpretación de los sueños* (Barcelona, Bruguera, 1976).

3. *Los procesos de figuración.* Como el sueño está compuesto fundamentalmente de imágenes, era interesante saber cómo

era posible pasar de un pensamiento abstracto a ese lenguaje gráfico, o cómo hablaba el sueño. En primer lugar, el sueño habla por omisión, suprimiendo todo cuanto suponga relación lógica o conjunción entre los pensamientos. A pesar de ello, no es simple magma informe, sino que posee su manera peculiar de traducir cierta cantidad de operaciones lógicas. Freud no tenía más que un solo modelo que ofrecer, el de un pintor; es evidente que en nuestros días podríamos asemejar los procedimientos de figuración propios del cine mudo con aquello que Freud descubrió en los sueños. Vamos a examinar sucesivamente unos cuantos de estos medios de que se vale el sueño para su puesta en escena:

— Para expresar las relaciones lógicas existentes entre distintos pensamientos, el sueño recurre a la operación de simultaneidad: unirá esos elementos en un único todo, bien sea un cuadro o una serie de sucesos. Así, se presentará en forma de escena o secuencia; y siempre suele ser factible el delimitar una secuencia de otra.

— Las relaciones de causalidad se expresan bien, cuando se trata de dos secuencias, por una preliminar seguida de otra principal (el sueño prólogo representará la proposición subordinada y el principal la proposición asimismo principal), o, dentro de una misma secuencia, por la transformación inmediata de una imagen del sueño en otra. En ambos casos, la causa queda sustituida por una sucesión.

— El sueño no expresa la alternativa (ya... o...), sino que da el mismo valor a los distintos miembros de disyunción. Los presenta reunidos en una secuencia o bien simultáneamente.

La noche que precedió al entierro de mi padre —cuenta Freud— vi en sueños un cartel impreso, una especie de mural, algo así como el "prohobido fumar" de las salas de espera de las estaciones. Se podía leer en él:

Se ruega que cierre los ojos

o

Se ruega que cierre un ojo,

lo cual tengo la costumbre de describir yo así:

$$\text{Se ruega que cierre } \frac{\text{los ojos}}{\text{un ojo}}$$

Cada una de estas fórmulas tiene un alcance peculiar y orienta la interpretación en un sentido diferente•.»

• S. Freud: *La interpretación de los sueños* (Barcelona, Bruguera, 1976).

— El sueño da la impresión de que ignora el no; no conoce la oposición ni la contradicción. Según Freud, el hecho de no tener más que una palabra para expresar los contrarios sería una característica típica de las lenguas primitivas. El célebre ejemplo del proceso denominado por Freud «denegación» es una consecuencia de la censura. Cuando uno que sueña, al narrar algún sueño, dice a propósito de cualquiera de sus personajes: «No, no era mi madre», Freud corrige: «Era su madre».

— Por fin, el sueño realza en particular las relaciones de semejanza o conformidad. Ya hemos hablado de la condensación o de la composición de imágenes heteróclitas. También cabe citar la identificación que permitirá expresar determinados contrastes y, de un modo más general, dará lugar al siguiente principio de interpretación: «Cuando veo que en el sueño no surjo yo, sino alguna persona extraña, debo suponer que mi yo se encuentra oculto tras dicha persona, merced a la identificación•.» En los sueños, somos uno y múltiples; proyectamos sobre el otro nuestros propios rasgos personales, y nos apropiamos de los suyos. La identificación es uno de los procesos más generalizados del inconsciente•.

• Idem.

• Las civilizaciones tradicionales tenían la costumbre de asimilar la fuerza de un animal identificando su nombre con el de la propia tribu.

Junto a estas operaciones estructurales, el sueño recurre también a procesos simbólicos. Ya hablaremos de ello en el capítulo dedicado a la interpretación de los sueños.

4. *La elaboración secundaria.* Hemos descrito una serie de procesos que le confieren al sueño su apariencia extraña o absurda. Con todo, cuando nos despertamos, con frecuencia solemos sentir la impresión de que hemos tenido un sueño coherente y bien pensado. A este aspecto de los sueños Freud le dio el nombre de elaboración secundaria. La elaboración secundaria supone para él el lado positivo de la censura: es ella la que produce ciertas añadiduras, ciertas ampliaciones del sueño que se superponen a lo que es puramente de origen inconsciente, como, por ejemplo, el «pero no puede ser sino un sueño» que surge a veces en el mismo sueño. Su causa es una especie de trabajo parecido al de la vigilia que quitará al sueño su apariencia absurda para convertirlo en algo coherente. Esta última operación del sueño será la que dará pie para comprender por qué determinados contenidos de los sueños son más claros que otros que permanecen más confusos. En efecto, serán más claros aquéllos en los que la elaboración secundaria haya establecido un orden.

La elaboración secundaria era ya conocida por los autores del siglo XIX. Havelock Ellis ofrecía de ella esta viva imagen: la conciencia soñolienta piensa: «Aquí llega nuestro amo, la conciencia de vigilia, que tanta importancia otorga a la razón, a la lógica, etc. ¡Pronto!, cojamos las cosas y pongámoslas en orden —sin que tenga mayor importancia cuál sea el orden correcto— antes de que él entre en escena•». Y Freud recuerda los juegos de trampas que proponían algunos periódicos (los *Fliegende Blätter)* a sus lectores: se trataba de hacerles creer a éstos que una frase, escrita en jerga para mayor contraste, que poseía un significado lo más gracioso posible, contenía una inscripición latina.

• S. Freud: *La interpretación de los sueños* (Barcelona, Bruguera, 1976).

Es cierto que, al terminar esta presentación de la teoría freudiana, cabe que uno se pregunte si no es ella misma una nueva trampa. Esta teoría de los sueños ha sido, en efecto, muy criticada, pero hasta el presente no hay ninguna otra capaz de sustituirla por completo•.

• El capítulo sobre los laboratorios del dormir muestra en qué se ha visto rechazada o confirmada la teoría del sueño por los recientes descubrimientos biológicos.

EL SUEÑO SEGUN JUNG

Freud se opuso vivamente a cualquier teoría que convirtiera al sueño en un medio para resolver los problemas de la actividad diurna (del día), y en una manera de responder a las tareas que nos incumben en la vida cotidiana. Con todo, conviene matizar su pensamiento. Hoy en día, los psicoanalistas estiman que las experiencias de nuestra vida actual se pueden ver afectadas por el sueño, de igual manera que lo fueron las experiencias infantiles del pasado.
Diversos autores, siguiendo a Sandor Ferenczi, atribuyen hoy al sueño una función de integración de los sucesos traumáticos. Así, cuando alguien ha vivido una experiencia penosa o traumatizante, el sueño repetirá dicha situación con miras a resolver, atenuar y controlar impresiones traumáticas sensoriales o psíquicas.

Otros autores, como Adler o Jung, han insistido sobre la función anticipadora o prospectiva del sueño. También el mismo Freud se opuso durante toda la vida a una función adaptadora o creadora por parte de los sueños.

LOS PUNTOS DE DISIDENCIA

Siguiendo a Jung, se desarrolló, pues, partiendo de Suiza, una escuela psicoanalítica separatista con no pequeña dosis de divergencias esenciales respecto a la ortodoxia freudiana en lo tocante a la teoría de los sueños. Jung se separó muy pronto de Freud. En 1912, con «Las metamorfosis y símbolos de la libido», y basándose en el análisis de los sueños y fantasmas de una paciente, introducía un método psicoanalítico cuyos principios se alejaban de los de Freud•.

• C. G. Jung: *les Métamorphoses et symboles de la libido*, reeditado en 1950 bajo título *Métamorphoses et symboles de l'âme* (Ginebra, Librería de la Universidad de Ginebra

Jung no convierte al inconsciente en el pariente pobre del consciente

Jung se opuso al carácter excesivamente sexual que se daba en la interpretación freudiana de los sueños. A semejante género de críticas, Freud solía responder por lo común que él no ponía tanto la fuerza en lo sexual en un sentido limitado, cuanto en lo libidinoso como fuerza impulsiva que se opone a las pulsiones de destrucción. Pero la crítica de Jung va más lejos: pone en juego lo mismo el inconsciente freudiano y la génesis infantil del contenido de los sueños, que la teoría del rechazo. En sus entrevistas con Evans, profesor de psicología de la Universidad de Houston, en 1961 —por tanto, poco antes de su muerte—, Jung decía: «Para Freud, el inconsciente es un producto de la conciencia y contiene tan sólo los residuos del consciente; quiero decir que concebía al inconsciente como una especie de depósito en el que se amontona y queda abandonado todo aquello que es apartado por el consciente. A mi juicio, el inconsciente era una matriz, una base de la conciencia prevista de creatividad y capaz de actuar e intervenir de forma autónoma en el consciente. En otras palabras, que yo tomo la existencia del inconsciente como un hecho real: lo considero como un agente capaz de una acción independiente•.»

• R. Evans: *Entretiens avec C. G. Jung* (París, Payot, 1970).

Así, Jung rechaza cualquier teoría que intente reducir los poderes y la extensión del inconsciente, tanto la realización de los deseos infantiles de Freud como la voluntad de dominio de Adler. «Los fundamentos inconscientes del sueño y de los fantasmas —dice— sólo son reminiscencias infantiles en apariencia. En realidad, se trata de unas formas primitivas y aun arcaicas de pensamiento que descansan sobre los instintos•»; y no son en modo alguno patológicas. Como se puede apreciar, Jung se orientará hacia una psicología que no sea personalista e individual, sino colectiva. En consecuencia, cuando una muchacha sueñe que tiene una serpiente en el vientre, buscará el origen colectivo y social de semejante representación: en este caso concreto, verá ahí un símbolo colectivo hindú que se relaciona con la doctrina del tantrismo.

• C. G. Jung: *Métamorphoses et symboles de l'âme* (Ginebra, Librería de la Universidad de Ginebra, 1950).

Sin embargo, tampoco Freud había olvidado esta posibilidad, y en «La interpretación de los sueños» escribía: «Presentimos toda la exactitud que encierran las palabras de Nietzsche al afirmar que "en el sueño se perpetúa una época primitiva de la humanidad que apenas si podríamos alcanzar por vía directa"; cabe esperar que lleguemos mediante el análisis de los sueños a conocer la herencia arcaica del hombre y a descubrir qué es lo que hay de psíquicamente innato•.» Mas Freud no sacará todas las consecuencias posibles de su hipótesis: se atendrá a los sueños como fenómenos relacionados con ciertos trastornos mentales y que se centran en torno a mecanismos de defensa, censura y rechazo. Jung no negará que se dé algún rechazo, pero para él esto no es cosa esencial. El inconsciente tiene, para Jung, un valor autónomo y no hay que «subestimarlo diciendo que no contiene sino los residuos del consciente•».

• S. Freud: *La interpretación de los sueños* (Barcelona, Bruguera, 1976).

• R. Evans: *Entretiens avec C. G. Jung* (París, Payot, 1970).

LAS FUNCIONES COMPENSADORAS Y PROSPECTIVAS

Por lo tanto, Jung considera demasiado estrechas las funciones de realización de un deseo o protección del dormir. Llamará la atención sobre otras dos funciones del sueño: la compensadora y la prospectiva. «Los sueños —escribirá— se comportan como otras tantas compensaciones de la situación consciente que los ha visto nacer.» Así, cuando hay peligro de que el comportamiento consciente ponga en aprietos nuestro equilibrio vital, el sueño servirá para compensar o regular nuestra actividad psíquica. Jung pone como ejemplo el histórico sueño de castigo de Nabucodonosor cuando se hallaba en la cúspide de su gloria.

Jung interpreta este bellísimo sueño de un rey-árbol como una compensación al delirio de grandeza de Nabucodonosor. El cual, por otro lado, según afirma la tradición, acabó loco.

La función prospectiva, por el contrario, no se alinea sobre el consciente, sino que anticipará sobre él. Por lo mismo, el

El sueño de Nabucodonosor

«9. He aquí las visiones de mi espíritu cuando estaba en la cama.
10. Miré y he aquí que, en medio de la tierra, había un árbol de gran altura.
11. Este árbol se había hecho grande y fuerte; su cima se alzaba hasta los cielos y se podía ver desde cualquier extremo de la tierra;
12. Su hojarasca era hermosa y sus frutos abundantes; daba alimentos para todos; los animales del campo se abrigaban bajo su sombra; los pájaros del cielo ponían su morada entre sus ramas, y todo ser viviente sacaba de él su alimento;
13. En las visiones de mi espíritu que tenía estando sobre el lecho, miré y he aquí que uno de los que velan y que son santos descendió de los cielos;
14. Gritó con fuerza y habló así: Derribad el árbol y cortad sus raíces, sacudid su follaje para dispersar los frutos; que los animales huyan de debajo de él, y los pájaros de entre sus ramas;
15. Pero dejad en tierra el tronco en donde se encuentran las raíces y atadlo con cadenas de hierro y de bronce, entre las hierbas de los campos. Que sea empapado por el rocío del cielo y que comparta como las bestias la hierba de la tierra;
16. Se le quitará su corazón de hombre y le será dado otro corazón de bestia; y pasarán sobre él siete tiempos•.»

• C. G. Jung: *l'Homme à la découverte de son âme* (Ginebra, Ed. del Mont-Blanc, 1943).

sueño se convierte en «un esbozo preparatorio, un boceto de grandes líneas, un proyecto de un plan que hay que ejecutar.» Para Jung, esta función prospectiva no se identifica con un sueño premonitorio que predijera cómo tiene que ser el futuro, sino que le muestra al que sueña un camino que ha de seguir, o le orienta en los períodos decisivos de su vida. Estos sueños se aproximan más a unos pronósticos médicos o meteorológicos que a unas profecías.

Por tanto, sin excluir la interpretación freudiana, centrada esencialmente sobre un inconsciente personal que mira al pasado, Jung señala una función inversa orientada hacia el futuro.

Semejante disparidad de concepciones incluirá sensiblemente en la técnica de análisis de un sueño que empleen estos dos autores.

7
La interpretación de los sueños

Las claves de los sueños hoy

Todos soñamos por espacio de una o dos horas cada noche. Si recordáramos todos esos sueños, haría falta cuando menos el día entero para escribirlos con todos sus detalles y peripecias. Sin embargo, no nos acordamos de ordinario más que de algunos fragmentos de lo soñado, y hasta hay personas que no conservan recuerdo alguno.
Todo el mundo sueña, sea el que sea su sexo, edad o cultura. La diferencia entre aquellos que recuerdan sus sueños y los que no guardan memoria de ellos no quiere decir que hayan tenido una cantidad mayor o menor de sueños, sino el momento distinto en que se han despertado en relación el sueño. Cuanto más rápida y bruscamente nos despertemos después de un sueño, tanto mayores probabilidades hay de que lo recordemos. Se piensa que cuando el despertar se produce por encima de los diez minutos después de un sueño, éste deja muy pocos recuerdos; en cambio, si nos despertamos justo acabar de soñar, tendremos el máximo de recuerdos. Esta memoria depende también del momento de la noche en que nos despertemos. Si queremos tener las mayores probabilidades de recordar los sueños, lo mejor será hacerlo ya avanzada la noche, y no al comienzo•. Según eso, para conservar los sueños de la primera fase del dormir, hará falta escribirlos o registrarlos en el momento mismo dictándolos a un magnetófono preparado al efecto. También es conveniente anotar aquellos sueños cuyos recuerdos queremos conservar, ya que dicho recuerdo pronto queda ahuyentado por otros nuevos sueños del día siguiente o de dos días después.

• La mayor abundancia de sueños al final de la noche va ligada, en parte, a que la temperatura de nuestro cuerpo es entonces mucho más baja.

Recordamos mejor los sueños que sean más largos y con una intensidad sensorial o emocional grande. Esto se debe a que la excitación de la corteza cerebral aumenta su cantidad y frecuencia. Así, el ruido, la luz, los estados de agotamiento o las enfermedades físicas agudas acrecientan nuestros recuerdos de los sueños. Es fácil que todos tengamos experiencia de ello.

En principio, los sueños que sean interrumpidos tienen mayores probabilidades de ser rememorados. Tal es el caso de los sueños de orgasmo que provocan el despertar. Los sueños habidos en el propio hogar están más cargados de contenidos agresivos y sexuales que los que se tienen en los laboratorios; hay como una especie de pudor en el que sueña cuando se ve sometido a condiciones experimentales.
Un método sencillo para mejorar el recuerdo consiste en interesarse por los propios sueños. Con frecuencia se ha hecho notar que cualquier persona que empezaba un tratamiento de psicoanálisis veía aumentar la cantidad de sueños recordados. En la vida ordinaria, se puede adoptar la costumbre de irlos anotando o de hablar sobre los sueños durante la vigilia. Como todas las restantes actividades psíquicas, también la memoria de los sueños se desarrolla con su cultivo.

Hoy en día existen, sobre todo en los Estados Unidos, electroencefalógrafos de venta en los comercios. Si se conectan con un despertador, le dan ocasión al durmiente para despertarse en aquellas fases del dormir en que esté soñando. ¿Se podrá llegar con esto a una nueva forma de intoxicación? De ocurrir tal cosa, junto a los intoxicados por el alcohol, el tabaco o las drogas, tendríamos a los intoxicados por el abuso de sueños.

El detalle de que recordemos mejor o peor nuestros sueños configura nuestra personalidad y modo de vida. Los buenos soñadores gozarán de un temperamento más introspectivo y orientado hacia sí mismos y hacia sus problemas psicológicos; las personas que tengan un dormir agitado o que se despierten por la noche recordarán también mejor sus sueños.

LOS CARACTERES COMUNES DEL SUEÑO

La duración

Alfred Maury• soñaba en el Terror: pasa por distintas escenas de homicidios, para ser citado luego ante el tribunal revolucionario;

• Véase el capítulo Freud y los sueños

están presentes Robespierre, Marat y Fouquier-Tinville. Después de una serie de peripecias, Maury es condenado a muerte y más tarde llevado al patíbulo. El verdugo lo ata, coloca su cabeza en la abertura de la guillotina, y cae la cuchilla; siente cómo su cabeza queda separada del tronco y se despierta por el susto sumido en el terror y la angustia. Entonces se percata de que el dosel de su cama acaba de caerse sobre su cabeza.
Este célebre sueño de Maury promovió multitud de polémicas acerca de la duración de los sueños: ¿cómo era posible que, en el breve tiempo que había tardado en caer el dosel, Maury hubiera podido tener un sueño tan largo. Si el sueño había empezado antes de dicha caída, que entonces no tendría concatenación ninguna con lo soñado, ¿cómo podía resultar tan perfectamente armónico con la caída?
Maury se inclinó por el carácter instantáneo de los sueños.

El sueño no es instantáneo, sino que se inserta dentro de una duración

Hoy en día sabemos que Maury estaba equivocado. El electrocefalograma ha permitido mostrar que nuestros sueños invierten tiempo en su desarrollo. El lapso de tiempo que se dedica en sueños a cada suceso, es decir, en realidad, a cada secuencia de imágenes, responde aproximadamente a la duración real del suceso cuando éste ocurre en la vida normal. Por término medio, la duración de un sueño oscilará entre los cinco y los diez minutos, aun cuando también puede ser más breve.
Si queremos comprobar su duración, no bastará con pedirle a alguien que nos despierte de forma superficial de madrugada, y luego que vuelva a dejarnos dormir por un intervalo de unos cinco minutos. Es probable que en esos momentos tengamos algún sueño. Si éste es sencillo, será fácil volver a representarlo en la realidad a fin de verificar si los cinco minutos transcurridos corresponden poco más o menos a las acciones o cosas que han tenido lugar durante el sueño.
Con cierto adiestramiento se puede llegar a veces a hacer que duren los sueños, o a prolongar un sueño después de una breve fase en que uno ha estado despierto. Pero, de ordinario, la continuación tendrá una apariencia distinta por completa a la primera parte, y los sueños agradables se nos antojarán demasiado cortos o interrumpidos con excesiva rapidez. Este sentimiento subjetivo falsea la verdadera apreciación de lo que duran los sueños.

El color

¿Soñamos en blanco y negro o en color? Por largo tiempo se ha creído que el color quedaba reservado para los sueños particularmente ricos o para las personas que eran capaces de una mayor emoción y sensibilidad. De hecho, todo el mundo sueña en color. Tan sólo la poca atención que, por lo común, prestamos al color

explica nuestra dificultad en concretar este detalle. La prueba de ello es que los artistas hacen más referencias a sueños en color que el resto de las personas. Igualmente, toda emoción viva agudiza nuestros sentidos y nuestra capacidad perceptiva, por lo que es lógico que los sueños emocionantes o excitadores sean aquellos en los que captamos más colores.
Las estadísticas señalan de un veinte a un setenta y cinco por ciento de personas que sueñan y recuerdan el color, pero el 0 % de ellos será capaz de afirmar con certeza que sueñan en negro y blanco.

Podemos desarrollar nuestra receptividad de cara a los colores del sueño procurando recordar con regularidad el color de los objetos o paisajes de nuestros sueños. Hay muchas probabilidades de que, al cabo de una semana, lleguemos a tener conciencia del color durante los mismos sueños.

Las sensaciones
Las sensaciones visuales están presentes en casi el 100 % de los casos. Los sonidos, el lenguaje u otros elementos acústicos son claramente menos frecuentes. En postrer lugar vienen las sensaciones táctiles o gustativas. Con todo, las impresiones táctiles del sueño son más abundantes de lo que solemos recordar. Ello es debido a la prioridad que nuestra civilización otorga a la vista y a la imagen sobre el tacto. Se ha podido advertir que los individuos enamorados o con fantasmas o deseos de maternidad o protección, eran más sensibles a las impresiones táctiles. Nuestra participación en algunos grupos de encuentro• con miras a desarrollar las sensaciones táctiles y las caricias acrecentará el papel que juega el sentido del tacto en nuestros sueños.

• Nombre que se suele dar sin razón a un conjunto de técnicas contemporáneas que intentan ensanchar nuestra personalidad no ya mediante un cara a cara (como el psicoanálisis), sino por medio de las relaciones de grupo. La técnica puede ir desde la dinámica de grupo esencialmente verbal (Kurt Levin) hasta la expresión corporal (Wilhelm Reich).

COMO ACTUAR SOBRE LOS SUEÑOS

«Entre los recuerdos quiméricos que aspiran a liberarse de los colores, los sonidos e incluso la materia, solamente lograrán su objetivo aquellos que sean capaces de asimilarse el polvo coloreado que yo percibo, los ruidos de fuera y de dentro que oigo, etc., y que además armonicen con el estado afectivo general que mis impresiones orgánicas componen. Cuando se produzca esta operación entre el recuerdo y la sensación, habré tenido un sueño•.»
Todas esas condiciones enumeradas por Bergson para que tengamos un sueño (recuerdos, entorno exterior y estado psíquico), son otros tantos medios con los que se ha intentado hace ya mucho tiempo actuar sobre nuestros sueños. Se ha sometido a los durmientes a todo género de influencias mientras dormían y a lo largo de la jornada. ¿Qué se puede deducir de todo ello?
— Lo primero de todo, que las experiencias que consistían en ca-

• H. Bergson: «Le rêve» en *l'Energie spirituelle* (París, P.U.F., 1919).

lentar los pies del sujeto dormido, pincharle... estaban falseadas por cuanto se hacían en cualquier momento de su dormir. Si queremos influir sobre los sueños de cualquier amigo con las mayores probabilidades de éxito, convendrá intervenir durante los períodos del dormir paradójico, esto es, el primero de ellos, unos noventa minutos después de que haya conciliado el sueño.

— Después se ha constatado que, efectivamente, se pueden incorporar al sueño un sonido o una luz, pero sólo en una proporción de un 10 a un 40 % de los casos. Además, la probabilidad de obtener un resultado satisfactorio es muy aleatoria. Podemos orientar el sueño en una dirección, pero no hacia un contenido concreto•. La incorporación de cualquier elemento ajeno al sueño está relacionada, por lo común, con lo que haya sucedido antes; el contexto del sueño determina el empleo que se hace del material exterior. Eso es lo que explica que la caída del dosel de la cama de Maury se convierta en la cuchilla de la guillotina.

• Véase el cáp. Freud y los sueños y el recuadro sobre Hervey de Saint-Denis, pág. 201.

— Sugiriéndole al que duerme, en voz baja, que hace calor, que tiene sed o que le aguarda un buen vaso de refresco, se podrán inducir en él ciertos sueños en los que intervengan los líquidos o la sed. También es posible que se constate al despertar que, si ha saciado su sed mientras dormía, tendrá menos sed•.

• Con todo, es mucho más difícil de realizar la clásica broma consistente en hacer que el que sueña moje un dedo en un vaso de agua, esperando con ello que, por creer que se encuentra en los servicios, se vaya a hacer pipí en la cama.

— Los chorros de agua sobre la piel son los estímulos que se incorporan con mayor facilidad. Tras ellos vienen los sonidos, y después, en último lugar, las sensaciones visuales.

— Las personas más «primitivas» incorporarán de forma masiva y directa los estímulos externos. Los intelectuales los transformarán simbólicamente. Así, los unos se sentirán directamente rociados por una manguera, en tanto que los segundos soñarán que se debaten en medio de situaciones complicadas como si nadaran.

— El retiro o aislamiento completo de los sentidos acrecienta la cantidad de sueños. En esas circunstancias soñamos con un mundo, un entorno o una multitud a fin de compensar nuestra soledad•.

•En caso de que uno prefiera el sueño a la realidad, podrá privarse de distintos elementos que forman parte de la propia vida diaria a fin de que aparezcan en los sueños. Por ejemplo, podrá dejar de fumar o no cenar durante algunos días.

— Las sugestiones posthipnóticas pueden ser también incorporadas dentro de los sueños•. Cabe incrementar sensiblemente su cantidad por medio de una sugestión hipnótica que consista en exigirnos soñar durante toda la noche.

• Véase pág. 137, 138.

— En nuestros sueños pueden aparecer fenómenos grabados por el cerebro durante la vigilia, pero que no han alcanzado el nivel de la conciencia•: imágenes que se han presentado ante nuestros ojos por espacio de una o dos centésimas de segundo, es decir con una duración inferior a nuestro umbral de percepción consciente (lo que se llama la percepción subliminal), pueden volver a surgir dentro del contenido de nuestros sueños. Así se puede explicar que tengamos en sueños accesos a datos de los que nunca habíamos tenido conciencia.

• Este fenómeno fue descubierto por Otto Poetzl en 1917.

— El cine y la televisión influyen sobre nuestros sueños. Con todo, no hay que esperar que se den en ellos las peripecias propias de una película, con todo lujo de planos y escenificación. Nuestro sueño integrará sobre todo la impresión general, la atmósfera del filme. Una película del oeste proporcionará sueños vivos y gráficos, y los derivados de una cinta de tesis resultarán menos ricos visualmente. Lo que decide sobre el lugar y la transformación de este o aquel elemento de una película dentro de los sueños es todo el conjunto de nuestra personalidad. Un film no pasa de ser una secuencia más del gran montaje escénico de nuestros sueños.

Hervey de Saint-Denis

Hervey de Saint-Denis (1823-1892) fue, más que un sabio, un aficionado a los sueños. A pesar de haber sido titular de la cátedra de chino y tártaro-manchú en el Colegio de Francia en 1874, su fama no permanecerá por su docencia. Algunos de sus colegas pretendían que sus obras estaban redactadas por un secretario suyo chino, pero acaso todo ello no pasará de ser una vulgar envidia de la fortuna que recibió como herencia.
En 1867, Hervey de Saint-Denis publica bajo anónimo «Los sueños y la manera de dirigirlos»•. Recoge aquí sus resúmenes de su diario de soñador, junto a los resultados de múltiples experiencias acerca de los sueños. Al margen de los errores que tiene sobre la psicología del sueño. «Hervey de Saint-Denis —afirma Sarane Alexandrian— es el único observador que tiene la genial intuición de que los elementos del sueño nacen en desorden y que su ordenación se produce en el estadio preconsciente del despertar.»

»Me picó un mosquito y sueño que, batiéndome en un duelo, siento que mi brazo es atravesado por un sablazo. Pero no soñé que hubiera recibido semejante estocada sin que el tal accidente fuera en cierto modo preparado. Así, comencé por tener una disputa: recibí un insulto o yo mismo lo provoqué. Intervinieron unos cuantos amigos. Se propuso un duelo, y lo acepté. Quedaron arregladas las condiciones y se cumplimentaron todos los preparativos. Por fin, las espadas entraron en juego y sólo después de todos esos pormenores creí sentir que una hoja afilada atravesaba mi brazo•.»

•H. de Saint-Denis: *les Rêves et les moyens de les diriger* (París, Tchou, 1964).

• S. Alexandrian: *le Surrealisme e le Reve* (París, Gallimard, 1974).

Saint-Denis tenía la costumbre de hacer que le despertaran sus criados por la noche a fin de transcribir sus sueños. Pero aseguraba que era capaz de salir por sí mismo de un sueño, para tomar nota de él, «mediante un esfuerzo violento de la voluntad». También afirmaba que podía modificar el curso de un sueño por sus propios pensamientos durante el mismo.
Las experiencias más convincentes de Hervey de Saint-Denis atañen al modo de influir sobre los sueños por medios externos. Constatando la ineficacia tanto de los elixires como de los talismanes, así como la inutilidad de concentrarse sobre una idea antes de dormirse, inventó otros métodos para dirigir sus sueños. Al marchar de vacaciones al Vivarais, llevó consigo un perfume de esencia particularmente fuerte, con idea de perfurmarse con él a diario. De vuelta a París, abandonó dicho perfume por espacio de varios meses. Una vez pasado ese plazo, se lo entregó a un criado ordenándole que le echara unas gotas sobre la almohada de madrugada, un día cualquiera elegido al azar. Pues bien, se encontró con que esa mañana soñó con las montañas, castaños y rocas del Vivarais, así como con el cartero de la aldea en donde había residido.

»Frecuentando con asiduidad un salón en temporada de bailes, tomó la siguiente decisión: "Voy a elegir primero en mi mente dos damas con las que pudiera resultar particularmente grato soñar y dos valses cuya música ofrezca un matiz de originalidad de lo más destacado, me cuidaré de ponerme de acuerdo con el director de orquesta (que, por lo demás, ignoraba por completo cuáles podían ser mis intenciones) para que toque sin variar uno tras otro tales valses, siempre que tenga yo que bailar con una u otra de las damas, a cada una de las cuales le había asignado una de dichas composiciones musicales." Después encargó una caja de música en la que hizo grabar esos dos valses, y la unió a un despertador cuyo timbre fue suprimido a la vez que se acondicionaba su mecanismo de suerte que hiciera sonar uno de aquellos bailes a la hora prefijada en la esfera. Por la noche, según que quisiera soñar con una de las mujeres o con la otra, preparaba el aparato de manera que interpretara uno u otro de los valses, y afirma que casi siempre se produce la evocación•.»

• Idem.

Animado con este éxito, Saint-Denis siguió adelante con sus experiencias mezclando varios perfumes para poder observar cómo se entrecruzaban los recuerdos que les estaban asociados. Por desgracia, al cabo de cierto tiempo de usarlos, los perfumes perdían su eficacia, y, si se empleaban más allá de siete u ocho aromas a la vez, se producía una auténtica confusión en sus sueños.
Hervey de Saint-Denis fue haciendo experiencias cada vez más ingeniosas. Respiró el polvo de una flor oriental y embriagadora que había esparcido sobre un álbum chino que representaba escenas fantásticas y vio así en sueños una parte de los temas del álbum y paisajes que parecían grabados o acuarelas.
Se valió, por fin, de semejantes procedimientos para atajar sus pesadillas previniéndolas. Hervey de Saint-Denis creía en el aspecto lúdico• de los sueños y se oponía violentamente al romanticismo mórbido que identificaba el dormir con la muerte. Los surrealistas lo reconocerán como su precursor gracias a sus fantasías nocturnas.

• *Lúdico:* relacionado con el juego.

LO QUE NOS ENSEÑAN LOS SUEÑOS

Las interpretaciones del psicoanálisis centraron fundamentalmente la lectura de los sueños sobre la personalidad de quien los tenía, sobre sus conflictos psíquicos y sobre el aspecto subjetivo de nuestras representaciones. Otros estudios llevados a cabo por diferentes antropólogos o médicos han demostrado que el sueño estaba determinado estrechamente por las condiciones de vida del sujeto, a saber, por su nivel social y su sexo•. Los trabajos más importantes en este sentido son los de V. N. Kasatkin, de Leningrado, que estudió 10.240 sueños obtenidos en 1.020 sujetos procedentes de las etnias más dispares: rusos, ucranianos, bielorrusos, tártaros, armenios...•; los de C. Hall, fundador del Instituto de Investigaciones de Miami, que dejó cerca de 30.000 relaciones de sueños, de entre las cuales unas 5.000 provenían de nigerianos, mejicanos y peruanos; por fin, Roger Bastide, con los sueños de los habitantes de Sao Paulo, en Brasil•, y el psicoanálisis humanista de Erich Fromm, en Méjico, han mostrado que los sueños son otras tantas formas de expresión de las condiciones de la vida de los brasileños o mejicanos tal como se manifiestan en su cultura social.

• «Freud ha repersonalizado el sueño —dice Roger Bastide—, ahora hay que resocializarlo.»

• V. N. Kasatkin: Teoría Snovidenii («Teoría de los sueños«) (Leningrado Meditsiva, 1972).

• R. Bastide: El sueño, el trance y la locura (Buenos Aires, Amorrortu, 1976).

Por desgracia, no existe ningún estudio importante sobre los sueños de los franceses. Por lo tanto, nos veremos precisados a tomar nuestros ejemplos en otras culturas distintas a la nuestra. Al contrario de lo que sucede con los sueños de las sociedades «primitivas, al referirnos a nuestras sociedades occidentales y «civilizadas» hay que hacer cierto esfuerzo para dar con las estructuras sociales latentes bajo el contenido de los sueños.

Entre una clase social y otra, los temas de los sueños pueden seguir siendo los mismos, pero no gozan de idéntica claridad

Los mulatos de Sao Paulo forman una clase media de cultura no africana. Su problema capital consiste en hacer dinero: el dinero es, en efecto, el instrumento esencial para la promoción social, y su carencia implica que la clase media quede relegada a una zona inferior. Por lo mismo, el dinero será uno de los temas que se repetirán en los sueños de dichos mulatos.

También surgirán en ellos el temor a perder la posición social a causa de su color moreno y la culpabilidad respecto a una cultura originaria a la que suelen traicionar.

Roger Bastide mostrará que, de una clase social a otra, la estructura de los sueños no varía, aun cuando esos mismos temas cobren un valor distinto. Así, el dinero para los negros de la clase baja de Sao Paulo que han asimilado la cultura brasileña no supone ya «una demostración de una posición social, antes bien, va ligada al consumo, es un medio para comprar hermosos vestidos o sufragar ciertas diversiones, etc.•»

• Idem.

La evolución de los sueños dentro de un mismo sujeto seguirá su

cambio de clase. Kasatkin hizo notar asimismo que nuestros sueños se van transformando a lo largo de la vida en función de la edad, las preocupaciones o las actividades sucesivas que tengamos. En los niños los sueños reflejan de un modo bastante directo lo que suelen ser sus preocupaciones cotidianas.
Según Kasatkin, es fácil conocer cuál es el sexo de uno que sueña con sólo leer una relación de sus sueños. Los muchachos sueñan que luchan o guerrean, en tanto que las chicas lo hacen a juegos de muñecas. Semejante diferencia entre los símbolos femeninos y masculinos dentro de los sueños va aumentando con la edad.

Transexualidad. Una muchacha quería transformarse en varón. Entró al hospital pidiendo que se le realizase una operación a tal efecto. Tuvo el siguiente sueño: una vez llegada a casa, tras una operación feliz, se ve sentada a la mesa de un banquete, rodeada de toda su familia y de los compañeros de la sala del hospital. Se ha convertido en hombre, tiene bigote y viste ropas de hombre, pero se alarma al ver que sigue poseyendo todavía pechos de mujer. En ese instante, el profesor y el médico que la tratan aparecen y le dicen que ha llegado ya el momento de proceder a la ablación de las glándulas mamarias. La llevan de nuevo al hospital y se hacen los preparativos para la operación, cosa que provoca en ella una sensación de miedo. Mientras los enfermeros la agarran por los puños y los hombros, el profesor y su ayudante clavan unos enormes cuchillos resplandecientes en cada uno de sus pechos. Presa de dolor y espanto, grita: «¡Ay! ¡Mamá, duele!» Se despierta, tumbada boca abajo, con los senos y los brazos entumecidos. Sus vecinos de habitación le dicen que ha dado realmente un grito. En este sueño se puede percibir el deseo de convertirse en hombre, pero aparece a la vez la idea de que la transformación completa es imposible. Además, se advierte la importancia que tienen los estímulos que actúan durante el sueño: presión sobre el pecho y los brazos•.»

• V. N. Kasatkin: *Teoría snovidenii* (Teoría de los sueños») (Leningrado, Meditsiva, 1972).

Las investigaciones de Kasatkin sobre el sueño y el nivel cultural recuerdan las de Roger Bastide. Tanto nuestro medio ambiente geográfico como las condiciones de vida son algo que determinan lo que soñamos. Individuos de países diferentes, pero con una misma actividad y un mismo ambiente de trabajo, tendrán unos sueños parecidos. Cuando alguien se desplaza del campo a la ciudad, ve cómo se van transformando en consecuencia sus sueños.

La profesión ocupa un puesto importante dentro de los sueños

Entre nuestras diversas formas de actuar, la actividad laboral ocupa un puesto capital en los sueños recogidos por Kasatkin. En efecto, un 95,3 % de los sujetos soñaban con la profesión que ejercían; un 61,7 % lo hacían de forma más precisa, y un 4,7 % afirmaban que soñaban con actividades que nunca habían practicado. Según eso, aun cuando no concedamos más que un lugar secundario el sueño dentro de nuestra vida social, ésta sigue teniendo un puesto preeminente en nuestros sueños.

SUEÑOS Y ENFERMEDADES FISICAS

Hace poco se ha advertido que el contenido de nuestros sueños podía ser vivido corporalmente. Por ejemplo, si soñamos con un partido de tenis, nuestra mirada se desplazará de izquierda a derecha; si soñamos que estamos jugando al fútbol, los pies pueden remedar los correspondientes movimientos. Este fenómeno no se produce siempre que soñamos, sino que es algo que demuestra que nuestro cuerpo es sensible a las sensaciones táctiles y visuales que animan nuestros sueños. Veremos cómo también será sensible a las emociones•.

• Esta relación entre el sueño y las manifestaciones físicas aparecen de forma evidente en un gato al que se le haya extirpado el centro inhibidor de la actividad muscular durante el sueño. Se le puede ver entonces que corre, salta y araña como si estuviera despierto y en plena actividad de caza.

En un ciego de nacimiento que no posea imágenes visuales, no se produce movimiento ocular alguno.
Si se trata de un ciego por accidente, seguirá conservando durante bastante tiempo imágenes visuales y movimientos de ojos.
De igual suerte, un sordomudo carecerá de impresiones auditivas, pero soñará con conversaciones mediante gestos.

Puede también darse una relación directa entre el contenido erótico de un sueño y una excitación genital, aun cuando pueda producirse igualmente ésta en ausencia de todo contenido erótico. En resumen, que, como ocurre en la vida de vigilia, el cuerpo unas veces está presente y otras no respecto a las preocupaciones de nuestra mente.
Desde hace ya mucho tiempo se pudo constatar que se daban ciertas correspondencias entre determinadas enfermedades y el dormir. Las dolencias que con mayor frecuencia suele acentuar el dormir son las crisis de epilepsia y cardíacas, los accesos de asma, las úlceras de estómago y las jaquecas.
La epilepsia denominada «perlesía» ataca de improviso, durante el sueño lento o ligero, y se caracteriza por sus convulsiones. La denominada «pequeño mal», que consiste en la pérdida de conciencia, puede sobrevenir durante el dormir lento o el de sueños. El no dormir ayuda a estas crisis.

Las enfermedades influyen sobre el contenido de nuestros sueños

También las variaciones fisiológicas propias del dormir con sueños aumentan el peligro de que se produzca algún accidente cardíaco o de asma mientras dormimos; y otros tanto se puede decir de la perforación de una úlcera de estómago que, con frecuencia, sobreviene por la noche. Las jaquecas se suelen presentar de madrugada, durante la última fase de nuestro dormir con sueños.
Con mayor amplitud, Kasatkin pudo demostrar que mediaba una relación directa entre el contenido de nuestros sueños y las enfermedades físicas•. Desde entonces podemos valernos de los sueños para prevenir las enfermedades, siguiendo diversos criterios:

• V. N. Kasatkin: *Teoría Snovidenii* (Teoría de los sueños) (Leningrado, Meditsiva, 1972).

— La frecuencia de sueños, que es de aproximadamente un 70 % cuando estamos en buen estado de salud, pasa a un 85 ó 100 % si caemos enfermos.
— Nuestros sueños se tornan penosos y hasta a veces llegan a convertirse en pesadillas, con escenas de violencia y sentimientos de espanto: guerras, tumultos, heridas en las zonas del cuerpo afectadas por la enfermedad, visiones de sangre, de cadáveres, médicos, hospitales... Dichos sueños suelen ser visuales y muy cloristas.
— Las perturbaciones en el dormir, así como el contenido específico de tales sueños, surgen junto con los primeros síntomas de la propia enfermedad. Si prestamos atención a nuestros sueños, podremos conocer mejor en qué estado corporal nos hallamos.
— Los sueños provocados por enfermedades duran toda la noche y toda la enfermedad, a diferencia de los restantes sueños penosos ordinarios, que suelen ser más breves y, por lo general, no tienden a repetirse.
— Los sueños se centran sobre la parte enferma de nuestro organismo, y desaparecerán con la curación.
— Por lo común, el primer sueño premonitorio se presenta la víspera del desencadenamiento del síntoma clínico.
— Cuanto más localizada esté la dolencia, tanto más típicos serán los sueños.

> Angina. *Una mujer médico, que hasta ese momento gozaba de buena salud, sueña que padece difteria. Ve con toda nitidez su garganta cubierta de una membrana diftérica, sobre todo por la parte derecha. Sueña que le ha contagiado a su hijo, en el que descubre síntomas idénticos. Se despierta inquieta, con un dolor en la parte derecha de la garganta. A lo largo del día se le declara una angina lacunar•.*

• Idem.

Las dolencias gastrointestinales quedarán representadas según sea su gravedad: bien por escenas dolorosas ligadas con algo relativo a la alimentación, la digestión o la defecación, cuando se trata de alguna forma media; o por imágenes de alimentos estropeados y vómitos, en las formas benignas; o por escenas de heridas, tumores u operaciones, en las graves.

Las enfermedades pulmonares se caracterizan por imágenes que tienen relación con la caja torácica y la respiración. Se puede soñar que le ahogan a uno, que es sepultado bajo la arena, que tiene que atravesar por un estrecho agujero o que lleva una ropa demasiado estrecha...
Los trastornos cardíacos suelen ir acompañados con frecuencia por sueños angustiosos o de muerte, con un despertar brusco reiterado.

> Crisis cardíaca ligera. *Una mujer, que se ha quedado viuda hace poco sueña que se halla en el cementerio, sentada sobre la tumba de su marido. De pronto, surgen de la tumba dos manos de un esqueleto; la agarran, la una por la garganta y la otra por la zona cardíaca, y siente cómo los dedos del esqueleto penetran en sus carnes. Aterrada y entre ahogos, quiere gritar pidiendo ayuda, pero no puede hacerlo. Por fin, el grito se produce, se despierta y siente palpitaciones, espasmos de garganta y dolores cardíacos*•.

• V. N. Kasatkin: *Teoria Snovidenii* (Teoría de los sueños») (Leningrado, Meditsiva, 1972).

Las gripes y los catarros agudos se manifiestan mediante imágenes localizadas en la cabeza, la nariz o la garganta. Sus temas suelen ser basura, agua sucia, carne o pescado crudo, cadáveres... Estos sueños aparecen con frecuencia la víspera del comienzo de la enfermedad.

SUEÑOS Y ENFERMEDADES MENTALES

Las relaciones entre los sueños y la locura se remontan lejos en nuestro pasado. Platón escribía: «En cada uno de nosotros, aun en aquellos que parecen normales por completo, se da una especie de deseo terrible, salvaje, sin ley, y esto es cosa que se evidencia en los sueños•», y pensaba que «mientras dormimos, la parte animal y salvaje del alma, saciada por la comida o el vino, se estremece, y, después de sacudir el sueño, parte en busca de satisfacciones que ofrecer a sus apetitos. En tales casos, se atreve a cualquier cosa (...) no temiendo intentar en su imaginación unirse a su madre, o a cualquier otro ser, hombre, dios o bestia, o mancharse con todo género de homicidios o no abstenerse de ningún alimento. En una palabra, que no existe locura o desvergüenza de la que no sea capaz.»

• Platón: *La República.*

Al correr de los siglos, semejante tradición sigue en vigor, y se suele citar con frecuencia la siguiente frase de Kant: «El loco es un soñador despierto», o también la de Schopenhauer: «El sueño es una breve locura, y la locura es un largo sueño.»
Por un lado, las modernas investigaciones han confirmado esas re-

laciones entre el sueño y la locura —un psiquiatra contemporáneo, Henri Ey, ve en el sueño y en el delirio fenómenos similares de desorganización de nuestro ser consciente—; por otro, parece que el sueño no defiende directamente al hombre de la locura, puesto que es posible privarle de sus sueños sin que por eso se convierta en loco.
Los estudios que se han efectuado sobre el dormir no han establecido aún ninguna correlación fija entre determinados rasgos electroencefalográficos y una mentalidad concreta. Eso no obstante, sí han aportado unas cuantas precisiones sobre las relaciones que median entre el dormir con sueños y las enfermedades mentales.

El delirium tremens. Las alucinaciones y el delirio propios del alcohólico son como unas erupciones de los sueños. El alcohólico, en cuanto se adormece, cae en un dormir rápido, con abundantes movimientos oculares y profusión de sueños. Si se le priva de modo brusco del alcohol, su delirio y sus sueños crecerán más todavía.

La esquizofrenia. El lenguaje que emplea el esquizofrénico se asemeja al de los sueños: no tiene contacto con la realidad, vive dentro de un universo cerrado de fantasmas y alucinaciones. Por ello, se llegó a pensar que el esquizofrénico era un soñador despierto, y que compensaba durante el día los sueños que no tenía por la noche. La experiencia no ha corroborado esta seductiva hipótesis. En el esquizofrénico no se da ninguna disminución o aumento en el dormir con sueños que vaya ligado con sus alucinaciones diurnas. Con todo, su dormir se ve profundamente alterado: los movimientos oculares peculiares de los sueños pueden presentarse durante el dormir lento. Este «dormir intermedio» —como lo llamó Catherine Lairy— demuestra que la esquizofrenia tiene que estar ligada con alguna desintegración de los mecanismos de las dos clases de dormir.

La psicosis maníaco-depresiva. Los maníaco-depresivos son enfermos que pasan tanto por fases agitadas, de sobreexcitación, como por períodos de apatía, postración o depresión. Esta última fase va unida a un aumento del dormir con sueños, mientras que, por el contrario, el período maníaco supone una disminución de dicho dormir. Cualquier disminución propia del dormir de sueños, sea por privación, medicamentos antidepresivos o electrochoques, mejora los estados depresivos.

¿Da pie el contenido del sueño para descubrir las enfermedades mentales?

Para los investigadores americanos, parece como que «el contenido del sueño no ofrece ningún medio de diagnóstico demasiado válido para la esquizofrenia, la depresión o cualquiera otra enfermedad mental•.» Para los soviéticos, en cambio, se da cierta relación entre el contenido de los sueños, las psicosis y las neurosis. Así, los esquizofrénicos que llegan a convertirse en criminales suelen matar con frecuencia a sus víctimas en sueños mucho antes de hacerlo en la realidad.

• E. Hartmann: *Biologie du rêve* (Bruselas, Dessart y Mardaga, 1970).

> *«Un hombre de treinta años, aquejado desde hace seis de un delirio con alucinaciones, había tenido desde la infancia un dormir agitado y perturbado por pesadillas (por ejemplo, soñaba que se ahogaba, veía cadáveres, brujas, etc.) A los veinticuatro años, se presentó el delirio: acusaba a su padre de haberle dado a beber una pócima que le había privado de su virilidad. Compró un cuchillo, lo afiló, y se preparó por espacio de un año entero. A lo largo de ese tiempo, solía ver en sueños a su padre, lo estrangulaba y le cortaba el cuello. Un año más tarde, lo mató en un bosque espeso. Después del asesinato, con frecuencia solía soñar que veía a su padre vivo, y siempre bellaco. Como en otros casos similares, en los sueños no se oían las voces•.»*

• V. N. Kasatkin: *Teoria snovidenii* («Teoría de los sueños») (Leningrado, Meditsiva, 1972).

Tras recoger 2.019 sueños de veintiséis neuróticos, Kasatkin precisó las características propias de los sueños de los neurasténicos e histéricos.
En términos generales, los neuróticos poseen un cerebro mucho más sensible que el de las demás personas a los cambios que sobrevienen a su organismo o al medio ambiente. Su dormir es superficial y rico en sueños, con frecuencia de carácter ansioso, ya desde la infancia. Unos cuantos meses o semanas antes de que se desencadene la neurosis surgen trastornos en el dormir, así como modificaciones en el contenido de los sueños. Estos —que son más frecuentes en los que gozan de buena salud— poseen siempre un matiz afectivo penoso. Dependen de la causa que haya provocado la neurosis y, como ocurre con los sueños normales, del nivel cultural, la profesión y las condiciones de vida del sujeto. Pero siempre se dan en ellos los mismos temas: incendios, naufragios, pérdidas de trenes... No pocas veces el neurótico sueña que se encuentra en el extranjero sin pasaporte, o en algún territorio prohibido del que no es capaz de salir, o también que no tiene dinero para volver a casa.

Los sueños de neurasténicos son brillantes, componen amplios cuadros y no pocas veces se estructuran con más lógica que los de la gente ordinaria.

«Un neurasténico sueña que se halla en un país misterioso e inquietante. Ha llegado allí excavando un hoyo bajo un muro, pero está aprisionado por el tórax. Ve ante sí a dos seres extraños, de cabeza redonda, con unos enormes ojos brillantes y largos tentáculos rojos y anillados en lugar de brazos. Aterrado, hace desesperados esfuerzos por soltarse, araña la tierra con sus dedos y siente la dureza del suelo bajo sus uñas. Al despertarse, se siente fatigado, con dolores en las manos, en especial en las puntas de los dedos, presión en los ojos y pesadez de cabeza. Se vuelve a dormir, y sueña que ve un mar desencadenado, con enormes olas negras que revientan sobre él amenazando con engullirlo. Se despierta sumido en el terror y constata que la ventana de su habitación vibra bajo los efectos de un fuerte viento•.»

• Idem.

Los sueños de histéricos suelen ser también muy vivos, tanto como la misma realidad, pero hay en ellos menos palabras e ideas que en los de los neurasténicos. En cambio, el papel que desempeñan aquí los sentidos es más importante. Con frecuencia se advierten montajes eróticos, por ejemplo actos sexuales incompletos.

APROXIMACION ANALITICA

«El trabajo de interpretación —decía Freud— puede hacerse, sin duda, tanto con los propios sueños como con los ajenos. Incluso hasta es más fácil hacerlo con los primeros, puesto que en ellos el proceso de interpretación resulta más demostrativo•.»

• S. Freud: *Introducción al psicoanálisis* (Madrid, Alianza, 1971).

A pesar de cuanto antecede, hay que precisar que el autoanálisis tal como lo entiende Freud supone un trabajo largo y difícil. Cualquier principiante en la materia pasará al comienzo por una fase de exaltación, en la que se le antojará que llega con facilidad a descifrar sus sueños; luego, por una fase depresiva, en la que verá que sus primeras interpretaciones se disuelven en medio de una multitud de distintas posibilidades que en un principio no había entrevisto. Es lo que Freud llamó el proceso de superdeterminación: todo elemento de un sueño puede dar lugar a varias significaciones.

Pero también podemos, al principio, desdeñar nuestras propias interpretaciones por considerarlas carentes de interés, deteniendo con ello el análisis. Este proceso de «resistencia» atestiguará no pocas veces la presencia en los sueños de una personalidad nuestra que rehusamos aceptar.

El análisis de nuestros sueños no es algo anodino, sino que puede hacer que cambiemos tanto nosotros mismos como la relación para con los demás. Bien sea dentro del marco de un psicoanálisis o en un autoanálisis como acabamos de mencionar, siempre nos corresponderá a nosotros mismos el dar con el significado de nuestros propios sueños•. Será menester que no perdamos de vista que el sueño debe ser considerado como un acertijo y que en la teoría freudiana la interpretación de un sueño consiste en restablecer el texto inconsciente de nuestro discurso consciente.

• Para los elementos teóricos necesarios en la interpretación de los sueños (contenido manifiesto, contenido latente y trabajo del sueño) remitimos al lector al capítulo precedente.

EL METODO

Hay que empezar por tomar nota del sueño con la mayor perfección posible. Para ello, lo mejor es hacerlo cuanto antes (es decir, en el momento más próximo a despertarse). Después, se recordarán los hechos y acciones del día anterior. Resulta indispensable prestar una atención especial al propio estado psicológico del momento, a la situación social y a las relaciones personales•.

• Es decir, que estará uno atento a cualquier conflicto o esperanza que pudieran haber sido integrados dentro del sueño.

Se pasa después a la técnica de «asociación libre», que consiste en tomar nota de todas las ideas que haga brotar este o aquel detalle del sueño. Puede uno empezar preguntándose de forma sistemática de dónde proceden las palabras que se pronuncian en el sueño, quién es tal o cual personaje, qué nos recuerdan tal escena, lugar o paisaje, cuándo han podido producirse los hechos y gestos del sueño... A continuación, se dejará que divague el pensamiento de un detalle a otro sin ponerle trabas. Con todo, las asociaciones no son debidas al azar, sino que vienen determinadas por múltiples cadenas significantes que unen unas con otras. En la encrucijada de esos enlaces, aparecerán una serie de nudos que constituyen los elementos del sueño manifiesto, pero que, a otro nivel, son los que le confieren al sueño su significado. Llegamos así a la tarea más delicada: el análisis del material ofrecido por nuestras asociaciones. Al principio no veremos más que unos conjuntos o complejos de relaciones humanas sumamente generales: conflictos de poder, odio, rivalidad, amor... Pero, poco a poco, irá apareciendo nuestra manera personal de vivir tales situaciones. Freud encontraba así en los sueños de sus pacientes problemas sexuales muy concretos.
A veces puede ocurrir que uno no sea capaz de asociar o que lo haga con excesiva simpleza. Cuando esto suceda, se puede acudir al método de «amplificación» propuesto por Jung, y que consiste en asociar los símbolos del propio sueño con otros símbolos históricos análogos tomados del folklore, los mitos o los cuentos de la cultura a la que uno pertenezca.
Estos elementos culturales darán pie a establecer el vínculo entre el sueño en cuestión y el pasado cultural que ha forjado parte de esas imágenes o formas de proceder que se dan en el sueño. El último tiempo del análisis de un sueño consistirá en la síntesis. En efecto, no basta con descomponer un sueño hasta el infinito, sino que además hemos de sacar de él un significado global, aun cuando pueda ser provisorio. Este sentido general supone, según

Jung, tres niveles en distintas proporciones: una integración de sucesos pasados, un balance de nuestra situación píquica actual y una orientación para proceder de cara al futuro.

El soñador nunca está del todo ausente de su sueño

En toda interpretación hay que recordar que el que sueña, aunque no aparezca en sí mismo representado dentro del sueño, sin embargo estará presente a través de alguno de los personajes. Si, por ejemplo, sueño con el cura de Ars, adelanto mi deseo de que me reconozcan como una persona santa y devota; si sueño con Hitler, lo que aparecerá será una tendencia destructora de mi personalidad. A pesar de todo, convendrá tener cuidado con las simplificaciones.

Algunos autores que practican el análisis existencial irán todavía más lejos. A propósito del sueño de un paciente de Ludwig Binswanger, sueño de un personaje que tomaba el mar con una red, Michel Foucault escribirá: «El tema del sueño no es tanto el personaje que dice "yo", cuanto el conjunto de ese contenido onírico; el enfermo que sueña en sin duda un individuo angustiado, pero también es el mar, el hombre inquietante que despliega su red mortal, y, sobre todo, ese mundo primero revuelto y luego atenazado por la inmovilidad y la muerte, que retorna al fin al movimiento alegre de la vida•.»

• M. Foucault, en el prólogo de L. Binswanger: *le Rêve et l'Existance* (París, Desclée de Brouwer, 1954).

Por tanto, si no queremos reducir nuestro sueño a un simple juego de actores, será menester que comprendamos que la geografía de un sueño, sus paisajes, su urbanismo y clima expresan también nuestra propia existencia personal.

Para aprender a descifrar los sueños de uno mismo no basta con detenerse en el análisis de un único sueño. Hay que basarse en una serie de sueños encuadrados en un período más bien breve o repartidos en varios meses o incluso años. La vida nocturna goza de una memoria que no tiene nada que envidiar a la diurna.

El análisis de nuestros sueños puede ser facilitado por el hecho de que cierta cantidad de objetos y temas que aparecen en los sueños suelen repetirse en cada uno de nosotros con una frecuencia más o menos variable.

Vamos a ofrecer seguidamente la significación de algunos símbolos de sueños que suelen ser más corrientes y el análisis sucinto de algunos sueños modelo. Con todo, no debemos olvidar que este léxico de símbolos no es en modo alguno algo equivalente a un diccionario. El sueño, algo así como lo que sucede con la poesía, es intraducible y no hay ningún símbolo frío que pueda ser transferido sin más de un sujeto a otro, sino que cada símbolo está comprendido dentro de la dinámica de nuestra propia personalidad.

LOS SIMBOLOS DE LOS SUEÑOS A TRAVES DEL PSICOANALISIS•

• S. Freud: *La interpretación de los sueños* (Barcelona, Bruguera, 1976). Chetwynd: *le Dictionnaire des rêves* (París, Seghers, 1975).

Los objetos alargados: bastón, tronco, caña... o bien las armas largas: puñal, cuchillo o espada, con frecuencia suelen ser símbolos de virilidad; representan el sexo masculino.

Las armas pueden también representar la agresividad o un deseo de muerte. Si están enmohecidas o rotas, expresarán una pérdida de virilidad o un sentimiento de inferioridad.

Los objetos huecos o capaces de contener algo: caja, cofre, arca, armario o sartén representan el cuerpo de la mujer.

La habitación es sin duda un símbolo femenino; puede significar la maternidad o el matrimonio. Cuando va relacionada con la sexualidad, interesa saber si la puerta de dicha habitación está abierta o cerrada•.

• Lo cual expresa la aceptación o el rechazo de relaciones sexuales.

Las cavernas, barcos y vasos son, por la misma razón, indicios de feminidad. Los barcos pueden también representar los viajes, el deseo de romper con un determinado modo de vida. Las cavernas serán el inconsciente o un retorno a nuestro pasado.

Una personalidad destacada: presidente, rey o reina puede representar a los padres del que sueña o a cierto deseo de poder.

Los objetos lisos: fachadas (a lo largo de las cuales uno se desliza) o paredes (sobre las que se sube) representan hombres. Las paredes son también el símbolo de algún obstáculo psíquico que hay que superar.

Subir o bajar algún camino escarpado, escaleras o escalones simbolizan el acto sexual.
El subir puede ser un símbolo de crecimiento, desarrollo o promoción social; bajar, de degeneración, muerte o dificultad en el trabajo.

Las ropas representan nuestra actitud, nuestra importancia social, nuestra fachada.

Los uniformes o vestidos que no puede uno quitarse denotan la imposibilidad de separar la función social de nuestra personalidad íntima.

La corbata suele significar con frecuencia el pene.

Los paisajes que representen puentes o montañas con árboles equivalen a veces a una geografía de los órganos genitales.

Las máquinas complicadas y las herramientas pueden aludir a ciertas actividades mecánicas, a nuestro cuerpo o a algún deseo sexual.

El pene, los niños, los excrementos y **el dinero** suelen ser, según Freud, símbolos intercambiables. Los tres primeros son elementos que entran o salen de nuestro cuerpo, de un vientre, pero también son objetos que uno da o rehúsa, que se guardan o expulsan.

La serpiente es la imagen del pene y de la sexualidad, pero también puede simbolizar el mal.

El fuego representa la pasión y el deseo.

El agua es un principio vital, es el vientre de la madre, un símbolo purificador.

SUEÑOS MODELICOS SEGUN EL PSICOANALISIS•

• S. Freud: *La interpretación de los sueños* (Barcelona, Bruguera, 1976).

El sueño de un examen. Consiste en soñar que uno fracasa en algún examen o que se presenta de nuevo a unos exámenes que ha superado ya. Estos sueños suelen aparecer por lo general cuando hay que cumplir al día siguiente alguna tarea difícil y se teme un fracaso. En cierto modo, se trata de sueños que reconfortan: «No te preocupes por mañana, si ya sabes que has aprobado tu bachillerato, si ya eres doctor...»

El sueño del tren perdido. Es asimismo un sueño de consuelo. Nos consuela de la angustia por la muerte, que está representada por la partida del tren o el viaje. Un tren es símbolo de adelanto, de progreso o éxito sexual.

Los sueños de pérdida de dientes, o de dientes que se arrancan o caen, significarían el onanismo, o incluso eso con lo que suelen amenazarle al niño que se masturba: la castración o la impotencia. Lo mismo cabe decir de los sueños sobre la calvicie o el corte de pelo.
Los sueños en los que se pierden dientes simbolizan también el tránsito de la infancia a la edad de la razón y las responsabilidades que siguen a la caída de los dientes de leche. En el caso de que se trate de una mujer, si los dientes son engullidos, puede significar el deseo de tener un hijo.

Los sueños en los que uno planea, vuela, cae o nada aluden a impresiones de la niñez: recuerdo del columpio o de los abuelos que hacían que saltáramos en sus brazos. Pero la significación concreta de estos sueños varía según sean los que sueñan.

> «*Una de mis enfermas —cuenta Freud— tenía la costumbre de soñar que planeaba sobre la calle, a cierta altura, sin tocar el suelo. Se trataba de una mujer muy bajita y que sentía horror por las manchas que proporciona el trato con los hombres. Por lo mismo, su sueño satisfacía sus anhelos: la elevaba por encima del suelo y colocaba su cabeza en una región superior. En otras mujeres soñadoras, el soñar con un vuelo indicaba la aspiración a convertirse en un pajarillo o ser un ángel; sufrían por no ser consideradas como tales durante el día. La íntima relación que media entre el vuelo y la representación de un pájaro explica que en los hombres los sueños sobre vuelos suelan poseer un sentido grosero. Nada nos extrañaría que los soñadores así sean las más de las veces muy audaces en este campo*●.»

● S. Freud: *La interpretación de los sueños* (Barcelona, Bruguera, 1976).

El volar puede también denotar que uno quiere huir de ciertos conflictos actuales o dominarlos. Puede equivaler, por fin, a un deseo de amor libre.

Los sueños de caídas pueden significar que uno ha sucumbido a alguna tentación erótica.

Los sueños sobre incendios son una reminiscencia de la enuresia infantil.

Los sueños de desnudez son sueños en los que sentimos vergüenza por estar desnudos en medio de unos espectadores que, por lo común, suelen permanecer indiferentes. Se da en ellos un recuerdo del exhibicionismo de nuestra infancia. Experimentamos en tales casos lo que sintió Ulises al aparecer desnudo y cubierto de lodo ante Nausica y sus compañeras. Los sueños de desnudez pueden además expresar el deseo de arrojar la propia máscara, de mostrarse uno tal cual es en verdad.

El sueño de la muerte de seres queridos suele ir no pocas veces acompañado por el dolor y la tristeza. Con todo, según Freud, representa un deseo de muerte respecto a esas personas. No se trata de ningún deseo actual, sino de algo que se remonta a la infancia. Por lo general, el hombre sueña con la muerte de su padre y la mujer con la de la madre.

Precisamente la introducción del edipo por parte de Freud se deberá a estos sueños de muerte.

«Si los modernos se sienten conmovidos por "Edipo Rey" tanto como los contemporáneos de Sófocles, ello es debido no al contraste entre el destino y la voluntad humana, sino a la naturaleza del material que sirve para ilustrar ese contraste... Acaso todos hayamos sentido frente a nuestra madre el primer impulso sexual y frente al padre el primer odio; nuestros sueños lo atestiguan. Edipo al matar a su padre y unirse con su madre no hace otra cosa que cumplir uno de los deseos de nuestra infancia. Pero nosotros, que somos más dichosos que él, hemos podido, a partir de entonces, al convertirnos en neurópatas, desligar de nuestra madre los deseos sexuales y olvidar los celos que sentíamos hacia nuestro padre (...) Hoy, igual que ayer, muchos hombres sueñan que mantienen relaciones sexuales con su propia madre; esto es algo que les indigna, y cuentan semejante sueño con estupefacción. Como se puede apreciar, se trata de algo que constituye la clave de la tragedia de Sófocles y que completa el sueño de muerte del padre•.»

• S. Freud: *La interpretación de los sueños* (Barcelona, Bruguera, 1976).

EJEMPLO DE UN SUEÑO INTERPRETADO POR UN PSICOANALISTA

Para interpretar un sueño no es preciso seguir escrupulosamente el orden que hemos propuesto. En realidad, la interpretación descansa sobre un vaivén constante entre los datos del sueño y nuestra vida presente y pasada. Tomaremos de Erich Fromm•, psicoanalista contemporáneo que vive en los Estados Unidos, una interpretación de un sueño que pone de relieve el arte de interpretar los sueños.

• E. Fromm: *le Langage oublié* (París, Payot, 1975).

> *«Sueño de un abogado de veintiocho años de edad: Me he visto cabalgando caballo blanco, pasar revista a una gran cantidad de soldados. Todos me saludaban con vivas ardientes.*

El analista: ¿Qué le trae eso a la mente?

El fenómeno de resistencia

— Nada —respondió—, semejante sueño es una estupidez. Ya sabe Ud. que detesto la guerra y el ejército y que, por supuesto, jamás he deseado ser general (...) Tampoco me agradaría ser el centro de las miradas aduladoras o rencorosas de miles de soldados (...) Ya sabe que, en el tribunal, se me hace cuesta arriba llevar adelante una causa cuando los ojos de la gente se fijan sobre mí.

Las asociaciones

El analista: No hay duda de que todo eso es cierto, pero no no quita nada para que se trate de un sueño *suyo,* de la intriga que *Ud.* ha tramado y en la que se ha asignado un papel a sí mismo. Al margen de todas esas incoherencias patentes, el sueño posee, necesariamente, algún sentido y encubre un significado.
Empecemos por las asociaciones que guardan relación con el contenido del sueño. Concéntrese sobre la imagen del sueño: usted mismo, el caballo de batalla blanco que monta, la tropa que le saluda con entusiasmo... Dígame lo que le viene a la mente cuando ve dicha imagen.
— Tiene gracia, ahora vuelvo a contemplar una imagen que solía gustarme mucho cuando contaba catorce o quince años. Se trata de un cuadro que representa a Napoleón... sí, así es, Napoleón montado sobre un caballo blanco, pasando revista a su ejército. Este cuadro se parece mucho a la imagen que he contemplado en mi sueño, con la única diferencia de que en aquél los soldados no aclamaban al emperador.

El material pasado

El analista: No cabe duda de que se trata de un recuerdo curioso. Hábleme más de su afición por ese cuadro y de su interés por Napoleón.
— Le puedo hacer una confesión a este respecto, sí, pero la encuentro embarazosa. Sí, es cierto, a los catorce o quince años, era más bien tímido. No era demasiado aventajado en gimnasia y tenía una especie de miedo a los «campeones». ¡Calle!, ahora recuerdo un accidente de por aquella época que tenía olvidado por completo. Apreciaba mucho a uno de los buenos deportistas y deseaba ser su amigo. Apenas si habíamos hablado nunca, pero esperaba que él, a su vez, me quisiera si llegábamos a conocernos mejor. Un día —me hizo falta un gran esfuerzo— me acerqué a él y le pregunté si le agradaría andar conmigo. Le dije que tenía un microscopio y que podía enseñarle muchísimas cosas interesantes. El me miró un instante y, de repente, se echó a reír con una risa que no acababa. «¡Si serás bobo!, ¿por qué no invitas a las amiguitas de tus hermanas?»
Me aparté de allí, herido en lo más íntimo, con los ojos llenos de lágrimas. Era la época en que devoraba cualquier libro de Napoleón que pudiera caer en mis manos (...) ¿No era él también bajito? ¿No había sido también

él, como yo, un muchacho tímido? ¿Por qué no iba a poder parecerme a él algún día? (...) En realidad, a lo largo de muchos años no he vuelto a pensar en este período de mi vida y, por supuesto, no he hablado con nadie de ello. Incluso hoy mismo experimento una especie de desazón al evocarlo.

El material reciente

El analista: Pero, vamos a ver: ¿Por qué (ha vuelto todo eso) precisamente la noche pasada? ¿Qué ocurrió ayer?
— Nada en absoluto. Fue un día como cualquier otro. Fui al bufete, trabajé reuniendo documentos para una causa que tengo que defender; volví a casa; cené; fui a ver una película, y, por fin, me acosté. Eso fue todo.

El analista: Hay algo que no parece que tenga explicación y es por qué, por la noche, montaba Ud. un caballo de batalla blanco... Hábleme más de su trabajo en el despacho.
— ¡Hombre!, ahora recuerdo... pero no, esto no tiene relación alguna con el sueño... Bueno, se lo voy a contar. Cuando acudí a mi director, el más antiguo de la compañía, para el que había reunido toda la documentación jurídica del asunto, cayó él en la cuenta de que había cometido un error. Me miró con aire de censura y advirtió: «Estoy realmente sorprendido. Creía que iba Ud. a hacer algo mejor.» (...) Me olvidé de semejante incidente por la tarde.

El analista: ¿De qué humor se encontraba Ud. entonces? ¿Estaba nervioso o sufrió una especie de depresión?
— No, no, ¡qué va! ¡ni mucho menos! Más bien me sentía cansado, medio dormido. Juzgaba que era desagradable tener que seguir trabajando, y me alegré mucho cuando llegó la hora de abandonar el despacho.

El analista: Así que, ¿la última ocupación importante del día fue ir al cine? ¿Puede decirme qué es lo que vio?
— ¡No faltaba más! Una película titulada «Juárez» que, además, me gustó bastante. En realidad, viví con tanta intensidad la acción que, en un determinado momento, hasta llegué a gritar en voz alta.

El analista: ¿En qué momento?
— Justo después de la destrucción de la miseria y el sufrimiento de Juárez. Y después también, cuando éste sale victorioso. Apenas si puedo recordar ninguna otra película que me haya emocionado tanto.

El analista: Después se acostó Ud., ¿no es así? Se durmió, y se vio a Ud. mismo montando un caballo de batalla blanco mientras las tropas lo aclamaban•.»

• E. Fromm: *le Langage oublié* (París, Payot, 1975).

LA SINTESIS

El análisis ha dado pie, pues, a poner en claro las ilusiones infantiles del abogado. Tímido, poco seguro de sí mismo, el muchacho, ante la burla de sus compañeros, se refugiará en el mundo de la imaginación. En adelante, Napoleón pasará a convertirse en un símbolo tranquilizador que le ayudará a superar sus angustias de niño.

Con la edad, el abogado adquirirá confianza y olvidará sus fantasías. Pero —como lo demuestra claramente este sueño— seguirán siempre vivas en su inconsciente. Bastará un error profesional y una reprimenda de su director para que vuelvan a ser evocadas las imágenes tranquilizadoras del pasado.

No cabe duda de que no es algo que haya que atribuir al azar el que, al salir de su trabajo, eligiera ir a ver una película que respondía a sus preocupaciones.

La interpretación del sueño mostró, pues, que Napoleón no sólo era un símbolo universal de gloria y poder, sino que desempeñaba un papel concreto dentro de las representaciones del soñador.

Según esto, el presente sueño es el punto de encuentro de un suceso reciente social (la discusión con su director), otro suceso también reciente y que ayuda a lo imaginativo (la película) y otro pasado inconsciente (las fantasías sobre Napoleón). Atestigua además que la sensación de fracaso e inferioridad sigue siempre presente en el abogado y que el deseo de superar semejante estado es su respuesta constante.

LOS SIMBOLOS DE LOS SUEÑOS A TRAVES DE UNA CLAVE DE SUEÑOS CONTEMPORANEA•

• G. Dugaston: *les Songes et les Présages* (París, Albin Michel, 1975).

«**Ver una caverna:** signo de peligro.

Soñar con una habitación: signo de beneficios: si es la de los diputados, trampa, enemistad.

Soñar con cuchillos: signo de desunión entre amigos; si están en forma de cruz, signo de muerte; si alguien es herido por ellos, signo de asesinato.

Ver dientes: signo de alegría y placer, durante mucho tiempo si los dientes son blancos; si son largos, miseria; si están deteriorados, duelo; si se caen ellos solos, signo del próximo anuncio de alguna muerte.

Soñar con agua: limpia, signo de bienestar; sucia, de pesar, de bullicio; caliente, de enfermedad grave; tirarla, de amenaza de incendio; fría, de gran odio...

Ver una espada: signo de desdicha; poseerla, de éxito; ser herido por ella, de disputa; herir a otro, de separación penosa.

Soñar con fuego: pequeño, signo de placer; grande, de fiesta; que arde rápido, de disputa; de larga duración, de amor sincero...

Soñar con una escalera: signo de beneficios; si alguien se cae por ella, de molestia.

Soñar con una ventana: muy mal signo: disputa, desgracia, ruina e incluso muerte (si se rompen los cristales).

Ver el mar: signo de viaje; si está tranquilo, dificultades comerciales; si furioso, desdicha.

Ver una pared: signo de obstáculo para los proyectos; derribarla, de éxito; construirla, de trabajo inútil.

Ver un hombre desnudo: signo de traición; si es una mujer, esperanza frustrada; si es una muchacha, éxito pueril; soñar que uno huye desnudo por completo augura una injuria cierta y próxima.

Soñar con un muerto: signo de mala noticia.

Soñar con una serpiente: signo de traición. En resumen, el soñar con una serpiente es algo malo en extremo. Si el que sueña no está enfermo, es de temer lo que se avecina; si lo está, hay que cuidarse bien, porque el caso puede llegar a ser muy grave.»

APROXIMACION CREATIVA Y CREADORA

El sueño no sólo es un texto o una lengua que debemos descifrar, también supone una multiplicidad de imágenes, formas, colores y movimientos. «El psicoanálisis —dice Michel Foucault— no ha sido nunca capaz de hacer hablar a la imagen (...) Freud psicologizó el sueño (...) y lo despojó de todo privilegio como forma específica de experiencia•.»

• M. Foucault en el prólogo de L. Binswanger: *le Rêve et l'Existence* (París, Desclée de Brouwer, 1954).

Desde siempre, los sueños han constituido una fuente de imaginación para el hombre, y los objetos de nuestra imaginación poética y creadora han revestido no pocas veces la forma de sueños. Pero el arte de soñar, o de imaginar, no debía quedar limitado al terreno artístico. A partir de la década de 1940, una serie de psicoanalistas o psicólogos disidentes han intentado no ya analizar, como era lo clásico, el sueño, sino servirse de él a manera de experiencia que posibilita alcanzar una nueva identidad.

Le han conferido al sueño una existencia, una vida y personalidad reales. En adelante, podremos hablar durante una cura terapéutica como si estuviéramos soñando y vivir nuestros sueños como un actor de teatro que improvisara sobre el escenario. Está, pues, en nuestras manos el volver a aprender a soñar, siguiendo distintos métodos.

EL SUEÑO DESPIERTO DIRIGIDO

En 1938, Robert Desoille escribía un libro sobre la «Exploración de la actividad subconsciente por el método del sueño despierto•.» Dicho método es hoy reconocido y utilizado en multitud de países como psicoterapia de grupo o individual.

• R. Desoille: *Exploration de l'activité subconsciente par la méthode du rêve éveillé* (París, d'Artray, 1938).

Desoille es un psicólogo autodidacta y, en apariencia, se diría que no había en él nada que lo predestinara para semejante obra, puesto que era ingeniero de Gas y Electricidad de Francia. De hecho, el método de Desoille brotó, por un lado, de su interés por la hipnosis y los fenómenos paranormales, y, de otro, de su contacto con ciertos universitarios de la época, apasionados por los fenómenos ocultos y la fisiología de las sensaciones (Charles Henri, Castlant). Cuenta Desoille que las primeras personas normales que acudían a seguir sus cursos «deseaban desarrollar sus facultades paranormales». Como se puede ver, el uso del sueño despierto será amplio: desarrollo de la imaginación, aprendizaje de acceso a distintos niveles de conciencia, tratamiento de las neurosis y trastornos de la identidad o de la personalidad.

El método

El sueño despierto dirigido le exige al sujeto que tome parte activa en su propio proceso de desarrollo o curación. Esta participación consiste en:

— Una relajación muscular: el sujeto se estira, en una estancia semioscura y lejos del ruido.

— Una relajación psíquica: se le invita a que elabore un ensueño•. En su transcurso, el sujeto ha de describir en voz alta las imágenes que vaya viendo.

• Con objeto de favorecer semejante estado visionario, hay algunos terapeutas americanos que harán que su paciente lleve unos aparatos que difunden melodías sugestivas.

Ese ensueño no es libre, sino que, de ordinario, va dirigido; la orientación que aconseja Desoille se basa en el movimiento: se orienta la dirección del movimiento hacia arriba, en ascensión, o hacia abajo, en descenso. En la práctica, eso equivale a imaginar unas escenas en las que se suba algún monte o se descienda a cavernas o simas.

El sueño despierto es mucho más rico que el nocturno

Los sueños despiertos le permiten a nuestra afectividad íntima expresarse mediante un lenguaje no convencional, «un lenguaje olvidado», según expresión de Erich Fromm. A través de las imágenes y sus variantes, así como por las diferentes situaciones, nos irán descubriendo nuestros comportamientos habituales. De este modo aparece nuestro inconsciente sobre el escenario de nuestros sueños despiertos. Esta terapéutica resultará muy apropiada para individuos que no se acuerdan de sus sueños. El sueño despierto será no pocas veces mucho más rico que los fragmentos de sueños nocturnos.

Cuando se aplica a niños, la teoría variará ligeramente. Así, se le dejará al niño libre en sus movimientos y se le permitirá que se exprese no sólo de palabra sino también mediante dibujos, modelado u otras manifestaciones.

Desoille toma de Freud la noción de sublimación•: hará falta llevar cada imagen más allá de ella misma hacia horizontes siempre más lejanos y desinteresados: en el caso de un conflicto con la madre, las imágenes evolucionarán de abajo arriba, «de la representación de la bruja de las profundidades, a la de una mujer normal, a nivel de lo real, subiendo luego hasta la de la Virgen —la Virgen que representa a la mujer ideal—, para acabar, al final de la ascensión, con una sencilla representación de claridad acompañada de una sensación de presencia y de amor universal•.» De Jung, Desoille tomará la noción de que el sueño pretende preparar el futuro y no sólo repetir el pasado. De Pavlov, por fin, el hecho de la existencia de dinamismos motores defectuosos que se pueden modificar. Así, la ascensión supone una lucha contra la pesantez.

• *sublimación:* derivación de las pulsiones instintivas hacia un objetivo espiritual, moral o social desinteresado, como pueden ser la religión o el arte.

• R. Desoille: *Lecciones sobre ensueño dirigido en psicoterapia* (Buenos Aires, Amorrortu, 1975).

Si intentamos por nuestra cuenta esta práctica del sueño despierto, veremos, efectivamente, que el desplazamiento de abajo arriba da pie a multitud de imágenes y situaciones imaginarias. La salida del sol, su ascensión, y luego su ocaso configuran el presente dentro de la naturaleza de estas fuerzas contrarias.

Las modalidades de sueño despierto

— Las sesiones duran unas dos horas.
— En su primera parte, el sujeto interpreta los sueños despiertos de la sesión precedente, partiendo de la relación escrita que ha hecho, así como los sueños nocturnos que haya podido tener entre tanto.
— En la segunda parte, interpreta un nuevo sueño despierto. Para algunos, una hora de sueño despierto resulta agotadora, en tanto que otros apenas si producirán unas cuantas imágenes en toda la hora. Según los temperamentos, hay algunos que son más aptos para soñar por la mañana y otros por la noche.
— El terapeuta utiliza el mismo lenguaje que su paciente: un lenguaje imaginativo y soñado.
— El papel que juega el terapeuta consistirá unas veces en seguir el sujeto en su terreno, otras en precederlo y guiarlo en la profundización de tal o cual imagen que le es propia.
— En la medida en que las imágenes pueden ser orientadas y en que los estados afectivos siguen, en parte, a las imágenes, no será indispensable el analizarlo todo.

En el sueño despierto dirigido, ampliaremos nuestras representaciones, dejaremos de identificarnos con unos papeles limitados y aprenderemos a captar la totalidad de nuestro campo imaginativo. En la vida cotidiana, ante situaciones análogas a las vividas durante las sesiones, podremos reproducir las formas de proceder o los esquemas dinámicos nuevos que hemos aprendido.

— La imagen inicial puede ser tanto espontánea como sugerida por el terapeuta.
— No es preciso ascender con demasiada celeridad, partir en seguida hacia imágenes irreales o paradisíacas.
— Desoille solía proponer con frecuencia como imagen de partida una espada, atributo masculino, o un vaso, atributo femenino. Eso equivale a proponer simbólicamente la siguiente cuestión: «¿Qué piensa Ud. de su virilidad?» o «de su feminidad»?
El sujeto debe dar entonces la mayor cantidad posible de detalles sobre la imagen, la forma, el color, la materia o el sentimiento que le inspira el vaso o la espada. Situará dicha imagen en un decorado; se moverá luego dentro de ese espacio, en dirección de alguna salida, puerta, camino o ruta; luego, poco a poco, por gradaciones sucesivas, seguirá un camino, trepará una senda de montaña, accederá a una nube o volará sobre las alas de un pájaro.

Sueño despierto del vaso (Lisa•)

• R. Desoille: *Lecciones sobre ensueño en psicoterapia* (Buenos Aires, Amorrortu, 1975).

«Lisa, que es muy impresionable y se siente presa de angustias persecutorias, se encuentra en la actualidad acosada por "el recuerdo de una rosa de porcelana que encontró sobre un tumba de un cementerio que visitaba y que se llevó, porque le desagradaba". El hacer tal cosa le causó remordimientos. La devolvió más tarde sin comprender el alcance de su acción. En el trato con su marido sufre la "enfermedad de la soledad".

He aquí su sueño despierto del vaso, relatado por ella misma.
El Sr. D... me pide que vea un vaso y que entonces yo percibo; es de un azul profundo, intenso. A petición suya, lo lleno. Entonces aparecen unas rosas rojas preciosas. Me dirijo luego hacia una ventana, por la que veo los árboles de un jardín a la francesa.
Al rogarme el Sr. D... que baje a ese jardín, atravieso las alamedas. Sobre un banco, un hombre se levanta; tiene un periódico en la mano y aire asustado. Me habla y me dice que tengo un vaso precioso y unas flores muy bellas; yo le ofrezco una rosa que él coloca en su chaqueta. Reconozco a René, mi marido, en los tiempos iniciales de mi matrimonio, cuando me solía hablar con ternura.
Después, el Sr. D... me pide que busque un camino de

montaña e intente una ascensión junto con René (...) Hay una fortaleza. Subimos penosamente y, una vez llegado allá, René, mi marido, da de pronto la impresión de que ya no sabe qué hacer con su rosa, y la coloca en una de las almenas de la fortaleza (...) Pero la rosa que René h colocado en una de las almenas crece y crece hasta hacerse fantástica, y, cuando el Sr. D... me pide que llame a nuestro lado a una nube para elevarnos, la rosa tiende hacia nosotros sus brazos, sus hojas. Sobresale por encima de la fortaleza; se abre entonces inmensa, y nos tumbamos en la hoquedad de sus pétalos, que se nos antojan una cama muy blanda.
En ese momento, mi compañero parece como que se transforma, y ya no estoy del todo segura de que siga siendo mi marido (...)
Al levantar la vista, en el umbral de aquel gran cielo, surge un enorme rostro (...) El hombre que está acostado a mi lado (...) me sonríe (...) como en los días de mi juventud —y conozco la sonrisa de Juan Gabriel, aquel de cuya tumba quité la rosa de porcelana—. Pero el inmenso rostro, siempre por encima de nosotros, nos mira, y eso me produce angustia.
Ahora creo que se trata del rostro de mi marido que me está mirando desde arriba. Nos domina, sopla por su boca viento para impedir que sigamos subiendo, y ha absorbido el pétalo de la rosa que se ha desvanecido . Ahora esa boca deja escapar un fulgor rojo, extraño, transparente y luminoso. Ante una indicación del Sr. D... intento ver en el interior de dicha boca: veo una sala roja por completo, transparente y luminosa también; mi marido está sentado dentro de su propia boca... unas muchachas, luminosas y rojas, se hallan tumbadas junto a él, como si fueran unas almeas: pienso que son las rosas que todavía quedaban en el vaso (...) que se han transformado en mujeres rojas. Entramos también nosotros en aquella boca. Juan Gabriel y yo le ofrecemos dones a mi marido: le doy una copa llena de un líquido de color rubí, y Juan Gabriel le tiende su abrigo, que está forrado en rojo.
A la pregunta del Sr. D... "¿Qué sentimiento le evoca semejante abrigo?", respondo que Juan Gabriel era bailarín: bailaba en "El pájaro de fuego de Stravinsky", que le da a mi marido el amor cuya "fuente de fuego" ha sido él. El Sr. D... me pide entonces que vuelva a descender y bajo suavemente hasta la tierra.»

Lo importante en este sueño despierto no es tanto la interpretación de los símbolos —por ejemplo, que la fortaleza represente a su hermético e inaccesible marido— cuanto el movimiento de apertura progresiva a la par de las imágenes y de la afectividad de Lisa. Antes del sueño, ella se identificaba con una rosa de porcelana en la que «había entrevisto una visión de sí misma, que había ido quedando poco a poco petrificada en otro tiempo por obra de su marido René, silencioso como una tumba». Después del sueño, podrá ella apoyarse sobre ciertas imágenes de amor y sobre el recuerdo de un hombre amado antaño, para afrontar acaso de una manera victoriosa el sentimiento de soledad que ella experimenta con su marido.

El sueño despierto tiene a veces algo de relato épico o maravilloso

Otros muchos temas aparecerán en el sueño despierto dirigido. Cabe citar algunos de descenso: la inmersión bajo el agua, la cueva de la bruja, la búsqueda del dragón o de la Bella Durmiente del bosque... Cada uno de estos temas confiere un cariz de cuento o relato maravilloso al sueño despierto dirigido. En otro nivel, el descenso permite hacer hincapié en los obstáculos o dificultades que surgen en la vida. Con frecuencia hará falta ayudarle al sujeto con imágenes de protección en su descenso, así como también convendrá procurarle imágenes de apoyo para su ascenso al espacio.

LA GESTALTERAPIA DE PERLS

«Freud dijo del sueño que era la "vía regia", el camino real, hacia el inconsciente. Y, por mi parte, estimo que es el camino real hacia la integración. No siempre sé qué es el "inconsciente", pero todos sabemos que, en definitiva, el sueño es la producción más espontánea que tenemos•.»

• F. Perls: *Rêve et existence en Gestalt-thérapie* (París, L'Epi, 1972).

La palabra Gestalt (forma, estructura) expresa para Perls que lo que hay que intentar integrar es la totalidad de nuestro ser y de nuestra existencia. El trabajo sobre los sueños es uno de los elementos esenciales de la Gestalterapia.

En este caso serán los sueños nocturnos los que servirán como material de trabajo para el grupo de la Gestalterapia. Perls considera, en efecto, que cada una de las partes de un sueño expresa un fragmento de nuestra personalidad. Por lo tanto, si queremos unificar, integrar dicha personalidad, podremos lograrlo reuniendo los distintos fragmentos del sueño.

El método•

• Idem.

«— Toma algún sueño antiguo o un fragmento de sueño, pues esto carece de importancia.
— Escríbelo y haz una lista con todos sus detalles.
— Trabaja sobre cada uno de esos fragmentos hasta convertirte en cada uno de ellos.

— Deja de pensar y vuelve a tu juicio. "El intelecto —dice Perls— es la cortesana de la inteligencia."
— En consecuencia, habrá que decir "yo" e identificarse con cada cosa y con cada elemento del sueño. En lugar de decir: "Tengo que contarle a Ud. un trozo de sueño", di: "Soy un trozo de sueño". Y en vez de decir: "He soñado con una araña", di: "Soy esa araña", y procura serlo.»
— Después, toma dos elementos del sueño y confróntalos. Redacta un escrito. Los elementos del sueño que reflejen aspectos contradictorios de la personalidad se opondrán entre sí, lucharán. Y así se llegará a lo que Perls llama "la ópera de la tortura de uno mismo".
— De esta imaginaria lucha entre contrarios nacerá poco a poco la integración de las divergencias internas.

No se trata de hacer una autopsia del sueño, sino de revivirlo

Los principios esenciales de este método son: la proyección —nos proyectamos a nosotros mismos en las imágenes de nuestros sueños—, el «ahora» —vivimos en el presente y no en el futuro o pasado—, y, por fin, la idea de que no hace falta torturarse la mente preguntándose por qué ha soñado uno esto o lo otro, por qué ha procedido así o de la otra manera. «En lugar de analizar, de autopsiar el sueño, lo que pretendemos es devolverlo a la vida, y la forma de llegar a lograrlo es vivir el sueño de nuevo como si se desarrollase en la actualidad. En vez de contar «el sueño» como si fuera algo pasado, ponlo en presente a fin de que llegue a convertirse en parte de ti mismo y de que te sientas implicado en verdad en él•.»

• Idem.

Los seminarios de sueños suelen consistir, por lo general, en una terapia individual delante de un grupo. Así se aprende mucho sobre uno mismo al ver lo que ocurre en otra persona. Además, la concurrencia desempeña un papel capital dentro de este juego: representa a los otros, esos que nos miran o que no podemos alcanzar. Por lo común, suele haber dos sillas en el escenario de la Gestalterapia: al poder pasar de una a otra, se le facilita al sujeto el poder interpretar tan pronto uno como otro de los personajes de sus sueños.

El sueño de Meg

M. — En mi sueño, estoy sentado sobre un estrado y hay conmigo un hombre, y tal vez alguien más, y... ¡oh! una pareja de serpientes de cascabel. Y una de ellas está sobre el

estrado —cosa que me infunde miedo—. Su cabeza se yergue, pero no parece que pueda alcanzarme. Pero, ahí está, y me da miedo. Y esa otra persona me dice: «No molestes a la serpiente y no te hará nada.» Y la otra serpiente se halla bajo el estrado, y hay un perro en el mismo sitio.
F. S. Perls. — ¿Qué es lo que hay allí?
M. — Un perro y la otra serpiente.
F. — De acuerdo. Arriba hay una serpiente y bajo el estrado otra y un perro.
M. — Y el perro anda husmeando, se acerca a la serpiente, como si quisiera jugar, y yo quiero detenerlo.
F. — Dígaselo.
M. — ¡Quieto, perro!
F. — ¡Más fuerte!
M. — ¡Quieto!
F. — ¡Más fuerte!
M. — ¡¡Quieto!! *(grita ella)* / F. — ¡Más fuerte!
M. — *(Ella vocifera)* ¡¡¡Quieto!!! / F. — ¿Se ha parado el perro?
M. — Me está mirando. Ahora vuelve a dirigirse a la serpiente. Ahora, ahora la serpiente se enrosca alrededor del perro que se ha tumbado y parece que está de lo más contento.
F. — ¡Vamos! Haga una confrontación entre el perro y la serpiente de cascabel.
M. — ¿Quiere que interprete sus papeles?
F. — En efecto, los de los dos. Este sueño es cosa suya. Cada elemento de él forma parte de Ud. misma.
M. — Ahora soy el perro *(Con perplejidad)* ¡Oh! ¡Una serpiente de cascabel! ¡Qué alegría me da tenerte enroscada en mi piel!
F. — Mire a los que le rodean. Repítale a cualquiera eso que acaba de decir.
M. — *(Riendo con dulzura)* ¡Una serpiente! ¡Me gusta tenerte enrollada en torno a mí!
F. — ¡Cierre los ojos! Adéntrese en su propio cuerpo. ¿Qué es lo que siente físicamente? ¿Qué experimenta?
M. — Tiemblo, estoy en tensión.
F. — Deje que eso se libere. Siga temblando y capte sus sentimientos (...)•.»

• Idem.

LA ESCRITURA AUTOMATICA

Hasta el surrealismo, los procesos de pensamiento automático eran considerados o bien como algo propio de espiritistas o médiums, o como unos procesos psíquicos inferiores. André Breton sería quien iba a mostrar que el automatismo psíquico es algo muy distinto de oír voces procedentes del más allá o de unos instintos alterados a causa de alguna enfermedad mental. Convirtió a la escritura automática en un proceso accesible a cualquiera y que permitía a la vez un manejo creativo y revelador de nuestra personalidad. Cuando se consolida la escritura automática con sesiones de sueño colectivo en estado de autohipnosis, vendrá a ser como un anticipo de ciertas terapias de grupo contemporáneas, como pueden ser el psicodrama o el sociodrama.

El método

La escritura automática se deriva del descubrimiento, por parte de André Breton, de que se dan en nuestro espíritu, cuando se encuentra en estado de relajación, una cantidad de imágenes y pensamientos que apenas si hay tiempo para captar.

— Para practicar la escritura automática, hará falta, pues, intentar escribir con la mayor rapidez posible, a fin de transcribir la máxima cantidad de ese flujo de imágenes. Breton precisará incluso diferentes grados de velocidad.

— En consecuencia, esta escritura es algo que se opone al dominio del juicio para asemejarse a un sueño.

— Eso no obstante, no consiste —como con frecuencia suelen creer algunos— en decir cualquier cosa o escribir frases raras, sin sentido.

— Para que se pueda dar una experiencia real, la escritura automática debe suponer un esfuerzo por mantenerse a la escucha del propio inconsciente.

— Se partirá de una imagen auditiva, que puede ser espontánea o incluso elegida de modo consciente, y que se anotará. Luego, se dejará que vayan brotando trozos de texto, sean coherentes o confusos. Cuando la creación se torna más lenta, puede activarse con nuevas imágenes sugerentes, o, si escriben varios, pasando la pluma de uno a otro.

La lectura de semejantes escritos provocará risa, molestia o cierta sensación de poesía. La escritura automática, como cualquier discurso pronunciado en estado de conciencia alterada, no hace otra cosa sino testimoniar la riqueza de nuestra íntima personalidad. «La escritura automática —dice Soranne Alexandrian— no es un ejercicio literario o espiritual, sino un medio de entrenamiento psíquico, utilizable a voluntad, como excitante o sedante•.»

• S. Alexandrian: *le Surréalisme et le Rêve* (París, Gallimard, 1975).

«¿Quién será capaz de disipar estas pesadillas que renacen una y otra vez? Las raíces desengañadas han ido muriendo, y el compañero más fiel es este montón de piedras que señala el camino. Ya no es posible saber qué crimen ha cometido este hombre que duerme profundamente al son de cantos estrellados. Los sueños se agarran de la mano: ropas de mujeres desolladas, suspiros de pájaros muertos de hambre, gritos de barcos de madera, abismos de precipicios submarinos. Un pez con la cabellera manchada se desliza entre los brazos de las plantas. Un molusco, asustado, lanza una mirada sobre toda el agua que lo baña intentando descubrir en ella a su salvador. El pez melenudo no quiere apiadarse y golpea sin descanso las raíces que intentan detenerlo (...)•.»

• A. Breton y P. Soupault: *les Champs magnétiques* (París, Gallimard, 1967). Publicados en 1919, *les Champs magnétiques* son el primer ejemplo de escritura automática.

Sueño y creación artística

«Exactamente igual que el sueño comprende restos diurnos, así también la realidad contiene restos nocturnos, elementos procedentes del sueño que éstos intentan prolongar durante el estado de vigilia. Nada hay tan útil para la vida moral como el arte de saber acomodar los restos nocturnos•.» En esta inversión de precedencias, el arte sustituye a la ciencia y André Breton sucede a Freud.

• S. Alexandrian: *le Surréalisme et le Rêve* (París, Gallimard, 1975).

En literatura
Dentro de nuestra sociedad, los recursos a las funciones creativas propias del dormir, así como a la poética de los sueños, es relativamente reciente. No cabe duda de que, desde siempre, en literatura se conocía el empleo de los sueños. Pero no eran considerados por entonces más que como un artículo retórico que ponía en escena paisajes fantásticos o situaciones irreales o espinosas.
Los autores románticos alemanes, y en especial Juan Paul Sartre —quien entre 1804 y 1822 redactó el libro de apuntes de sus sueños— fueron los primeros en valerse específicamente de la vida interior. En Francia, Charles Nodier se

inspirará en sueños para escribir algunos de sus relatos, Gérard de Nerval concebirá su «Aurelia» como un amplio sueño y Villiers de L'Isle-Adam y Edgard Poe, éste en América, se basarán para sus fantásticos cuentos en muchos imaginarios que no pocas veces se asemejan a pesadillas. Con todo, esas obras se parecen todavía mucho a un sueño revisado por la realidad y tiene demasiadas huellas de metafísica.
Los surrealistas, al recuperar a Lautréamont, habían de liberar nuestra imaginería nocturna• y confirieron a la literatura la forma de existencia propia del sueño. Esta preeminencia del sueño le incitará a un filósofo como Gaston Bachelard a buscar en la literatura las figuras y metáforas con las que el hombre sueña los elementos físicos de su universo (el agua, la tierra, el fuego y el aire). Para este autor, hay «que volver a los pensamientos filosóficos a su vía del sueño•.»

No nos es posible extendernos aquí sobre los numerosos poetas contemporáneos que, desde André Breton a Henri Michaux, y desde Paul Eluard a Raymond Queneau, crearon todas esas flores del dormir que todavía seguimos recogiendo. Breton se basaba en los sueños no sólo en sus obras•, sino también en la resolución de ciertos problemas colectivos que les planteaban a los surrealistas. En 1937, Robert Desnos, poeta y cantor de los sueños hipnóticos de dicho grupo, creó unas emisiones de radio en las que escenificaba los sueños que le eran enviados por sus oyentes. El tema de la noche y del sueño recorre la obra entera de Eluard, fundando en un mismo dormir el amor y la confianza recíprocos.

«Igual dormir y despertar
Compartimos nuestro sueño y nuestro sol•.»
«Ella sueña
¿Con quién sueña?
Es conmigo
En las sábanas de sus ojos que sueñan
Estoy yo•»

En adelante, la poesía soñará los sueños, y el dormir se convertirá en el vínculo social que sustentará las revolu-

• Véanse los párrafos acerca de la escritura automática, pág. 215.

• G. Bachelard: *l'Eau et les rêves* (París, J. Corti, 1942).

• *Clair de Terre*, publicado en 1923: contiene cinco sueños.

• P. Eluard: *le Phenix* (París, G.L.M., 1952).

• P. Eluard: *la Rose publique* (París, Gallimard, 1970).

ciones. «Precisamente, si la humanidad —dice Henri Michaux— sigue formando un bloque, una unidad de la que no se puede evadir y que la comprende es por obra de los sueños. El uno se ve reflejado en el otro, quiéralo o no: el juez en el asesino, el prudente en el loco, el funcionario en el músico, el burgués en el liberado, no porque sean observados por los demás, sino porque todos han sido durmientes•.»

• H. Michaux: *Façons d'endormi, façons d'éveillé* (París, Gallimard, colec. «Point du jour», 1969).

En pintura
El recurso al dormir y a los sueños sufre en la pintura una evolución comparable a la de la literatura. Los pintores simbólicos del siglo XIX, como Odilon Redon o Gustave Moreau, ven en los sueños los temas propios de la mitología clásica.
Las mujeres de Gustave Moreau y «sus maravillosas inercias» dan la impresión siempre de que emergen de las profundidades del dormir•; mientras que las miradas de Odilon Redon están cerradas o desmesuradamente abiertas sobre la noche•.

• G. Moreau: *les Chimères* (1884: París, museo Gustave Moreau).

• O. Redon: *Fleur avec une figure d'enfant* (1885: Art Institute of Chicago).

Con el arte contemporáneo, el sueño no sólo se simboliza o representa desde el exterior, sino que aparece reflejado en la misma escena que representa el cuadro. Como, por ejemplo, ocurre en «La rapidez del sueño», de Yves Tanguy, en 1949, cuyo título supone un augurio del descubrimiento del dormir rápido pocos años más tarde.
En la mayoría de los surrealistas, el lienzo del cuadro será concebido como un espacio de sueño: en Salvador Dalí, los objetos son víctima de toda suerte de distorsiones, que proliferan asimismo en Max Ernst. En tanto que el tiempo procedente de la lógica de los sueños también se detiene y se torna atemporal en las obras de Chirico o de Paul Delvaux. En Víctor Brauner, lo fantástico e inconsciente reciben del sueño su anormalidad e incluso su fuerza paranormal. Efectivamente, sabemos que Brauner, que otorga al ojo, y en especial al ojo único•, una importancia capital en sus cuadros, se quedaría accidentalmente tuerto en 1938.

• V. Brauner: *Réverie* (1964). «Sumido en un estado de ensueño ante los objetos familiares, me siento transformado, onírico, al igual que todo cuanto me rodea, y, dentro de esa dimensión, creo estar en otro espacio y en otro lugar.»

Proyecto para el objeto que sueña
Con el «Proyecto para el objeto que sueña» de 1938, Brauner alcanzaría una nueva dimensión para el arte del sueño.

Como anejo a dicho proyecto, se halla esta parodia publicitaria:

El sombrero tándem
«¿No consiste un sueño el poseer un aparato capaz de proporcionar siempre automática y económicamente un medio para pensar sin gran esfuerzo? Este aparato existe, es «el sombrero tándem» para incubar las ideas en el huevo tándem.

Principio en que se basa
El principio en que se basa el sombrero tándem descansa en calentar la idea en el huevo tándem mediante el sombrero tándem, poniendo en juego una energía de pensamiento relativamente reducida respecto a una gran incubación de ideas. El recipiente-tapa que cierra la «fuerza tandémica», y del que puede ser trasegada ésta en cualquier instante, está «tandemifugado» con todo esmero, de suerte que, una vez que concluye el período de incubación, las ideas duran por largo tiempo y están prestas para su uso (...)•.»
Una vez abierta la vía del dormir creador, ésta había de extender más lejos su imperio. El mundo de los objetos, el de la imagen (con el cine) y el de la ficción y visión irán apoderándose por turno del sueño y de su modo peculiar de presentar las cosas. Desde la «Mariée mise à nu par ses celibataires, même•» de Marcel Duchamp hasta las máquinas• de Jean Tinguely —trabazón de poleas, bielas y ruedas extrañas— el artista intentará alcanzar nuestro anhelo en aquello que éste posee de más ilógico y de más inconsciente.

• En *V. Brauner* (Catálogo del Museo nacional de arte moderno, 1972).

• Cuadro compuesto por fragmentos de estaño recortados y pintados, fijados mediante un barniz sobre una baldosa de vidrio transparente, que representa las distintas ruedas de una máquina (1915-1923; museo de Filadelfia).

• Una de las más célebres representa a una abuela risueña e inquieta, encaramada sobre el asiento de un tractor y pedaleando bajo la mirada asombrada de un niño, sin lograr que avance el vehículo, mientras acciona otro elemento que sierra madera.

LOS PODERES PARANORMALES DEL SUEÑO

La Antigüedad y las sociedades tradicionales atribuían al sueño ciertas cualidades de profecía y premonición•. Este interés se basaba en unas normas sociales que no oponían entre sí sueño y realidad. Si alguien veía en sueños que su vecino le robaba los frutos, iba al día siguiente a pedirle cuentas. De un modo aún más general, cualquier sueño tenido o representaba algo que ya se había producido o esperaba un futuro próximo para realizarse.

• Véase pág. 229.

En el siglo XX, y mediante los cauces de la parapsicología, se volverá a reintroducir en Occidente el problema de la predicción en sueños. Desde finales del siglo XIX, la London Society for Psychical Research iba recogiendo todos los testimonios posibles sobre los fenómenos de transmisión del pensamiento, la videncia y la premonición. Ahora bien, aunque tales fenómenos puedan manifestarse no pocas veces en el curso de la vida de vigilia bajo la forma de alucinaciones y trances místicos u ocultistas, el sueño seguirá siendo su principal soporte.

Por los años 1930, la parapsicología cobrará su enfoque científico gracias al laboratorio de J. B. Rhine en la Duke University, de Durham, Carolina del Norte. Por esa misma época, en 1931, Freud escribía su «Sueño y Telepatía». En cuanto a Jung, luego de haberse interesado por la parapsicología desde el comienzo de sus estudios universitarios, proponía en 1957 una interpretación analítica de los platillos volantes. Más tarde ambas direcciones se vieron consolidadas: numerosos laboratorios estudiarán los aspectos paranormales del sueño•, en tanto que psicoanalistas investigarán los vínculos y motivos personales que puedan justificar los sueños telepáticos.

• Instituto de los campos limítrofes de la psicología y de la higiene mental de la Universidad de Friburgo-Brisgau. Laboratorio de sueños del Maimonides Hospital de Nueva York.

Hoy en día se puede considerar como algo ya comprobado que existen fenómenos que superan nuestra percepción ordinaria del mundo. En consecuencia, se habla de percepción extrasensorial (P.E.S.). Las manifestaciones paranormales suelen ser también denominadas generalmente fenómenos «psi•».

• De la letra griega «psi», inicial de «psijé» (espíritu).

El sueño, como fenómeno «psi», comprende tres clases de sucesos que en la actualidad están reconocidos por la parapsicología: la telepatía, la clarividencia y la precognición.

LA TELEPATIA

La telepatía es la comunicación, entre dos personas, de un mensaje que no discurre por los órganos de los sentidos.

> *«Una noche, mi hija, que por entonces contaba tres años, dormía en la habitación vecina, cuando un grito me sacó de un sueño de pesadilla que me hizo despertar temblando y entre sudores. Me había visto en él a mí misma corriendo por la*

carretera que conducía a nuestra casa, perseguida por una especie de enorme monstruo indescriptible. En el instante en que hacía un postrer esfuerzo desesperado por alcanzar la puerta y refugiarme dentro de casa, el grito de mi hija me devolvió a la realidad.
"Mamá, tengo miego, tengo miedo —sollozaba.
¿Por qué? ¿De qué tienes miedo?"
Ella dudó un instante antes de decir:
"Creo que era un oso" •.»

• L. E. Rhine: *les Voix secrétes de l'esprit* (París, Fayard, 1970).

En este ejemplo, la comunicación de pensamiento tuvo lugar entre dos soñadoras y recaía fundamentalmente sobre la transmisión de una emoción: el miedo.

La telepatía planteó hace ya tiempo el problema de saber si era preciso que hubiera un emisor que comunicara de intento un mensaje. En el estado actual de nuestros conocimientos, parece que la voluntad de comunicarse no es un elemento esencial. Por lo tanto, podríamos recibir o conocer en sueños mensajes que no se nos han dirigido.

LA CLARIVIDENCIA
La clarividencia es la visión directa, en apariencia, por parte del que sueña de algún lugar o de objetos todavía desconocidos de él mismo y de los demás.

«*Hace ya algunos años de ello, una mujer de la Virginia Occidental vivió una experiencia de este tipo. Su padre había decidido trasladar su residencia a Utah, donde había comprado un terreno que ninguno de ellos había visto. Su marido y ella decidieron, a su vez, partir hacia el Oeste.*
En un sueño que tuvo antes de abandonar la Virginia Occidental, se encontró en Utah contemplando, a cierta distancia, el pueblo más próximo a la propiedad de su padre. Vio cómo se extendía a todo lo largo a la luz de la tarde, bajo un sol poniente que hacía brillar las techumbres. Pero en derredor, hasta donde podía alcanzar su mirada, todo era gris y ofrecía un espectáculo de desolación. El desierto se desplegaba en kilómetros y kilómetros, árido y desapacible, como la imagen misma del vacío. Al contemplarlo, sintió tal desazón que se despertó, comprendiendo que no era más que un sueño, a pesar de su perfecta nitidez. Partieron hacia Utah, en donde tanto ella como su esposo sufrieron una terrible decepción (...) De suerte que un buen día cargaron con cuanto poseían en una carreta, y su padre los condujo al pueblo más cercano para tomar la diligencia. Tenían que atravesar una elevada

meseta, y llegaron de pronto a la ladera en que el camino iniciaba su descenso. ¡Y allá estaba su sueño! ¡Exactamente la misma visión! A cierta distancia, el poblado se extendía sobre un suelo liso, los rayos del sol se reflejaban sobre los tejados y sobre el desierto que se desplegaba en derredor. Tenía la impresión de que todo le era conocido: su sueño y la realidad eran idénticos •.»

• L. E. Rhine: *Les Voix secrètes de l'esprit* (París, Fayard, 1970).

Según eso, el sentimiento de lo «ya visto», que a veces surge cuando descubrimos algún paisaje nuevo, consistiría en el recuerdo de algún sueño. Con frecuencia ese sueño de clarividencia quedará olvidado por completo y no subsistirá más que una vaga sensación de algo familiar.

LA PRECOGNICION

Los sueños precognitivos anuncian acontecimientos futuros y predicen el porvenir.

«En este clarísimo sueño, mi madre y yo dormíamos juntas (cosa que no solíamos hacer nunca. Vivíamos a unos ocho kilómetros la una de la otra). Mi madre, que se había despertado en el transcurso de la noche por las quejas de mi bebé, encendió un pitillo. Al resplandor de la cerilla, vio una chinche que trepaba por la pared. Gritó: "¡Dios mío! ¡Mira!", alargando mecánicamente la mano con idea de sostener la llama justo debajo del animal. Encendió una segunda cerilla para examinar el colchón sobre el que estábamos acostadas, y descubrió otros insectos. Valiéndose de una lámpara eléctrica, a fin de no despertar al bebé, nos pusimos a buscar chinches y los íbamos depositando poco a poco en un cenicero en el que ardían unas cerillas. Luego nos acercamos a la cuna con la lámpara eléctrica, justo a tiempo para ver a uno de aquellos animales deslizarse por el carrillo de mi hijita. Horrorizadas, lo iluminamos todo y pasamos el resto de la noche cazando semejante miseria.

Unos tres meses más tarde, habiendo marchado mi marido para el fin de semana y dado que mi padre trabajaba de noche, le pedí a mi madre que, ya que nos habíamos quedado solas, pasara la velada y la noche en mi casa, cosa que jamás habíamos hecho. Nos acostamos hacia las once. Durante la noche, nos despertamos con los lloriqueos del bebé. Mientras hacía ruiditos con la boca para tranquilizarla, mi madre encendió un pitillo, y ya conoce Ud. el resto •.»

• Idem.

Los sueños de precognición no están reservados a unos individuos excepcionales, como ocurría con los profetas de la antigüedad.

Rara vez hacen alusión a sucesos de orden nacional o político, sino que, de ordinario, atañen a cosas personales o muy específicas, como un descarrilamiento de un tren.
Estos sueños plantean el problema de la predestinación: ¿está nuestro porvenir determinado o, por el contrario, podemos evitar una catástrofe futura mediante el conocimiento de los sueños? Multitud de ejemplos demuestran que un sueño premonitorio, como cualquier otra advertencia, puede actuar sobre el futuro. Así, atendiendo a un sueño, una madre evitó que una lámpara de araña cayera sobre la cabeza de su hijito. La araña cayó, por supuesto, pero ella había retirado la cuna. Sin duda que nunca se podrá saber lo que hubiera ocurrido en realidad si ella no hubiera intentado controlar el destino.

Por desgracia, los datos que ofrece el sueño premonitorio son en no pocas ocasiones demasiado confusos o imprecisos como para que puedan dar pie a una acción eficaz. Esto se incrementa aún más por el hecho de que, generalmente, la fecha exacta de un peligro rara vez consta, y pasado, presente y futuro no se distinguen dentro de nuestra percepción extrasensorial. Podemos asistir a sucesos que han tenido lugar hace mucho tiempo o que no se producirán sino después de nuestra muerte.
La división en tres clases de sueños paranormales no refleja con exactitud la realidad. En efecto, muchas veces resultará difícil establecer la diferencia entre un sueño telepático y otro de clarividencia, porque ¿qué es lo que puede probar que no percibimos por transmisión de pensamiento imágenes que jamás hemos visto? Además, en una premonición también hay clarividencia de lo que va a suceder. La visión de un avión que se estrella o de la muerte de algún familiar puede suponer tanto un acontecimiento que ocurre en el momento del sueño como algo futuro.

¿Cómo explicar los fenómenos paranormales?

Desde hace ya tiempo se viene intentando dar una explicación a estos fenómenos. Una hipótesis clásica que no se puede excluir es la teoría evolucionista reasumida por Freud. El conocimiento telepático habría desempeñado un papel fundamental con anterioridad al lenguaje, cuando para sobrevivir hacía falta presentir el peligro antes de que estuviera presente.
Más tarde, nuestra organización perceptual habría restringido y limitado el alcance de aquellos signos primitivos. Pero el sueño, en razón de su independencia respecto a la percepción consciente, conservaría ese tipo de conocimiento.

En el laboratorio de la Duke University, se intentó saber qué clase de personas eran las mejor dotadas para tener tales sueños, y cuáles eran los sucesos y situaciones más propensos a un conocimiento paranormal. En términos generales, las conclusiones conducen a una diversidad de casos y especies y se llegaría a pensar que las personas que tienen sueños paranormales no poseen ninguna característica común entre sí•.

• L. E. Rhine: *les Voix secrètes de l'esprit* (París, Fayard, 1970).

A pesar de todo, se podrá advertir que los niños suelen tener, por lo común, una cantidad superior de tales sueños. Por otro lado, estos sueños no van ligados al sexo, y los hombres tienen tantas posibilidades como las mujeres de contar con experiencias paranormales. Sin embargo, en la práctica, se conocen menos relatos debidos a hombres. Esto se debe, sin duda, a su postura más escéptica y reticente de cara a tales fenómenos. Por lo tanto, lo que explicaría semejante diferencia sería una discriminación cultural. Tampoco hay más sueño de esta clase entre los enfermos mentales. Y debemos rechazar la hipótesis según la cual el creer en los poderes de los sueños dimana por fuerza de algún delirio mental.

Si bien un peligro inminente o un suceso crítico pueden engendrar tales sueños, también es factible que tengan por objeto noticias felices o situaciones insignificantes. La convicción o creencia en las premoniciones o en la telepatía, una fuerte motivación o un ardiente deseo pueden agudizar semejantes experiencias oníricas. Dentro de este mismo orden de ideas, el marco de una cura psicoanalítica resulta un lugar privilegiado para propiciar sueños telepáticos en el paciente referentes a su médico.

Algunas teorías que todavía no han superado el estadio experimental

En unas experiencias recientes, el Dr. Montag Ullman, del Maimonides Hospital, ha intentado comunicar mensajes telepáticos a sujetos dormidos: ciertas imágenes, con un contenido afectivo determinado, eran contempladas por un telépata emisor en el momento en que el electroencefalograma del durmiente indicaba que éste entraba en un dormir paradójico. Se le despertaba al cabo de un instante para pedirle que contase su sueño y se intentaba conocer en qué había podido influir la imagen en cuestión en el contenido de éste•.

• En la transmisión del «Sacramento de la Eucaristía» de Dalí, el durmiente soñó «con un grupo de personas, un barco de pesca, un vaso de vino y con alimentar a las multitudes». L. Watson: *Histoires naturelles du surnaturel* (París, Albin Michel, 1974).

El estudio de los poderes extrasensoriales del sueño está aún en sus comienzos. Tanto las dificultades para reunir las pruebas objetivas correspondientes a un caso como la ausencia de conocimientos acerca de la energía que se pone en juego hacen que resulte difícil el apostar a favor del sueño para esclarecer su futuro. Con todo, siempre que una experiencia semejante se nos presente, hoy en día ya no debemos asustarnos por ello ni despreciarla.

Anexos

Los sueños en la Antigüedad

Durante siglos, el sueño constituyó una práctica social: la oniromancia o adivinación mediante los sueños. Y esto ocurrió en todas las culturas y desde la más remota Antigüedad. Esta costumbre nos ha legado una serie de textos que dan testimonio de un mundo para el que no existía separación entre el sueño y la realidad•.

• Para ilustrar esta ausencia de fronteras, el filósofo chino Chuang-tse refería la paradoja de un filósofo que soñaba que era una mariposa, y de una mariposa que soñaba que era un filósofo.

De hecho, entre los antiguos el sueño gozaba de un valor positivo y era un medio para conocer igual en importancia a nuestras ciencias modernas. Por eso, según los historiadores, los sociólogos y etnólogos han recurrido a ese amplio campo elaborado por la literatura onírica del pasado a fin de recomponer las estructuras sociales de las civilizaciones antiguas. Por desgracia, la carencia de escritos y la censura de los sueños —pues algunas sociedades minusvaloraban clases enteras de sueños— hacen que la importancia de las fuentes existentes difiera según los países. Así, también, en el seno de muchas prácticas adivinatorias (interpretación de presagios mediante el vuelo de aves, el hígado de animales o la observación de los astros) la oniromancia ocupa un lugar más o menos relevante.
Así, en tanto que en Mesopotamia ese lugar era bastante limitado, el Islam, en su nacimiento hacia el siglo VII después de Cristo, repudiará toda práctica adivinatoria, con excepción de la oniromancia.

EPOCAS Y LUGARES DE LA INTERPRETACION DE LOS SUEÑOS

Las principales civilizaciones antiguas y medievales que apelaron a los sueños son esencialmente las de:
— el Oriente antiguo: Egipto, mundo semítico occidental (Mesopotamia y Anatolia) y Oriente helenístico;
— el Oriente moderno de las cristiandades orientales, del judaísmo y el islam;
— por fin, el Extremo Oriente y Asia Central (India, China y Japón).

Los recientes descubrimientos de parajes arqueológicos en el Próximo Oriente, como el de la antigua Babilonia, han permitido sacar

a la luz una serie de plantas de arcilla e inscripciones de estelas funerarias o de templos con relatos de sueños y sus interpretaciones. Así, ha sido posible descubrir rastro de prácticas oníricas hacia el tercer milenio antes de Cristo en la civilización sumeria y descifrar relatos de sueños babilónicos que datan del segundo milenio.
El renacimiento arqueológico ha hecho posible reactivar las investigaciones acerca del sueño y concretar las filiaciones o particularidades propias de cada una de las culturas de la Antigüedad. Hasta este momento se había recurrido a textos griegos o latinos, como los de Homero o Virgilio, para las civilizaciones prehelénicas, y al Antiguo Testamento en el caso de Israel. Pero estos diversos documentos no daban más que una imagen parcial de los sueños y de las prácticas de interpretación. Las investigaciones recientes han demostrado que ciertas formas interpretativas aparecidas tardíamente en algunas regiones• existían ya desde la más remota Antigüedad en otras civilizaciones. Las prácticas de interpretación popular, que con frecuencia no aparecen en los libros oficiales, tenían una vigencia probablemente tan grande, si no superior, como la que hoy en día describen los etnólogos en las civilizaciones tradicionales contemporáneas.

• Como la incubación en Grecia. Véase pág. 246.

Para la civilización india el sueño constituye uno de los cuatro estados de nuestra existencia

La de la India, junto con la de Egipto y el Islam, fue sin duda una de las civilizaciones que otorgó mayor importancia a los sueños. En la literatura de los siglos XV y X antes de Cristo —la de los Vedas, o los florilegios de himnos— se halla ya una teoría filosófica que da a los sueños un puesto específico dentro de los cuatro estados propios de nuestra existencia: vigilia, sueño, dormir e identidad con el brahman (el todo impersonal).

EL REINO DE LOS SUEÑOS

Para un indio, el sueño es un estado que le permite gozar de una impresión anticipada del absoluto. Por tanto, uno de los denominadores comunes del sueño en la mayor parte de las culturas consistirá en el acceso a un universo distinto, extraño o trascendente a la vigilia. Este tránsito a otro mundo se interpreta unas veces como una visita de Dios a un durmiente pasivo, y otras como un viaje del alma al más allá. En la lengua del Egipto antiguo, la palabra sueño se derivaba de la misma raíz que el verbo velar•.
Este viaje nocturno era algunas veces puramente terrestre. Oppenheim relata el contenido de una carta escrita por un babilonio a su hermana: «Hagas lo que hagas —le escribía— mis sueños me lo contarán•.» Pero, de un modo más general, los antiguos concebían un auténtico reino de los sueños, con sus ángeles o demonios. Para los griegos, este espacio propio del sueño estaba situado cerca del mundo de los muertos. Semejante proximidad entre la noche y el reino de la muerte era también corriente entre los egipcios.

• S. Sauneron: «Les songes et leur interprétation dans l'Egipte ancienne». en *les Songes et leur interprétation: sources orientales* (París, Le Seuil, 1959).

• A. L. Oppenheim: *le Rêve et son interprétation dans le Proche-Orient* (París, Horizons de France, 1959).

El hombre, mientras duerme, libre de su cuerpo, retorna al mundo increado, al caos, con su universo de fuerzas fantásticas. Así, es fácil topar con la imagen de un pueblo de sueños derivado de la noche o de los poderes de la tierra. Por esta razón, no pocas veces los sueños gozaban de mala fama, y las antiguas civilizaciones desconfiaban de ellos en la misma proporción en que buscaban su ayuda. Con todo, este aspecto nefasto de la noche se veía compensado por el mito inverso que consideraba al sueño como un acceso a la isla de los bienaventurados, la isla de los sueños, o a las riquezas del cielo.

Puerta de marfil para los malos sueños puerta de cuerno para los buenos

A semejante diversidad de reinos correspondían, pues, unos sueños buenos y otros malos: sueños verdaderos o fútiles y mentirosos. La imagen de las dos puertas que presenta Homero para el sueño se siguió empleando durante mucho tiempo, hasta en la pintura del Renacimiento europeo. En la «Odisea» se dice, en efecto, que los sueños falaces cruzan por una puerta de marfil, mientras que los buenos pasan por una de cuerno. Virgilio aportó una célebre definición de lo que eran los sueños malos: en el canto VI de la «Eneida» los coloca en el vestíbulo del Hades junto a las restantes calamidades humanas, como pueden ser las enfermedades, el hambre y la vejez. «En medio del vestíbulo, un olivo frondoso, inmenso, extiende sus ramas y brazos seculares; los sueños vanos anidan en él adhiriéndose a todas sus hojas•.» Los sueños malos, que se encuentran suspendidos como si fueran unos murciélagos, se verán rodeados por los monstruos míticos, las quimeras, gorgonas y harpías.

• Virgilio: *La Eneida.*

Hay otro símbolo que asemeja los sueños al viento. Esta imagen aparecerá en la Biblia y en Homero: sea un dios o un demonio, el sueño se deslizará como una corriente de aire por los intersticios de las puertas para penetrar en la mansión del que duerme•.
No cabe duda que es la India el lugar en donde se hallarán los textos más explícitos sobre las relaciones que guardan el hálito y el sueño, por obra de las técnicas respiratorias propias del taoísmo• y el yoga. Algunos tantra (escritos religiosos esotéricos) de los siglos XII al X antes de Cristo ponen de relieve este aspecto: «Cuando uno medita sobre la energía (del aliento) abundante y levísima (es decir, sonora pero lenta) que hay en el campo del cerebro y que, en el momento del sueño, penetra en su corazón, si lo medita (sic) obtendrá el dominio (de los sueños)•.» Más en concreto, el adepto al yoga alcanzará la energía pura que posibilitará sus visiones mientras duerma mediante la unión de la inspiración y la espiración. De este modo es factible seguir a través de las distintas edades ese hilo conductor que nos llevará a nuestra «inspiración» poética o creadora.
A un ser insuflador se le irán uniendo una serie de criaturas aéreas: será el ángel de los sueños en el Islam, o, en Homero, unos seres que siempre serán alados cuando visitan a un durmiente.

• A. L. Oppenheim muestra la relación etimológica del dios de los sueños mesopotámico Zaqipu con el verbo zâgu: soplar.

• *taoísmo:* filosofía china tradicional que se remonta al siglo IV o III antes de Cristo, y cuyo presunto fundador sería Lao-Tse.

• A. M. Esnoul: «Le songe et son interprétation dans l'Inde», en *les Songes et leur interprétation: sources orientales* (París, Le Seuil, 1959).

COMO DEFENDERSE DE LOS MALOS SUEÑOS

A fin de protegerse contra los malos sueños, que, por lo general, suelen ser confusos y oscuros, todas las civilizaciones antiguas recurrían a diferentes prácticas. La principal entre ellas, sin duda, era la interpretación, puesto que cualquier sueño no interpretado tenía el

valor de un mal presagio. Bastaba a veces con contar el sueño a alguien para que quedara liberado de su maldad.
Tanto en Egipto como en el Islam, pintaban sobre la cabecera del durmiente, en el cabezal de madera sobre el que se hallaba colocado un cojín, diversos motivos destinados todos ellos a conjurar los demonios nocturnos. La escena más típica consistía en la representación de un demonio o un fantasma taladrado por los golpes o flechas del dios protector. Entre los chinos, ponían sobre la cabecera un animal mítico que tenía como función el devorar los malos sueños.

Algunas fórmulas mágicas y diferentes ritos para conjurar el mal sueño

También se podía recitar alguna oración conjuratoria en el momento de despertarse, en los mismos lugares sobre los que había tenido uno el sueño. A veces bastaba con una sencilla fórmula análoga a nuestras prácticas supersticiosas. Los japoneses decían lo siguiente: «Todo sueño augura su contrario», y los babilonios: «El sueño que he tenido es bueno, bueno, muy bueno ante Sin y Samos.»
En los casos de sueños más funestos, se celebraban unos complicados ritos y se ofrecían sacrificios a los dioses. En Babilonia, se practicaba la magia simpática a fin de libertar al soñador: para ello, frotaban todo el cuerpo del paciente con un terrón de arcilla. Una vez que se transfería a éste el maleficio, era arrojado al agua.
Se recitaban asimismo fórmulas mágicas, con frecuencia oscuras, junto a ritos de purificación y se hacían ciertos gestos peculiares al salir de la cama. Nuestra expresión «levantarse con el pie izquierdo» es probablemente un residuo de semejantes prácticas ancestrales•

• »Si un hombre tuvo un sueño y no puede acordarse de él, se lavará las manos con jabón, estando en su cama, antes de poner el pie sobre el suelo. Luego recitará tres veces esta conjura: "¡Disipa, aparta la desgracia... perro! que el viento se lleve el mal que he tenido", y tendrá suerte.» (A. L. Oppenheim: *le Rêve et son interprétation dans le Proche-Orient* (París, Horizons de France, 1959).

EL SUEÑO, INSTRUMENTO DE PODER

Por lo general, la adivinación siempre ha ido ligada al poder. Los adivinos o peritos en oniromancia, vinculados al rey, eran consultados con ocasión de los asuntos importantes que concernían al Estado.
Pero el sueño histórico en sí era privilegio de una casta. Los que recibían tales mensajes eran los miembros del clero o el propio rey; tan sólo por excepción es posible encontrarlos en algún miembro del pueblo.
Con todo, en el Libro de los Jueces, del Antiguo Testamento, se halla un extraño sueño alegórico al margen de los interpretados por José, narrado por un simple soldado de Gedeón antes de un ataque: «He tenido un sueño: una hogaza de pan de cebada rodaba por el campamento de Madián, llegó hasta la tienda, chocó contra ella y la volcó de arriba abajo.» Su vecino le respondió: «Esto no puede significar más que la espada de Gedeón. Dios ha entregado en sus manos a Madián y a todo el campamento•.»

• A. Cagnot: «Le songe et son interprétation selon Canaan et Israel», en les Songes et leur interprétation: sources orientales (París, Le Seuil, 1959).

En realidad, estos sueños para infundir ánimo en el momento de librar alguna batalla solían ser frecuentes. Ciertas inscripciones de Asurbanipal, último gran rey de Asiria, testimonian la importancia que se concedía a la ayuda divina recibida en sueños.

Asurbanipal, que ha tenido una visión, se dirige a la diosa Istar. Esta responde por medio de un sacerdote que asiste en sueños a un diálogo entre Istar y el rey.
«La diosa Istar, que mora en Arbeles, entró (en la estancia). A su derecha e izquierda pendían sendas aljabas; llevaba el arco en la mano y la acerada espada (desenvainada) presta para el combate. Se alzaba ante vos y os hablaba como una auténtica madre (...) «Retrasa el ataque —decía— (puesto que) a cualquier lado a donde intentes ir, seré yo quien ha de decirlo.» (Entonces) Vos le dijisteis: «A donde quiera que vayáis, iré también yo, altísima Señora.» Mas ella reiteró su orden «Quédate aquí (...) come, bebe, regocíjate y honra a mi divinidad en tanto yo voy a cumplir esta tarea y a hacer que se realicen los deseos de tu corazón. Entonces no estará pálido tu semblante, tus pies no temblarán (más), y ya no tendrás necesidad de enjugar tu (gélido) sudor, ni siquiera en lo más arduo del combate.» Al decir esto, os envolvió con su estola perfumada, protegiendo todo vuestro cuerpo. (Entonces) resplandeció toda ella como un fuego y salió henchida de furor a deshacer a vuestros enemigos•.»

• A. L. Oppenheim: Idem.

La protección concedida en sueños por una diosa o un dios se suele realizar, por lo común, en forma extraordinaria o maravillosa durante la vigilia. El rey egipcio Sethos recibió en sueños la visita del dios Ptah, que le animaba a ir al encuentro de los árabes, mientras sus propios soldados le abandonaban. Sethos acudió al campo de batalla con los tenderos y los artesanos. De pronto, durante la noche, una horda de ratas de los campos invadió el campamento enemigo, royendo las aljabas, arcos y flechas, de suerte que al día siguiente Sethos infligió sin dificultad una derrota al ejército árabe.

Cabe preguntarse hasta qué punto estos sueños no eran otros tantos inventos con miras a realzar los méritos del rey. En realidad, no pocas veces los sueños desempeñaban el papel de una investidura divina. Y, cuando se trata del acceso de algún rey al trono, el sueño le daba pie para eliminar a los restantes pretendientes. Cuando la madre del segundo califa de la dinastía de los Abasidas, Al-Manzor, estaba encinta, en 754, «vio en sueños que salía un león de su seno, se avalanzaba rugiente y azotaba con su cola al sol. Entonces surgieron otros leones por todas partes y se dirigieron hacia él; venían todos a prosternarse en su presencia•.»

• Toufy Fahd: «Le rêve dans la societé islamique du Moyen Age», en *le Rêve et les Societés humaines* (París, Gallimard, 1967).

Pero no siempre los sueños son tan aparatosos. La madre de Al-Amin (700), al darle a luz, vio en sueños a tres mujeres: «Entonces, una de ellas me dijo: Tu hijo será un árbol lozano, una planta aromática que será recogida cuando aún esté fresca, un jardín florido...» La segunda añadió: «Una fuente copiosa, mas de breve duración y que desaparecerá pronto.» La tercera prosiguió: «Enemigo del himeneo, débil en su poderío, caerá pronto y será derribado del trono•.»

• Idem.

Los sueños de destinos suelen tener con frecuencia un simbolismo claro

Casi siempre estos sueños de destinos van acompañados a la promoción de algún personaje importante o al nacimiento de un héroe.

Así, podemos hallarlos en el inicio de la carrera de intérprete de José en Israel, en la epopeya mítica de Gilgames de Babilonia o, incluso, en la leyenda de Buda en la India. «José tuvo un sueño —dice el Génesis— y lo manifestó a sus hermanos. Les dijo: "Oíd el sueño que he tenido. Me parecía que nosotros estábamos atando gavillas en el campo, y he aquí que mi gavilla se levantaba y se tenía derecha, mientras que vuestras gavillas le hacían rueda y se inclinaban hacia la mía." Sus hermanos le dijeron: "Será que vas a reinar sobre nosotros o que vas a tenernos domeñados." Y acumularon todavía más odio contra él por causa de sus sueños y de sus palabras•.»

• Génesis, XXXVII, 5-8.

Igual que ocurría en el sueño de los leones, el simbolismo es transparente, y el motivo de la exaltación queda configurado mediante la contraposición entre lo alto y lo bajo. La madre de Buda, Maya, soñará que lleva dentro de sí un elefante «blanco como la nieve o la plata, más brillante que la luna y el sol, el mejor de los elefantes, con bellos pies, bien plantado, de robustas articulaciones, con seis defensas, duro como el diamante, magnánimo y lleno de hermosura se introdujo en mi seno.» Como pidiera a los brahamanes que le interpretaran el sueño, éstos le respondieron: «(...) Nacerá de Maya un hijo: su cuerpo llevará las notas características que dimanan de una descendencia real, será un monarca universal y magnánimo; abandonará su capital, el reino, todos los deseos y su propio hogar; apartándose de todo, por compasión para con los Tres Mundos, se hará monje errante (...) Será el Buda (...)»

Estos sueños nos dan luz tanto sobre el lugar que ocupaban los animales dentro de la colección de fábulas como sobre la vida de los príncipes y héroes. Media también aquí una estrecha correspondencia entre el destino de Buda y ese animal poderoso, poseedor de las riquezas del marfil y caminante solitario: el elefante.

LOS SUEÑOS MENSAJE

En términos generales, estos sueños históricos o legendarios son ya otros tantos sueños de mensajes. Nos han dado pie a mostrar el papel que juega el sueño dentro del poder político o sacerdotal. Pero dicho poder proviene de que los dioses se comunican en los sueños directamente a los profetas o los reyes. Por este motivo, la revelación a través de los sueños ha sido siempre reconocida por todos los gobiernos de la Antigüedad, en tanto que los sueños simplemente humanos eran mirados con sospechas. Los sueños del Antiguo Testamento son unos sueños en los que el Dios de Israel habla con su pueblo.

En Grecia, el dios se dirige al que sueña...

En Grecia, las apariciones de un dios podrán quedar encubiertas, y entonces el dios tomará la forma de un demonio o de un amigo del durmiente. Tales sueños van siempre dirigidos a los hombres, y nunca a las mujeres. El dios se le aparece a veces al soñador en forma gigantesca o fantástica y le llama para sacarlo de su letargo. Dichos sueños suelen comentar, por lo común, con un «¿Duermes?» que el dios dirige al soñador. Los sueños de la Biblia no requieren,

pues, ningún técnico para interpretarlos, sino que se trata de unas comunicaciones personales de Dios con su profeta.
En el Génesis, Yahvé conversa así con Jacob: «Y me dijo el Angel de Dios en aquel sueño: "¡Jacob" Yo respondí: "Aquí estoy." (...) "Yo soy el Dios de Betel (...) Ahora levántate, sal de esta tierra y vuelve a tu país natal'•.»

• *Génesis*, XXXI, 3 y 13.

A veces resulta difícil en el Antiguo Testamento distinguir el sueño de las visiones divinas. El relato en el que Dios le ordena a Abraham sacrificar a su hijo comienza, en efecto, así: "Dios envió a Abraham a la prueba y le dijo: "¡Abraham!" El respondió: "¡Heme aquí!" Dios dijo: "Toma a tu hijo Isaac y ofrécelo en holocausto." A la madrugada siguiente Abraham cargó su asno y tomó consigo a su hijo Isaac•.»

• *Génesis*, XXII, 1-3.

...en la Biblia, habla a través de él

Aun cuando los sueños de la Biblia son más alegóricos o simbólicos, como es el caso de los del Faraón, sigue existiendo diferencia respecto a la tradición de los intérpretes babilónicos o egipcios. En efecto, José no pretende poseer ninguna ciencia de los sueños, sino que es Dios quien habla por medio. El dios del judaísmo es, pues, por así decirlo, su propio intérprete. «Faraón soñó que se encontraba parado a la vera del río. De pronto suben del río siete vacas hermosas y lustrosas que se pusieron a pacer en el carrizal. Pero he aquí que detrás de aquéllas subían del río otras siete vacas, de mal aspecto y macilentas, las cuales se pararon cabe las otras vacas en el margen del río, y las vacas de mal aspecto y macilentas se comieron a las siete vacas hermosas y lustrosas. Entonces Faraón se despertó•.»

• Génesis, XLI, 1-7.

El simbolismo de estos sueños es muy sencillo. José los interpretó basándose en los símbolos numéricos y alimenticios que integran la trama del relato: siete años de abundancia vendrían seguidos de otros siete de hambre.

LA INCUBACION
La Antigüedad desarrolló una forma particular de recurso a los dioses a través de los sueños llamada «incubación». La incubación era ejercida en tiempos muy remotos en Mesopotamia y Egipto. Aparece relativamente tarde en Grecia, hacia el siglo VI antes de Cristo. Ante alguna crisis personal o política, el rey o el sacerdote entraba en el santuario del dios: allí oraba, sollozaba y le suplicaba a dicho dios que acudiera en su ayuda. Luego se dormía al pie de la estatua del dios, que entonces podía visitarle en sueños. El Islamismo practicaba una forma derivada de la incubación (la istikhara) que consistía en recitar una oración en espera de un sueño que aportara la respuesta deseada.
En Egipto, la estela de la Esfinge relata el sueño del faraón Turmosis IV, quien, dormido a los pies de dicha Esfinge, vio al dios. En este caso se trata de una aparición espontánea.

La incubación, por el contrario, intentaba provocar de modo sistemático el sueño. Con todo, es probable que los santuarios elegidos para la incubación fueran aquellos en los que algún dios se había manifestado espontáneamente. Si uno no podía acudir por sí mismo al templo en cuestión, delegaba en algún amigo.

Un papiro egipcio relata el ritual de incubación que estaba en uso en el templo de Abydos para el dios Bes, «enano deforme con la cabeza emplumada y con un rostro que hacía muecas».

«Entras en una estancia oscura y limpia, cuya fachada se abre al sur, y la purificas con el agua que contiene natrón•. Después tomas una lámpara blanca, nueva, que no esté compuesta con tierra roja ni agua de goma, e introduces en ellas una mecha limpia, y la llenas con aceite puro, luego de haber escrito antes ese nombre y esas figuras en la mecha con una tinta que contenga mirra. Y pones esa lámpara sobre un ladrillo nuevo, ante ti, después de haber espolvoreado el suelo con arena; y pronuncias estas fórmulas sobre la lámpara, mirándola. Cuando veas al dios cerca de la lámpara, te tumbas sobre una estera de caña sin dirigir la palabra a nadie. Entonces el dios te responderá en sueños•.»

• *natrón:* carbonato de sodio cristalizado.

• S. Sauneron: «*Les songes et leur interprétation dans l'Egypte ancienne*» en *les Songes et leur interprétation: sources orientales* (París, Le Seuil, 1959).

Los lugares de incubación se convirtieron en patios de monipodio

Parece que poco a poco estos santuarios se fueron rodeando de ciertos sanatorios. La disposición del sanatorio de Dendera, en Egipto, es particularmente reveladora del funcionamiento médico de la incubación. Una fuente manaba sobre la estatua de Isis y después, una vez que había adquirido allí sus virtudes milagrosas, discurría por un largo cauce que comunicaba con una serie de celdas en las que descansaban los enfermos. Estos tenían entonces unos sueños que, después de ser interpretados por los onicríticos, daban pie a prescribir una forma determinada de terapéutica•. Las virtudes del agua y la presencia de la divinidad siguen siendo todavía en nuestros días atributos propios de los lugares santos. Y, si bien no se dan en éstos sueños, sí que ocupan un lugar de privilegio las visiones.

• Idem.

Los pacientes de aquellos sanatorios tenían obligación de tomar nota de sus sueños o de pedir que lo hiciera alguien por ellos. Si un enfermo sanaba, se convertía en adepto del dios y tenía que ofrecerle presentes. El templo de Esculapio, en Grecia, era un centro terapéutico de incubación famoso. Las consignas que se habían de observar en él eran muy estrictas, de suerte que se cuenta que, habiendo curado Esculapio a unos enfermos, les habían hecho recaer por haberse olvidado de darle gracias. El dios puede también mostrarse más clemente: un tal Polemón, al prohibirle Esculapio beber agua, respondió: «¿qué le habrías prescrito a una vaca?» y otro, al que le había ordenado que comiera cerdo, responde: «¿Qué le habrías mandado a un judío?». Esculapio, de buen humor, decidiría cambiar sus regimenes•. No faltaban en semejantes centros terapéuticos la danza, la música y el teatro, y podemos concluir con Carl Alfred Meier que en aquellas «clínicas de la Antigüedad «todo el conjunto, compuesto por el agua, serpientes, árboles, arte, música, teatro y un culto chthoniano•, cuyo punto culminante se alcanzaba por la noche durante el sueño, explica en gran parte los resultados milagrosos que se obtenían. No cabe duda de que ese conjunto poseía un significado mucho mayor que el que puede ofrecer cualquiera de los lu-

• C. A. Meier: «Le rêve et l'incubation dans l'ancienne Grèce», en *le Rêve et les Societés humaines* (París, Gallimard, 1967).

• *chthoniano:* de khthón (la tierra), caracteriza a las divinidades de la tierra o de los infiernos.

gares de curación de hoy día, bien se trate de una clínica universitaria o de Lourdes•.»

• C. A. Meier: ibíd.

LAS CLAVES DE LOS SUEÑOS

A la adivinación intuitiva e inductiva, característica de los sueños de los profetas de la Biblia, se opone otra adivinación técnica y «científica», como la que se practicaba en Babilonia o en el mundo árabe. Lo que pretendían las claves de sueños era clasificar éstos según los temas, elementos u objetos que aparecían en ellos. Eso supuesto, existían unas cuantas reglas metodológicas que posibilitaban el atribuir este o aquel significado a los datos previamente clasificados.

Hubo, y sigue aún habiendo, gran variedad de claves de sueños. De entre las que han llegado hasta nosotros procedentes de la Antigüedad cabe citar: el Libro de los Sueños asirio (descubierto en los archivos reales de Asurbanipal, y que data de 669-626 antes de Cristo), algunos fragmentos de claves egipcias que se remontan al segundo milenio antes de Cristo, el sexagésimo octavo tratado indio versificado (Paricihsta) (anejo al Atharva-Veda, del siglo V antes de Cristo, intitulado «Tratado de los Sueños»), y, por fin, y de fecha más reciente, del siglo II la «Oneirocrítica» griega de Artemidoro de Efeso, que reúne 3.000 sueños y fue durante largo tiempo una de las escasas fuentes de acceso a nuestro pasado onírico. La «Oneirocrítica» fue traducida por los árabes el 873 y tuvo un influjo indudable sobre la tradición islámica. Pero los grandes intérpretes árabes, como Ibn al-Mussayyab (en 705) en Ibn Sirin (en 728), son anteriores a esta tradución.

LAS TECNICAS DE INTERPRETACION

El establecimiento de unas claves de sueños le permitía al intérprete reunir una serie de precedentes que justificaran su interpretación. De hecho, de un intérprete a otro, los análisis de sueños eran eminentemente variables, y, como ocurre hoy, el contexto sociocultural de la época influía de modo profundo en la interpretación. Con todo, no se concebían las claves de sueños en función de los cambios culturales, y es posible descubrir en ellas cierta cantidad de constantes. Parece que éstas se daban ya en las distintas civilizaciones antiguas y siguen siendo aún básicas para las claves de sueños contemporáneos.

El método más corriente para interpretar los sueños se fundaba en la analogía entre los elementos que aparecían en el sueño y los datos que ofrecía la vida cotidiana. Decía Aristóteles: «El intérprete más hábil de sueños es aquel que es capaz de captar las semejanzas•.» Y comparaba el trabajo del intérprete con el reflejo de una imagen en un agua movediza que aquél intentara recomponer partiendo de los fragmentos deformados y dispersos.

•Aristóteles: «De somno et vigilia», en *Parva naturalia* (París, Vrin, 1951).

Si un hombre sueña que está de luto, ¡buena señal!

Dentro de esta interpretación simbólica, los parecidos franqueaban las barreras entre la naturaleza y la cultura, y las divisiones entre el reino animal y el vegetal. Pueden hallarse unas cuantas interpretaciones simbólicas de éstas en un papiro egipcio. Los florilegios de claves de sueños suelen componerse, por lo general, de frases cortas con una primera parte que describe el signo, y otra segunda con el presagio.

«Si un hombre se ve en sueños:
Mirando una serpiente: bueno; eso significa abundancia.
Su boca llena de tierra: bueno; eso supone comer (los bienes de sus conciudadanos).
A sí mismo de luto: bueno; quiere decir que van a aumentar sus bienes.
Mirando a un buey muerto: bueno; eso significa que verá la muerte de sus enemigos.
Que ve una cara de leopardo: bueno; quiere decir que actúa como jefe.
Sentado en un viñedo al sol: bueno; eso significa placer.
Sumergiéndose en el río: bueno; eso supone la absolución de todas sus faltas•.»

•S. Sauneron: «Les songes et leur interprétation dans l'Egypte ancienne» en *les Songes et leur interprétation: sources orientales* (París, Le Seuil, 1959).

Los valores que los intérpretes otorgaban a los diferentes motivos del sueño correspondían a la significación más general que tenían la serpiente, el leopardo o el agua de un río dentro de los ritos egipcios, con lo que aquéllos quedaban integrados dentro de la mitología.

Si un hombre sueña con un pájaro, es signo de viajes

Los textos bíblicos, el Corán u otros documentos culturales serán no pocas veces una prueba de estas relaciones de asociación. Nabulusi (1641-1731), autor de una enciclopedia de sueños, la «Tátir», da las siguientes normas de interpretación.

«Los elementos de un sueño consisten en el género, la especie y la naturaleza de las cosas. El género, por ejemplo, puede ser un árbol, animales rapaces o pájaros, que representan los tres al hombre. Si el árbol es una palmera, el hombre que representa será un árabe, pues la mayoría de las palmeras son originarias de la tierra de los árabes. Si el pájaro es un pavo real, entonces el hombre no será un árabe, o, si es un avestruz, se tratará de un beduino. La naturaleza supone la observación de cuál es la naturaleza de ese árbol; al hacer eso, se determina la naturaleza del hombre: si el árbol es nogal, hay que deducir de ahí que el hombre en cuestión y sus argumentos son brutales en una discusión; si es una palmera, se concreta que ese hombre es un servidor del bien. Pero, si el tema es un pájaro, está claro que se trata de un individuo que viaja. Luego hay que mirar la naturaleza del pájaro: si es un pavo real, se tratará de un rey no árabe, hermoso y rico; si es un águila, lo probable es que aluda a un rey, pero si es un cuervo, el hombre será un pecador, un traidor y un mentiroso•.»

•G. E. von Grunebaum: «La fonction culturelle du rêve dans l'Islam classique», en *le Rêve et les Societés humaines* (París, Gallimard, 1967).

Sueños interpretados mediante juegos de palabras

Otro rasgo característico de la interpretación de los sueños, que tampoco hubiera rechazado Freud, era el recurso a los juegos de palabras. Conviene recordar que, con frecuencia, las claves de sueños solían estar escritas en verso, y que las asonancias entre dos palabras hacían que brotara la correspondencia de ideas que había de explicar el sueño. Por lo tanto, parece que la fuerza que todos los vocablos y el lenguaje poseen con anterioridad a cualquier significado, eso que hoy llamaríamos su significante, se remonta lejos en nuestro pasado. En cierto modo, el tomar una palabra en su materialidad dará margen para derivar a otra que se le asemeje fonéticamente. De ahí nacerá el sentido de un presagio.

Según Oppenheim, este tipo de juegos de palabras sería corriente en los libros egipcios y en Artemidoro, pero más raro en los textos babilonios. Con todo, aduce este ejemplo: «Si un hombre sueña que come un cuervo (arbu): percepción de rentas (irbu); si sueña que alguien le ha dado madera de mihru: no tendrá rival (mahiru)•.»

• A. L. Oppenheim: *le Rêve et son interprétation dans le proche-Orient* (París, Horizons de France, 1959).

Los sueños dicen lo contrario de lo que va a suceder

Un tercer método clásico de interpretación consistía en predecir lo contrario de aquello que anunciaba la imagen del sueño: «Si un hombre sueña que sube al cielo, sus días (sobre la tierra) serán breves; si un hombre te hace algún regalo, significa una querella•.»

• Idem.

En general, si te sobreviene algo que sea grato, quiere decir una desgracia y viceversa. En la clave de sueños india del Atharva-Veda, se puede leer lo siguiente:
«El que está aquejado por la pena, obtiene la felicidad y (el verse uno a sí mismo muerto) es signo de longevidad.
Tener la cabeza cortada, el propio vehículo destrozado y lleno de sangre, significa autoridad en el ejército, longevidad y beneficio económico.
Tener las orejas marcadas es signo de gloria y de ciencia.
Una mano cortada es garantía de posteridad; un brazo amputado equivale a riqueza.
Si lo que está cortado es el pecho, entonces la suerte se multiplicará por mil; por lo que se refiere al corte de un seno o del pene, supondrá un presagio de la suprema felicidad•.»

Artemidoro intentó en la «Oneirocrítica» dar cuenta de estas explicaciones por lo contrario de lo que configuran los sueños. Preguntando un enfermo en sueños «a Zeus si se iba a curar, el dios hizo un ademán de que sí, pero el enfermo murió. ¿Se trataba de un sueño falaz? No, puesto que, al hacer el dios el signo afirmativo, bajaba la cabeza y miraba a la tierra, morada de los muertos•.»

• A. Brelich: «Le rôle des rêves dans la conception religieuse du monde en Grèce», en *le Rêve et les Societés humaines* (París, Gallimard, 1967).

• A. M. Esnoul: «Le songe et son interprétation dans l'Inde», en *les Songes et leur interprétation: sources orientales* (París, Le Seuil, 1959).

Los sueños poseerían un segundo significado

En realidad, Artemidoro ofrece una lectura de los sueños con una doble intencionalidad y prefigura una interpretación ambivalente de los mismos:
«a. El tener orejas de asno no supone buen augurio sino para un filósofo, pues el asno no se deja convencer y no cede con facilidad. Para todos los demás, eso significa servidumbre y miseria.
b. El hecho de tomar un baño: antaño se bañaban después de un trabajo oneroso, y, en consecuencia, significaría sudor y lágrimas; hoy en día es signo de riqueza y lujo, y, consiguientemente, de buen augurio.
c. Dormir en el templo significa, en el caso de un enfermo, la curación; para uno que esté sano, la enfermedad.

d. El oro es, en sí, de buen augurio, pero, si un hombre lleva un collar de oro, supone lo contrario•.»

• C. A. Meier: «Le rêve et l'Incubation dans l'ancienne Grèce», en *le Rêve et les Societés humaines* (París, Gallimard, 1967).

SUEÑOS TIPICOS

Todavía se pueden encontrar en la literatura onírica toda una serie de consejos encaminados a lograr tener sueños buenos o malos, así como las clasificaciones más sutiles de sueños. Ofreceremos algunos ejemplos de clases de sueños recogidas por las claves. Esto nos dará ocasión para ver la extraña variedad de los temas tratados, así como para conocer el estilo de montajes escénicos que pululaban en los sueños de nuestros antepasados.

Los sueños de fecundación

Entre los motivos oníricos más frecuentes, se hallan los sueños que dicen relación con la fecundación o el nacimiento de los hijos. Con frecuencia el simbolismo del nacimiento se efectúa por medio de sueños sobre animales y sobre orina. En el papiro egipcio antes mencionado, se puede leer:
«Si da a luz un gato, tendrá muchos hijos.
Si da a luz un perro, tendrá un hijo varón.
Si da a luz un asno, tendrá un hijo idiota.
Si da a luz un cocodrilo, tendrá abundantes hijos•.»
De forma semejante, se dice en las claves babilónicas:
«Si un hombre encuentra un mono (o un zorro), tendrá hijos•.»
En el Libro de los Sueños de Asurbanipal, la orina, que es tomada como algo equivalente al líquido seminal, da pie a una floración de interpretaciones inusitadas.
«Si su orina se expande ante su pene sobre la pared y se derrama por la calle, tendrá hijos.
Si su orina se expande por delante de su pene y él se prosterna ante dicha orina, tendrá un hijo que llegará a ser rey•.»
Por lo demás, la orina, tomada en un sentido más amplio, es símbolo de abundancia.
«Si se rocía con su propia orina, aumentará su rebaño.
Si uno bebe la orina de su mujer, ese hombre conocerá la abundancia•«

• S. Sauneron: «Les songes et leur interprétation dans l'Egypte ancienne», en *les Songes et leur interprétation: sources orientales* (París, Le Seuil, 1959).

• G. E. von Grunebaum: «La fonction culturelle du rêve dans l'Islam», en *le Rêve et les Societés humanines* (París, Gallimard, 1967).

• Idem.

•A. L. Oppenheim: *le Rêve et son interpretation dans le Proche-Orient* (París, Horizons de France, 1959).

Este simbolismo se halla en el Islam, en el que «un hombre que haya visto en sueños al califa Abd al-Malik orinar en la dirección de la mezquita del Profeta en Medina, y eso en cuatro ocasiones, si su sueño es verdadero —dice Ibn al-Mussayyah— sucederá a cuatro califas de su descendencia•.»
Por fin, conviene advertir que los sueños de incubación solían estar no pocas veces relacionados con los problemas de la esterilidad o la impotencia.

• Toufy Fahd: «Le rêve dans la societé islamique du Moyen Age», en *le Rêve et les Societes humanes* (París, Gallimard, 1967).

Los sueños sexuales

También son abundantes y variados, dentro de las diversas civilizaciones los sueños que hacen referencia a la sexualidad. Así, por ejemplo, en Egipto:

«El que hace el amor con su madre: bueno; sus conciudadanos formarán grupo con él.
El que hace el amor con su hermana: bueno; quiere decir que se le transmitirá algo.
El que hace el amor con una vaca: bueno; significa que pasará un día feliz en su casa.
El que hace el amor con un jerbo: malo; se entablará contra él un proceso.
El que hace el amor con una mujer: malo; eso significa luto.
El que ve el sexo de una mujer: malo; le sobrevendrá la miseria más aguda.
Hacer el amor con un cerdo: malo; supone la pérdida de los propios bienes•.»

• S. Sauneron: «Les songes et leur interprétation dans l'Egypte ancienne», en *les Songes et leur interprétation: sources orientales* (París, Le Seuil, 1959).

«Si una mujer abraza a su marido, tendrá algún disgusto.
Si se une a ella un caballo, será violenta con su marido.
Si se une a ella un asno, será castigada por una gran falta.
Si se une a ella un macho cabrío, morirá pronto.
Si se une a ella un verraco, el Faraón se mostrará lleno de bondad para con ella.
Si se une a ella un sirio, habrá de llorar, pues permitirá que se le una un esclavo•.»

• Idem.

Podemos ver que, si bien existe una prohibición del incesto en la realidad social, sin embargo en los sueños se elimina semejante veto. Además, para un egipcio, eso llega a convertirse en un presagio feliz.
En la India, el ver oro o pájaros volando o posándose sobre un estanque de lotos, equivale una garantía de lograr una mujer; y el hombre que se ve a sí mismo montado sobre un elefante en celo, obtendrá la mujer de otro. Ahora bien, el que se vea atado con cadenas de hierro, logrará una virgen en matrimonio•.

• A. M. Esnoul: «Le songe et son interprétation dans l'Inde», en *les Songes et leur interprétation: sources orientales* (París, Le Seuil, 1959).

El sueño y la muerte
La clave de sueños babilónica concede gran importancia a los viajes infernales.
«Si un hombre desciende a los Infiernos: morirá, pero no será sepultado en la tierra.
Si un hombre desciende a los Infiernos y aparecen algunos muertos, habrá dentro de poco muertes dentro de su familia.
Si un hombre desciende a los Infiernos y surge un muerto, se apoderará de ese hombre un mal espíritu; ha recibido en sueños el aviso de los dioses.
Si un hombre desciende a los Infiernos y le abraza otro hombre, morirá; su muerte será provocada por el frío.
Si un hombre desciende a los Infiernos y le muerde un muerto, morirá a consecuencia de la caída de algún armazón de la techumbre•.»

• M. Leibovici: «Le songe et son interprétation à Babylone», en *les Songes et leur interprétation: sources orientales* (París, Le Seuil, 1959).

En la India, aquel que, en sueños, mata a una serpiente blanca, amarilla o roja, así como quien corta la cabeza de una serpiente negra, perderán a sus hijos•.

• A. M. Esnoul: «Le songe et son interprétation dans l'Inde», en *les Songes et leur interprétation: sources orientales* (París, Le Seuil, 1959).

Vamos a añadir a estas interpretaciones un precioso sueño de muerte perteneciente a la literatura sumeria. El dios Tammuz, que acaba de tener un sueño funesto, llama a su hermana Gestinana y le cuenta lo que ha soñado•: «En mi sueño, oh hermana mía que tan versada eres en sueños, unos juncos brotaban y crecían para mí, y una caña crecía aparte y sacudió su cabeza para mí; de otras dos cañas que había, una fue arrancada; en la floresta, ¡un gran árbol se erradicó por sí mismo para mí!; sobre mi puro corazón manaba el agua para mí: el cuenco de mazar se cayó de su soporte; el límpido vaso que colgaba de un clavo, se desprendió de él; me fue arrebatada mi caña (...) •

Gestinana respondió a Dumuzi: "Hermano mío, tu sueño no es favorable ni puede ser borrado. El que unos juncos hayan brotado y crecido para ti significa que unos bandidos se dirigirán contra ti en el transcurso de alguna razzia; que una caña solitaria sacuda su cabeza para ti significa que la madre que te llevó en su seno, se golpeará por ti la cabeza; que sea arrancada una de las dos cañas significa que uno de nosotros dos, yo o tú, será arrebatado (...); que tu puro vaso que estaba colgado de un clavo se desprenda de él significa que echará por tierra las rodillas de la madre que te amamantó (...)"•»

A través de estos relatos se ve claro que la interpretación de los sueños iba esclareciendo una a una las imágenes que aparecían en los mismos. La clave reside, en este caso, en la identificación entre los juncos y los bandidos, quedando representados la madre, la hermana y el hermano por una caña. La interpretación se funda unas veces en una analogía invertida («unos juncos han crecido para ti») y otras en un simbolismo directo (la caña que sacude la cabeza es la madre que siente pena, y la caña que es arrancada es la muerte de Tammuz).

Los sueños de alimentos

La antropofagia establece el lazo de unión entre la muerte y el alimento. Entre los sueños asirios aparecen, en efecto, unos cuantos que son antropofágicos, junto a otros autofágicos•.

«Si come la carne de su propia mano, morirá su hija.
Si come la carne de su propio pie, morirá su hijo mayor.
Si come la carne de su propio pene, morirá su hijo.
Si come el pene de su amigo, tendrá un hijo•.»

Es probable que el simbolismo de comerse el pie responda a lo que llamaríamos «perder el báculo de la vejez».

Expresiones como «dar su mano» o «tomar pie» siguen siendo entre nosotros símbolos en uso. Tampoco debemos olvidar que antaño la mano y el pie jugaban un papel importante tanto para alimentarse, ya que comían con las manos, como para preparar los manjares, pues prensaban los cereales con los pies. Se ve aquí que la ecuación freudiana del pene con los hijos es sólo una de las posibles analogías entre el cuerpo humano y la descendencia.

No cabe duda de que la cultura capaz de producir semejantes claves de sueños era una cultura sensible a unas prácticas tecnológicas

• *Idem.*

• Nos hallamos con el universo normal de los pastores sumerios: la escena del sueño representa el estado de un campo de pastores después de haber pasado una horda de salteadores.

• *Autofágico:* que come su propia carne.

• En la continuación del relato el héroe hará desesperados esfuerzos por escapar de su suerte, pero finalmente irá a donde el sueño había predicho que lo matarían unos bandidos, y así se cumplirá la profecía.

• M. Leibovici: «Le songe et son interprétation à Babylone», en *les Songes et leur interprétation: sources orientales* (París, Le Seuil, 1959).

primitivas muy distintas de las nuestras. Lo cual queda aún más ostensible con la relación que se hace a las heces fecales, cuyo valor como estiércol debían conocer probablemente los antiguos.
Se puede leer, en efecto, en Egipto:
«Si uno come la boñiga de un ariete, se convertirá en propietario de un campo•.»
Y en Babilonia:
«Si uno come las heces fecales de animales salvajes, será rico•.»
Por otra parte, las distintas alusiones a las bebidas o a la carne que aparecen en estas claves de sueños denotan una especie de recopilación médica de alimentos de lo que por entonces era considerado como bueno o nocivo. La clave babilónica señala:
«Si uno come carne de perro: rebelión. No conseguirá lo que desea.
Si come carne de gacela: enfermedad.
Si come carne de toro salvaje: vivirá largo tiempo.
Si alguien le da a beber agua: vivirá largo tiempo.
Si alguien le da a beber cerveza: la gente le hablará y él no se acordará de nada.
Si alguien le da a beber agua de río, logrará un negocio considerable.
Si alguien le da a beber agua de una zanja: disputa.
Si alguien le da a beber agua de un canal: el dios Adad inundará la cosecha•.»

• S. Sauneron: «Les songes et leur interprétation dans l'Egypte ancienne», en *les Songes et leur interprétation: sources orientales* (París, Le Seuil, 1959).

• M. Leibovici: «Le songe et leur interprétation à Babylone», en *les Songes et leur interprétation: sources orientales* (París, Le Seuil, 1959).

• *Idem.*

Según eso, cada animal y cada clase de agua poseían cualidades oníricas propias. La clave de sueños prefigura de la manera más sencilla las complejas analogías que los alquimistas de la Edad Media buscaron entre los alimentos.

Sueños y temperamentos
Terminaremos con una teoría acerca de los sueños que se ofreció no pocas veces para refutar las interpretaciones que daban los peritos en oniromancia. Los médicos de la Antigüedad explicaban los sueños basándose en los distintos temperamentos de los individuos. Con todo, Abd al-Ghani no consideró los sueños inspirados por los humores sino como una variante dentro de los restantes sueños. Tanto en el Islam como en Egipto, se relacionaban por entonces los sueños con los tres o cuatro temperamentos que se distinguían según las culturas: bilioso, flemático y sanguíneo. Citaremos un texto del Atharva-Veda indio:

«Los individuos de temperamento bilioso, aunque hayan nacido bajo el signo de la Luna, son de naturaleza ardiente; en sueños verán paisajes amarillo oro, y, en esos paisajes, templos y multitudes con el brillo amarillento propio de la bilis, así como zonas llenas de flores rojas, tierra árida con agua impura, matorrales, bejucos, árboles resecos y un gran bosque en llamas; verán también vestidos andrajosos y cuerpos ensangrentados (...) Como sufren con el calor y buscan la frescura, se bañan, beben, luchan y sienten dolor. Son burlados, extenuados y hostigados por las mujeres.

Los individuos de natural flemático son siempre ansiosos y alterados. En sus sueños, suelen ver algún encantador bosquecillo de sándalo, *butea frondosa* en yemas, bosques de lotos, ríos límpidos con aguas puras, limpias y frescas, a veces cubiertos de bruma, enormes masas de nieve, cornucopias rebosantes de perlas y joyas y tallos de loto. Ven jabalíes, pájaros, gacelas y elefantes de tiro, así como cisnes que surcan las nubes sembradas de estrellas (...) Ven mujeres ungidas con perfumes, bien ataviadas y con muchos adornos, plantas melosas amarillas o blancas, y todo ello muchas veces en gran cantidad.
En sus sueños, los hombres de temperamento sanguíneo ven paisajes en los que las nubes han sido barridas por el viento, montes, campos y bosques en los que soplan huracanes, multitud de estrellas y planetas oscurecidos, el disco de la luna privado de su halo (...) O bien las nubes, montañas y bosques se desplazan, golpean, corren y caen de lo alto•.»
Estos sueños que dependen de nuestra naturaleza no deben ser interpretados y son incapaces de contener presagios.

•A. M. Esnoul: «Le songe et leur interprétation dans l'Inde», en *les Songes et leur interprétation: sources orientales* (París, Le Seuil, 1959).

Los sueños en la literatura

Al comparar los sueños de los grandes autores franceses y alemanes, se ha podido constatar que soñamos de manera distinta según las épocas. Además, según Jacques Bousquet, el sueño, tal como hoy lo conocemos, no dataría más allá de 1780:
«— de 1780 a 1800, predominan las imágenes de cielo (sueños felices) o de aniquilamiento (sueños malos);
— de 1800 a 1840, predominan las imágenes de jardín (sueños felices) o de subterráneo (mal sueño);
— de 1840 a 1870, predominan las imágenes de naturaleza o de ciudad (la distinción entre las imágenes de los sueños felices y de los malos se esfuma);
— de 1870 a 1900, triunfan las imágenes de ciudad;
— de 1900 a 1930, predominan los temas existencialistas (ley ignorada, búsqueda desesperada...)
— a partir de 1930, predominan las imágenes raras aisladas (surrealismo)•.»

• J. Bousquet: *les Thèmes du rêve dans la littérature romantique* (París, Didier, 1964).

EL SUEÑO, MUSA DE LA LITERATURA

No pocas veces, los poemas, cuentos y novelas fueron inspirados por los sueños de sus autores. Horace Walpole escribe a propósito de su novela «le Château d'Otrante»:
«¿Os confesaré cuál fue el origen de mi novela? Me desperté una mañana de los primeros días del pasado junio con un sueño. Todo cuanto era capaz de evocar de él era que me había visto a mí mismo en un antiguo castillo (un sueño de lo más normal para una cabeza como la mía, repleta de historias góticas) y que, desde la más alta balaustrada de una gran escalinata, veía una gigantesca cabeza dentro de una armadura. Por la noche, me senté y comencé a escribir sin tener la menor idea de qué era lo que quería decir o narrar•.»

• Carta del 7 de marzo de 1855 al Rev. W. Cole, en J. Bousquet, *ídem*.

EL AMIGO DEL POETA

En la mayoría de las ocasiones, será difícil llegar a comprender qué es lo que es realmente un sueño vivido y lo que se debe a la imaginación del poeta. Pero, ¿no es todo poeta aquel que, por excelencia, ha roto la barrera entre el sueño y la realidad?

Edgar Poe: Los jardines maravillosos

«Los recovecos se iban haciendo cada vez más numerosos y complicados, y no pocas veces daban la impresión de que retornaban sobre sí mismos, de suerte que el viajero hacía ya rato que había perdido todo sentido de orientación. Además, se sentía rodeado por el sentimiento exquisito de extrañeza. La idea de la naturaleza seguía subsistiendo todavía, pero ya alterada y con una curiosa modificación en su carácter: había una simetría misteriosa y conmovedora, una corrección mágica en estas nuevas obras. No se dejaba ver ninguna rama muerta, ni ninguna hoja seca; ninguna piedra perdida, ninguna pella de tierra parda... La cristalina agua manaba sobre la lisa piedra berroqueña o sobre el musgo inmaculado con una pureza de líneas que ¡espantaría a la vista a la par que la arrebataría! •.»

• E. Poe: *le Domaine d'Arnheim* (París, Gallimard, colec. «la Pléiade», 1934).

Gérard de Nerval: Sueño de amor

«Me vi en un pequeño parque, en el que unos enrejados a modo de glorietas se alineaban, henchidos de pesados racimos de uvas blancas y negras; a medida que la dama que me guiaba avanzaba bajo dichas glorietas, la sombra del enrejado entrecruzado variaba ante mis ojos sus formas y sus vestidos. Por fin, me sonrió y nos encontramos en un espacio descubierto. Apenas si se distinguían las huellas de las antiguas alamedas que ya antes lo habían surcado. Hacía ya mucho que se había abandonado su cuidado, y unas cuantas matas dispersas de clemátides, lúpulo, madreselva, jazmín, yedra y aristoloquia extendían, entre unos árboles de un desarrollo vigoroso, sus largos regueros de bejucos. Algunas ramas se doblegaban hasta el suelo cargadas de frutos, y, entre las matas de hierbas parásitas, se abrían unas cuantas flores de jardín que habían retornado a su estado salvaje. De tarde en tarde se alzaban aquí y allá unos macizos de álamos, acacias y pinos, y en su interior de peñascos cubiertos de yedra de donde manaba una fuente de aguas tranquilas, semioculto por largas hojas de nenúfar.

La dama me precedía, desplegando su esbelto talle con un movimiento que hacía resplandecer los pliegues de su falda de tafetán tornasolado, rodeó graciosamente con su brazo desnudo un largo tallo de malvarrosa, y después empezó a crecer bajo un nítido rayo de luz, de tal suerte que poco a poco el jardín recobraba su forma y los parterres y árboles se convertían en los rosetones y adornos de su ropa; mientras tanto, su figura y sus brazos imprimían sus contornos sobre las nubes purpúreas del cielo. Así que la perdí de vista a medida que ella se iba transfigurando, puesto que parecía como que se difuminaba en su propia grandeza. "¡Oh! ¡No huyas!, gritaba yo... "¡pues la naturaleza muere a una contigo!"

Mientras decía estas palabras, caminaba penosamente a través de las zarzas, como queriendo asir la sombra engrandecida que se me escapaba; pero tropecé con un lienzo de pared deteriorado, al pie del cual yacía un busto de mujer. Al levantarlo, tuve la impresión de que era el *suyo*...

Reconocía en ellos los rasgos queridos, y, dirigiendo la vista en mi derredor, vi que el jardín había tomado el aspecto de un cementerio. Unas voces decían: "¡El universo está de noche!"•.»

• G. de Nerval: «Aurelia», en *Oeuvres complètes* (París, Gallimard, colec. «la Pléiade», 1952-1956).

Jean-Paul•: *La pesadilla de la mano cortada*
«Dando alaridos de dolor, y medio riendo con alegre cólera, el loco surge de detrás del cerro, brincando en la llanura de la felicidad. Llevaba en su mano derecha una mano cortada, sangrante, que, en su delirio, acababa de cortar, y, en su muñón izquierdo, agitaba unos regueros de sangre; con la mano derecha agarraba una azada para enterrar su otra mano•...»

• Los sueños de Johann Paul Richter, dice Jean-Paul (uno de los modelos del romanticismo alemán, 1763-1825), han tenido enorme importancia dentro de la historia de la visión humana. Señalan la posibilidad de descomposiciones y reagrupamientos casi infinitos de los datos sensoriales.

• Jean-Paul, en J. Bousquet: *les Thèmes du rêve dans la litterature romantique* (París, Didier, 1962).

Jean-Paul: Caos y Creación
«No sé con demasiada exactitud cómo ni dónde empezó mi sueño. Como si fuera un caos, el mundo invisible quería concebir todas las cosas juntas: nacían unas formas sobre otras, las flores se convertían en árboles, y luego en columnas de nubes, y en su sima surgían rostros y flores. Entonces vi un vasto mar vacío, en el nadaba tan sólo, fuertemente traqueteado, el diminuto globo gris y jaspeado del universo. En el sueño se me ofrecía (pero no sé cómo) el nombre de todas las cosas. Entonces una riada que transportaba el cadáver de Venus cruzó el mar; la corriente se detuvo y el mar siguió fluyendo a lo largo de ella. Sobre todo eso se pusieron a nadar unas estrellas luminosas, el cielo se quedó vacío, pero, en lugar del sol meridiano, brilló un fulgor matinal; el mar por debajo, se iba hundiendo hasta amontonarse, allá en el horizonte, sobre sí mismo en enormes e incoloras sinuosidades de serpiente, hasta alcanzar la bóveda del cielo; y, por debajo de las simas marinas, subían, procedentes de veneros innumerables, unos hombres tristes como muertos: estaban naciendo. Una densa oscuridad como de una mina se extendía tras ellos, pero un huracán se abatió sobre aquel vaho y, destruyéndolo, surgió un mar. Subía éste y bajaba con violencia, apagando todas las olas; en lo alto, sin embargo, en medio de la tranquilidad azul, una abeja de oro, cantando con dulzura, volaba lentamente hacia una estrella; libó el jugo de las flores blancas y, circundando todo el horizonte, unas torres impasibles con pararrayos relucientes se elevaban hasta que aparecieron de nuevo unas nubes enormes, semejantes a bestias feroces, que devoraron el cielo•.»

• *Idem.*

Arthur Rimbaud: Sueño de intimidad
«Me encontraba en una habitación sin luz. Me vinieron a decir que ella estaba en mi casa: y la vi en mi cama. ¡Sola para mí y sin luz! Me sentí emocionado en extremo, en especial porque se trataba del hogar familiar: de ahí que me ganara la angustia. Por lo que a mí toca, vestía unos andrajos, y ella, mundana, se entregaba... ¡Era menester que se marchase! Una aflicción sin nombre: la tomé y la dejé caer fuera del lecho, casi desnuda; y, en medio de mi indecible extenuación, caí sobre ella y me arrastré junto a ella por las alfombras, ¡sin luz! La lámpara del hogar iba enrojeciendo una tras otra las habitaciones vecinas. Entonces, la mujer desapareció...•»

• E. Rimbaud: «Les déserts de l'amour», en *OEuvres* (París, Gallimard, colec. «la Pléiade», 1972).

EL SUEÑO, SURREALISTA SIN ESENCIA

Lautréamont: Los primeros sueños surrealistas
«¡Tiene dieciséis años y cuatro meses! Es hermoso como la retractabilidad de las zarpas de las aves de rapiña, como la incertidumbre de

los movimientos musculares propios de las llagas de las partes blandas de la region cervical posterior o, más bien, como esa ratonera perpetua, siempre acechando sobre el animal capturado...; y, sobre todo, como el encuentro fortuito sobre una mesa de disección de una máquina de coser o de un paraguas•.»

• Lautréamont: *OEuvres complétes* (París, Gallimard, colec. «la Pléiade, 1970).

André Breton: Un sueño en el sueño
«Por la noche, junto con un amigo, me dirigía a un castillo que vendría a estar por los alrededores de Lorient. El suelo era desagradable. Pronto hubo agua hasta mitad de las piernas, un agua de color crema, con unas marcas de agua verdosa, de un aspecto turbio y, a pesar de todo, muy agradable. Abundantes bejucos, sobre los cuales nada un admirable pez en forma de huso con cresta, de un brillo púrpura y fuego sumamente metálico. Lo persigo, pero, como si me despreciara, acelera su marcha huyendo hacia el castillo. Temo caerme en un agujero. Suelo más seco. Le lanzo una piedra que no lo alcanza o le da de frente. En su lugar, ahora es una mujer-pájaro la que me devuelve la piedra. Esta cae entre mis pies, cosa que me asusta y me hace renunciar a la persecución.
Las dependencias del castillo. Un comedor. Resulta que, en efecto, hemos venido "para el hachís". Hay allí otras muchas personas con la misma intención. Pero, ¿se trata de un hachís auténtico? Empiezo a absorberlo en una dosis de dos cucharadas (algo rojas y no demasiado verdes, a mi juicio) sobre dos panecillos redondos y rajados análogos a los que se usan en Alemania para el desayuno. No me siento demasiado orgulloso de la manera en que me los he procurado. Los sirvientes que me rodean se muestran algo irónicos. El hachís que me ofrecen, aunque es más verde, no siempre tiene precisamente el gusto que yo conozco.
Estoy en mi casa, por la mañana. Es una habitación parecida a la mía pero que se va agrandando. Aún está oscuro. Desde mi lecho distingo en el ángulo izquierdo dos chiquillas de unos dos y seis años, que están jugando. *Sé que he tomado hachís y que la existencia de esas niñas es puramente alucinatoria.* Desnudas ambas, forman un bloque blanco, moviente, de lo más armónico. *¡Qué pena que me haya dormido, sin duda el efecto del hachís cesará en seguida!* Les hablo a las niñas y les invito a que se suban a mi cama, cosa que ellas hacen. *¡Qué impresión tan extraordinaria de que se trata de algo real! Le hago observar a alguien,* que tiene que ser Paul Eluard, *que las toco (y, en efecto, siento que abrazo con mi mano su antebrazo cerca del puño), que no da la impresión en modo alguno que se trate de un sueño en el que la sensación suele estar siempre más o menos embotada, o carece de no sé qué elemento indefinible y peculiar propio de la sensación real, o no es nunca como cuando uno se pellizca o se aprieta "en serio". Ahora, por el contrario, no existe ninguna diferencia. Es la misma realidad, la realidad absoluta. La menor de las niñas, que está sentada a horcajadas sobre mí pesa exactamente su propio peso, que estimo con claridad como suyo. Al hacer esta constatación, me encuentro bajo una impresión maravillosa* (la más fuerte que haya podido tener nunca en sueños). Con todo, en lo sexual no muestro interés alguno por cuanto ocurre. Una sensación de calor y humedad por mi

lado izquierdo me saca de semejantes reflexiones. Es que una de las niñas se ha orinado. Ambas desaparecen simultáneamente.
Llegada de mi padre. El entarimado de la estancia se encuentra cubierto por pequeñas charcas casi secas y que ya sólo brillan por las esquinas. En caso de que alguien me llamara la atención al respecto, pienso acusar a las chiquillas. *Pero, ¿a santo de qué, si ellas no existen, y, más exactamente, si no puedo dar cuenta de su existencia a nadie que no haya tomado hachís? ¿Cómo justificar la existencia "real" de tales charcos?* ¿Cómo lograr que me crean? Mi madre, muy quejosa, pretende que todo su mobiliario ha sido, poco antes, manchado por mi culpa, en Moret. De nuevo me encuentro yo solo acostado. Todo motivo de inquietud ha desaparecido. El descubrimiento de aquel castillo se me antoja algo providencial. ¡Qué magnífico remedio contra el aburrimiento! Pienso, con arrobamiento, en la extraña nitidez de la imagen de hace unos instantes. Al punto, he aquí de nuevo a las chicas que vuelven a formarse en el mismo lugar y *cobran en seguida una intensidad terrorífica. Siento que me estoy volviendo loco. Pido a gritos que den la luz. Nadie me hace caso*•.»

• Sueño del 5 de abril de 1931. Despertar a las 6,30 de la mañana. Notación inmediata, en A. Breton: *les Vases communicants* (París, Gallimard, 1955).

Thomas De Quincey: La amada reencontrada
«Creo que era un domingo de mayo de madrugada: el domingo de Pascua y muy pronto por la mañana. Estaba en pie —me parecía— ante la puerta de una casita. Ante mí se ofrecía precisamente el mismo paisaje que se puede ver desde allí, pero exagerado respecto a lo normal y convertido en algo solemne por la fuerza del sueño. Eran las mismas montañas, y, a sus pies, el mismo delicioso valle; pero los montes se alzaban a alturas que superaban las de los Alpes y, entre ellos, había unos espacios mucho más amplios de sabanas y calveros; los setos tenían abundantes rosas blancas, y no se podía percibir criatura alguna, a no ser unos cuantos animales que descansaban tranquilamente allá, en el verdegueante cementerio, sobre las tumbas pobladas de hierba, y en especial en torno al sepulcro de un niño al que yo antaño había amado con ternura, de la misma manera a como los había yo visto, en la realidad, un poco antes de la salida del sol en el verano en que ese niño se había muerto. Dejaba que mi vista deambulara por aquel paisaje tan conocido y pensaba: "Todavía no es del todo de día; es el domingo de Pascua; el día en que se celebran los primeros beneficios de la Resurrección. Voy a salir a pasear; los antiguos cuidados quedarán hoy en el olvido." Me volví, pues, como para abrir la puerta de mi jardín, y, al punto vi, a mi izquierda, una escena distinta por completo pero que, sin embargo, la fuerza de los sueños había armonizado con la anterior. Era una escena oriental: allí era también domingo de Pascua, muy de mañana. A lo lejos, se percibían, como una mancha sobre el horizonte, las bóvedas y cúpulas de una gran ciudad imaginaria, o más bien semiideada, procedente acaso de algún grabado de Jerusalén contemplado en mi infancia. Y, a menos de un tiro de flecha de mí, sobre una piedra, sombreada por palmeras de Judea, se sentaba una mujer; la miré, y ¡era Ann! Ella fijó sus ojos sobre mí, con gravedad; y, al cabo de cierto tiempo, le dije: "Por fin te he vuelto a encontrar". Aguardé, pero no dijo una sola palabra. Su rostro era el

mismo y, a pesar de todo, ¡qué distinto! Diecisiete años antes, cuando la temible luz de las farolas de Londres caía sobre aquel rostro, cuando, por última vez, besé sus labios (¡unos labios, Ann, que, para mí, no estaban manchados!) sus ojos estaban cubiertos de lágrimas. Ahora ya no había en ellos lágrimas. En unos momentos parecía cambiada, y en otros, sin embargo, *no* lo estaba; acaso más vieja. Su aire era tranquilo, con sólo una expresión solemne desacostumbrada, y yo la contemplaba ahora con cierto temor. De pronto, su apariencia se enturbió; me volví hacia las montañas y vi que se iba tendiendo entre nosotros la niebla; bruscamente desapareció todo; una densa oscuridad se apoderó de la escena; y, en un santiamén, me encontré, lejos de las montañas, caminando de nuevo al lado de Ann, a la luz de las farolas, en Londres —exactamente igual a como lo hacíamos cuando éramos dos chiquillos, dieciocho años atrás, a lo largo de las terrazas sin fin de Oxford Street•.»

• T. De Quincey: *Confessions d'un Anglais mangeur d'opium* (Works of T. De Quincey, Edimburgo; Gallimard, colec. «Idées», 1975).

EL SUEÑO, FORMA DE COMPRENDER

Sueño de una mujer

«Sueño: Ve, en un desierto tres leones. Uno de ellos está riendo. Ella no siente miedo; sin embargo, al poco rato huye de ellos, pues quiere subir a un árbol. Pero allá arriba encuentra a su prima que es profesora de francés, etc.

El análisis nos muestra los datos siguientes: el pretexto indiferente del sueño es una frase de su tarea de inglés: "la melena es el adorno del león". Su padre llevaba una barba que le encuadraba el rostro como si fuera una melena. Su profesora de inglés se llama Miss Lyons. Un amigo le ha enviado las Baladas del compositor Loewe (= león). Ahí están, pues, los tres leones: ¿por qué les iba a tener miedo? Leyó un relato en el que un negro que había fomentado una rebelión era perseguido con perros y, con objeto de librarse, se subía a un árbol. Siguen, con creciente velocidad otros retazos de recuerdos: el modo de cazar leones preconizado por las Fliegende Blätter (se toma un desierto, y se lo hace pasar por un tamiz: los leones quedarán encima); luego una anécdota muy chusca pero un tanto atrevida: le preguntaban a un empleado público por qué no ponía más empeño en ganar el favor de su jefe; él respondió: "He intentado deslizarme hasta él, pero ya había encima otro antes que yo". Todo este cúmulo de cosas nos resultará claro cuando conozcamos que la dama en cuestión recibió la víspera de tener el sueño la visita de un jefe de su marido. Estuvo éste muy galante para con ella, le besó la mano —y ella no sintió miedo por tal cosa, aunque él fuera un "bestiaza" (= un berzotas) y "el león de la sociedad" de la ciudad. El león del sueño es, pues, parecido al de El Sueño de una noche de verano (el ebanista) y, por lo mismo, los leones del sueño no causan temor•.»

• S. Freud: *La interpretación de los sueños* (Barcelona, Bruguera, 1976).

Sueño de un hombre

«Sueño: Ve a dos muchachos pegándose. Por los objetos que se encuentran en torno a ellos, llega a la conclusión de que se trata de hijos de toneleros. Uno de los chicos le ha echado al otro al suelo, y éste lleva unos pendientes con piedras azules. Se precipita con el

bastón en alto sobre el brutal acometedor para castigarlo. El chico se esconde en el regazo de una mujer, como si fuera su madre, que se encuentra en pie cerca de un vallado. Se trata de una mujer de algún obrero, y le da la espalda al soñador. Por fin, se vuelve y le lanza una mirada terrorífica. El, aterrado, huye. Se podía percibir la carne roja del párpado inferior saliendo bajo los ojos de ella.
Interpretación: Este sueño realza en gran manera unas cuantas circunstancias del día precedente. En realidad, había visto la víspera en la calle a dos chicos, uno de los cuales tiraba al suelo al otro. Al acudir él a poner orden, salieron los dos huyendo. Otro sueño, en cuyo análisis empleo la expresión "destaparse" aclarará por qué los chicos eran hijos de toneleros: dijo que las prostitutas suelen llevar de ordinario aretes con colgantes guarnecidos con piedras azules; una canción popular sobre dos chicos dice: "el otro chico se llamaba María" (era una chica). La mujer que aparece de pie: después de la escena de los dos muchachos, se fue a pasear a lo largo del Danubio y se aprovechó de la soledad para orinar contra un vallado. Un poco más lejos, en el camino, una agraciada anciana le sonrió amablemente y le dio su tarjeta de visita. La mujer que aparece en el sueño en la misma postura en que estaba él al orinar está claro que es una mujer que está, a su vez, orinando; a eso se debe su terrorífica mirada y la carne roja, que no puede significar sino el sexo abierto al hallarse en esa postura; éste vuelve a reaparecer entre sus recuerdos como lo había visto en su infancia, pero en aquella ocasión bajo la apariencia de carne muerta, de herida. El sueño reúne ambos casos en que el muchacho había podido contemplar el sexo de las chicas: cuando eran ellas tiradas al suelo y al orinar; como se desprende de lo que sigue de este sueño, él recordaba que había sido castigado o amenazado por su padre a causa de la curiosidad que había manifestado él en tales ocasiones•.»

• *Idem.*

SUEÑO DE UNA CIUDAD

«Con frecuencia suelo ver París. Nunca tal como es. Se trata de una ciudad desconocida, absurda y de las formas más diversas. La suelo rodear con un estrecho río, muy encajonado entre dos hileras de toda suerte de árboles. Unos tejados rojos lucen entre el verde arbolado. Hace tiempo pesado de verano, con grandes nubes extremadamente oscuras, en hilachas, como en los cielos de los paisajes históricos, y en medio luce un sol amarillo por completo. Como puedes ver, es un paisaje campesino. Con todo, cuando echo una mirada hacia la ciudad, sobre la otra orilla sigue habiendo casas, palacios y ciudades en las que hay ropas secándose y de las que salen voces, con esas horribles casas de yeso del auténtico París de los suburbios, que recuerdan bastante la llanura de Saint-Ouen y toda esa calle militar del Norte, aunque con menos accidentes. Siempre siento miedo por allí, y por eso creo ver aquí la tradición de ataques nocturnos y de otro tipo. ¿Sería acaso una reminiscencia un tanto vaga de un canal de Saint-Martin fantástico?
No sé cómo se entra en la ciudad propiamente dicha y, sin transición alguna, heme aquí en las tres plazas sucesivas, todas iguales, pequeñas, cuadradas, con casas blancas con arcadas. Sobre la acera

y calzada ni un gato, tan sólo un recadista que, no sé por qué, me habla y me señala con el dedo la placa indicadora que hay en la esquina de una de las plazas. Se ríe... lo encuentro tonto, no recuerdo ya por qué razón, y olvido el nombre de la plaza que, sin embargo, acabo de leer. Me indica la embajada de Inglaterra y me dirijo hacia ella. Está en una plaza en una de las casas bajas de arcadas. Un granadero uniformado de rojo monta la guardia: gorro de pelo sin nada más, ni plumas, ni escarapela ni adornos. Lleva una túnica corta con bocamangas blancas, pantalón negro con ribete rojo fino. Entro; subo una escalinata oficial de granito blanco y de alta barandilla. Sobre los peldaños y en la propia barandilla están sentados o tumbados y repantingados unos escoceses y escocesas en posturas más o menos indolentes. En el espacio de entresuelo al que conduce la escalera, la escena cambia, o, más bien, se agudiza. ¡Qué cuadro! Es una especie de cuerpo de guardia: unas armas brillantes ordenadas en una esquina, así como sobre los catres de tijera y sobre el entarimado de baldosas. Hombres y mujeres desnudos —tan castos y tan blancos... ¡tan ligeros!—, tan sólo con alguna prenda característica: el birrete de pluma de águila, el corto faldón a rayas verdes y rojas, o los borceguíes, se mueven en juegos altivos, entre bromas entusiastas que acompasan con la lozanía de unas risas de bellos dientes y con las canciones a voz en grito de sus montañas (...)
Un mercado azotado por el viento sobre un plano inclinado. A lo ancho. Un centenar de plazas. Hay gran bullicio. La extraordinaria rapidez de nuestra carrera revuelve un poco los objetos y los rostros, al mismo tiempo que el ronquido de las ruedas sobre los raíles tapa los demás ruidos, pasos y voces. Pero el olor nos acosa, corre junto a nosotros, se arremolina y desciende, un olor insulso y grasiento de tiendas de embutidos de *Siège*, de pastelerías y confiterías inglesas que pululan por allá y cuyas producciones —panes de manteca rojos y amarillos, tiras de caramelo rojo a medio fundir con incrustaciones de almendras secas, un montón de helados de color violeta indescriptibles y galantinas también indescriptibles, y un amontonamiento polvoriento de *French-rocks, tea and coffee cakes y muffins* estropeados— se arremolinan, se deshilachan y evaporan en la distancia que va aumentando vivamente y en la neblina del sueño que se borra (...)•.»

• P. Verlaine: *OEuvres complètes* (París, Gallimard, colec. «la Plèiade», 1969).

Bibliografía

Abraham (K.): Rêve et mythe (París, Payot, 1973).

Alexandrian (S.): le Surréalisme et le Rêve (París, Gallimard, 1974).
Historia bien documentada sobre el dormir y el sueño a través del movimiento surrealista y monografía de sus poetas.

Aserinsky (E.) y **Kleitman (N.):** «Regulary occuring period of eye motility and concomitant phenomena during sleep», en Science, n.º 118 (Chicago, 1953).

Bastide (R.): El sueño, el trance y la locura (Buenos Aires, Amorrortu, 1976).
Aproximación de la sociología comparada del sueño en las diversas clases sociales.

Binswanger (L.): le Rêve et l'Existence (París, Desclée de Brouwer, 1954).
Cuando el existencialismo abre el análisis de los sueños.

Bourguignon (A.): «Neurophysiologie du rêve et théorie psychanalytique», en Psychiatrie de l'enfant, II (1968).

Bousquet (M.): les Themes du rêve dans la littérature romantique (París, Marcel Didier, 1964).

Bouton (J.): Réapprendre à dormir (París, E.S.F., 1974).
Análisis interesante del dormir práctico en el niño y algunos problemas del dormir en la escuela.

Colonna (L.) y **Ginestet (D.):** les Troubles du sommeil et leurs traitements (París, edic. laboratorios Wyeth-Byla, 1974).

Desoille (R.): Lecciones sobre ensueño dirigido en psicoterapia (Buenos Aires, Amorrortu, 1975).
Exposición histórica del método y serie de análisis de casos.

Diatkine (R.): «Rêve, illusion et connaissance», en Revue française de psychanalyse, 5-6, XXXVIII (París, P.U.F., 1974).

Ey (H.): «Le rêve, fait primordial de la psychopathologie», en *Etudes psychiatriques,* t. 1; estudio n.º 8 (París, Desclée de Brouwer, 1952).

Ey (H.), Lairy (C. G.): Psychophysiologie du sommeil et psychiatrie (París, Masson, 1976).

Fabre (N.): El triángulo roto: Psicoterapia de niños por ensueño dirigido (Buenos Aires, Amorrortu, 1975).

Fain (M.) y **David (C.):** « Aspects fonctionnels de la vie onirique», en Revue française de psychanalyse XXVII, n.º especial (París, P.U.F., 1963).

Freud (S.): La interpretación de los sueños (Barcelona, Bruguera, 1976).
Biblia de la teoría psicoanalítica del sueño.
Les Songes et leur interprétation (París, Seuil, 1959).
Colección de estudios sobre las claves de sueños y la prehistoria del sueño en las civilizaciones del pasado.

Fromm (E.): le Langage oublié (París, Payot, 1975).
Buena introducción contemporánea al análisis de los sueños.

Grunebaum y **Caillois:** le Rêve dans les sociétés humaines (París, Gallimard, 1967).
Al reunir diversas aproximaciones del sueño (fisiológica, psicoanalítica, antropológica...) este libro representa bastante bien todo el cúmulo de conocimientos actuales acerca del sueño dando mayor importancia al análisis cultural.

Hartmann (E.): Biologie du rêve (Bruselas, Dessart y Mardaga, 1970).
Datos recientes sobre los aspectos fisiológico y químico del dormir paradójico.
Las funciones del sueño fisiológico (Barcelona, Labor, 1976)
Recensión de las numerosas hipótesis actuales sobre las funciones del dormir.

Illis (I.): Némesis médica (Barcelona, Barral, 1975).

Jaccard (R.): l'Inconscient, les Rêves, les Complexes (París, Payot, 1973).

Jacobi (S.): Narcolepsie-cataplexie, activité onorique et psychopatholigie (París, Foulon, 1967).

Jones (E.): le Cauchemar (París, Payot, 1973).

Jouvet (M.) y **Delorme (R.):** «Locus coeruleus et sommeil paradoxal», en C. R. Soc. Biol. n.º 159 (París, 1965).

Jung (C. G.): l'Homme à la découverte de son âme (Ginebra, edic. del Mont-Blanc, S.A., 1943).
Métamorphoses et symboles de l'âme (Ginebra, Librería de la Universidad de Ginebra, 1950).

Kasatkin (V. N.): Teoria Snovidenii (Teoría de los sueños): (Leningrado, Meditsiva, 1972).

Kayser (C.): le Sommeil et le Rêve (París, P.U.F., 1973).

Kleitman (N.): Sleep and Wakefulness (Chicago, University of Chicago Press, 1939; 2.ª edic. 1963).

Laborit (H.): Introducción a la biología del comportamiento (Barcelona, Edicions, 1975).

Lewin (B. D.): «Le sommeil, la bouche et l'écran du rêve», en un número especial «l'Espace du rêve» de la Nouvelle Revue de psychanalyse, n.º 5 (1972).

Luce (G. G.): l'Insomnie (París, Fayard, 1972).

Una buena recensión, en estilo periodístico, de las perturbaciones y medicamentos del insomnio.

Luce (G. G.) y *Segal (J.)*: le Sommeil (París, Fayard, 1969).

Lyon (J.): 101 trucos para vencer el insomnio (Barcelona, Sagitario, 1976).

Maury (A.): le Sommeil et les Rêves (París, Didier y Cía., 1861).
Un clásico de la psycología del sueño del siglo XIX.

Mességué (M.): Hombres, plantas y salud (Barcelona, Mundo Actual, 1978).

Michaud (P.): l'Homéopathie (París, Denoël, 1957).

Oppenheim (A.-L.): le Rêve et son interprétation dans le Proche-Orient (París, Horizons de France, 1959).

Oswald (I.): le Sommeil et la Veille (París, P.U.F., 1962).
Reserva un lugar importante a los fenómenos de adormecimiento.

Passouant (P.) y **Rechniewski (A.)**: le Sommeil, un tiers de notre vie (París, Stock, 1976).
Buena síntesis de los mecanismos del dormir y de los problemas prácticos que provoca.

Perls (F. S.): Rêve et existence en Gestalthérapie (París, l'Epi, 1972).
Transcripción de sesiones grabadas de terapia mediante sueños.

Piéron (H.): le Problème physiologique du sommeil (París, Masson y Cía, 1912).

Pradal (H.): Guide des médicaments les plus courants (París, Le Seuil, 1974).

Rager (G. R.): Hipnosis, sofrología y medicina (Barcelona, Scientia, 1973).

Reinberg (A.): Des rythmes biologiques à la chronologie (París, Gauthier-Villar, 1974).

Rhine (E.): les Voix secrètes de l'esprit (París, Fayard, 1970).

Roheim (G.): les Portes du rêve (París, Payot, 1973).
Por el fundador de la antropología psicoanalítica. Un resumen sobre el sueño en las sociedades tradicionales.

Rallo Romero (J.), Ruiz de Báscones (M. T.) y **Zamora de Pellicer (C.)**: Rapport au 34.º Congrès des psychanalystes de langue romane. Madrid, 1974», en Revue française de psychanalyse, 5-6, XXXVIII, set-dic (París, P.U.F., 1974).

Saint-Denis (H. de): les Rêves et les Moyens de les diriger (París, Tchou, 1964).
Recetas curiosas de un aficionado a los sueños del siglo XIX.

Sartre (J.-P.): l'Imaginaire (París, Gallimard, 1940).

Sauneron (S.): les Songes et leur interprétation: sources orientales (París, Le Seuil, 1959).

Scandel (M.): Victoria sobre el insomnio (Bilbao, Mensajero, 1972).

Schuller (Dr. E.): Los insomnios y el sueño (Centro Información Medicos -Bárbara de Braganza, 8 - Madrid (4), 1977).

Snyder (F.): «Quelques hypothèses au sujet de la contribution du sommeil avec mouvements rapides oculaires à la súrvivance des mammifères», en Rêve et Conscience (París, P.U.F., 1968).

Soulé (M.) y **Soulé (N.)**: l'Enurésie (París, E.S.F. Lelong, 1967).

Indice